创新型人才跨境电子商务专业系列教材

跨境
电商物流与供应链管理

孙华林　赵　丹◎主编
易　静　朱晓艳　肖莲英◎副主编

电子工业出版社
Publishing House of Electronics Industry
北京·BEIJING

内 容 简 介

跨境电商物流面向全球进出口市场，我国是全球最大的物流市场，跨境电商物流的发展离不开国内外贸易的发展与物流网络的布局。本教材根据当前跨境电商物流行业对复合型人才的需求，介绍了跨境电商物流的概念及发展现状、跨境电商物流模式，从跨境电商物流的环节入手，详细介绍跨境电商物流仓储、运输、配送等作业流程及方式，并针对海外仓运营与管理进行重点介绍；同时，主要针对跨境电商供应链管理、供应链采购与库存管理以及供应链需求预测进行详细的讲解。

本教材内容难度适中，可以作为应用型本科及高职院校跨境电子商务、物流管理、国际贸易、商务英语等相关专业的教材或教学参考用书。同时，对跨境电商企业及从事跨境电商物流业务的企业员工、管理人员等也有指导作用。

未经许可，不得以任何方式复制或抄袭本书之部分或全部内容。
版权所有，侵权必究。

图书在版编目（CIP）数据

跨境电商物流与供应链管理 / 孙华林，赵丹主编. —北京：电子工业出版社，2023.3 (2025.9 重印)
ISBN 978-7-121-45073-0

Ⅰ.①跨… Ⅱ.①孙… ②赵… Ⅲ.①电子商务－物流管理－供应链管理－研究 Ⅳ.①F713.365.1

中国国家版本馆 CIP 数据核字（2023）第 028707 号

责任编辑：刘淑敏
印　　刷：北京捷迅佳彩印刷有限公司
装　　订：北京捷迅佳彩印刷有限公司
出版发行：电子工业出版社
　　　　　北京市海淀区万寿路 173 信箱　邮编：100036
开　　本：787×1 092　1/16　印张：13.75　字数：349 千字
版　　次：2023 年 3 月第 1 版
印　　次：2025 年 9 月第 5 次印刷
定　　价：59.00 元

凡所购买电子工业出版社图书有缺损问题，请向购买书店调换。若书店售缺，请与本社发行部联系，联系及邮购电话：(010) 88254888，88258888。
质量投诉请发邮件至 zlts@phei.com.cn，盗版侵权举报请发邮件至 dbqq@phei.com.cn。
本书咨询联系方式：(010) 88254199，sjb@phei.com.cn。

前　言

党的二十大报告指出："教育、科技、人才是全面建设社会主义现代化国家的基础性、战略性支撑。必须坚持科技是第一生产力、人才是第一资源、创新是第一动力，深入实施科教兴国战略、人才强国战略、创新驱动发展战略，开辟发展新领域新赛道，不断塑造发展新动能新优势。"这为推动当下和未来一段时间内我国科教及人才事业的发展、构建人才培养体系指明了基本方向。

近些年，互联网技术应用于全球消费市场，使得跨境电子商务（简称"跨境电商"）行业迎来了广阔的发展前景，跨境电商市场规模的不断扩大，对电商交易最重要的环节——物流的发展，也提出了更高的要求。无论是物流时效的提高还是流通成本的降低，对于物流行业而言都是一种机遇，也是一种挑战。

为了让读者能够对跨境电商物流的运作与供应链管理有更加全面和详细的了解，本教材从跨境电商物流的基础知识开始讲解，通过最新的行业数据为读者分析跨境电商物流行业的发展现状和未来趋势，并引入典型跨境物流企业的案例，从实际案例中了解跨境电商物流的运作模式；本教材的核心内容是以跨境电商物流环节作为主线，通过对跨境电商物流的模式、仓储、运输、配送、信息管理、通关等内容的介绍，让读者能够进一步学习和掌握跨境电商物流的模式选择及相关作业流程。

本教材在章节安排及内容设计上以理论知识为中心，以业务实践为导向，具备以下特点：

（1）理论知识重点突出。学习本教材的读者需要具备基本的物流常识，本教材在理论知识的介绍上是以跨境电商物流的实践业务为导向的；

（2）以不同形式的内容作为补充。本教材在内容介绍的过程中，会穿插"导入案例""知识拓展""案例实训"等形式对所介绍的内容加以补充和支撑，让读者能够及时了解更多的行业案例及前沿知识，同时也可以提高读者学习的兴趣。

（3）教学配套资源丰富。本书配有电子课件、微课视频、电子教案、教学指南、教学日历、课后习题解答、案例库等教学资源，任课教师可以登录华信教育资源网（https://www.hxedu.com.cn）免费获取。

本教材由孙华林、赵丹担任主编，易静、朱晓艳及肖莲英为副主编。其中，孙华林负责教材的整体架构设计及第2章、第3章、第6章、第8章的编写，赵丹负责第9章、第10章的编写，易静、朱晓艳、肖莲英三位老师负责第1章、第4章、第5章、第7章的编写，教材由易静老师进行统稿。隋东旭老师对书稿进行了细致的审读。

本教材在撰写过程中搜集了大量教材、高质量期刊、论文、公众号文章等相关资料，参阅了国内外大量网站文献，在此对各位编者及研究人员表示感谢。同时，我们也衷心感谢各位读者选择本教材。编者水平及经验有限，若有不妥之处，恳请读者提出宝贵建议，我们将不胜感激。

目 录

第1章 跨境电商物流管理认知 ………… 1
  1.1 跨境电商物流概述 ………… 2
    1.1.1 物流的概念及效用 ………… 2
    1.1.2 跨境电商物流的概念与特征 … 6
    1.1.3 跨境电子商务与物流的关系 … 8
    1.1.4 跨境电商物流的发展现状及趋势 ………… 10
  1.2 跨境电商物流管理概述 ………… 14
    1.2.1 跨境电商物流管理的内容 … 14
    1.2.2 跨境电商物流管理的目标 … 16
  复习思考题 ………… 17
  案例实训 ………… 18

第2章 跨境电商物流模式及其网络构成 ………… 19
  2.1 跨境电商物流网络构成 ………… 20
    2.1.1 国际港口和航空港 ………… 20
    2.1.2 海关特殊监管区域 ………… 21
    2.1.3 跨境电商物流企业 ………… 27
  2.2 邮政物流模式 ………… 30
    2.2.1 邮政物流模式认知 ………… 30
    2.2.2 邮政物流模式的运作流程 … 31
    2.2.3 邮政物流模式的寄送要求与时效 ………… 33
    2.2.4 邮政物流模式的资费计算 … 35
  2.3 商业快递物流模式 ………… 39
    2.3.1 商业快递物流模式概述 … 39
    2.3.2 商业快递物流模式的运作流程 ………… 40
    2.3.3 商业快递物流模式的寄送要求与时效 ………… 41
    2.3.4 商业快递物流模式的资费计算 ………… 43

  2.4 专线物流模式 ………… 45
    2.4.1 专线物流模式概述 ………… 45
    2.4.2 专线物流模式的运作流程 … 46
    2.4.3 专线物流模式的寄送要求与时效 ………… 47
    2.4.4 专线物流模式的资费计算 … 49
  2.5 海外仓物流模式 ………… 50
    2.5.1 海外仓物流模式概述 ………… 50
    2.5.2 海外仓物流模式的运作流程 ………… 52
    2.5.3 海外仓物流模式的寄送要求与时效 ………… 53
    2.5.4 海外仓物流模式的资费计算 ………… 54
  复习思考题 ………… 58
  案例实训 ………… 59

第3章 跨境电商仓储管理 ………… 60
  3.1 跨境电商仓储管理概述 ………… 61
    3.1.1 跨境电商仓储管理的概念 … 61
    3.1.2 跨境电商仓储管理的业务范围 ………… 62
  3.2 跨境电商仓储系统规划 ………… 63
    3.2.1 跨境电商仓库选址规划 … 63
    3.2.2 跨境电商仓库布局规划 … 67
    3.2.3 跨境电商货物储存规划 … 70
  3.3 跨境电商仓储作业管理 ………… 76
    3.3.1 跨境电商仓储入库作业管理 ………… 77
    3.3.2 跨境电商仓储在库作业管理 ………… 80
    3.3.3 跨境电商仓储出库作业管理 ………… 81

复习思考题 ·················· 83
　　　案例实训 ···················· 84
第4章　跨境电商运输管理 ········ 85
　4.1　跨境电商运输概述 ············ 86
　　　4.1.1　跨境电商运输的概念及
　　　　　　特征 ···················· 86
　　　4.1.2　跨境电商运输的作用 ······ 87
　4.2　跨境电商运输方式 ············ 87
　　　4.2.1　国际公路运输 ············ 87
　　　4.2.2　国际铁路运输 ············ 88
　　　4.2.3　国际海运 ················ 88
　　　4.2.4　国际航空运输 ············ 89
　4.3　我国跨境电商物流运输口岸 ···· 89
　　　4.3.1　口岸的定义与分类 ········ 89
　　　4.3.2　我国的主要港口口岸 ······ 90
　　　4.3.3　我国边境铁路及公路口岸 ··· 92
　　　4.3.4　我国主要空港口岸 ········ 93
　　　复习思考题 ·················· 93
　　　案例实训 ···················· 94
第5章　跨境电商物流配送管理 ···· 96
　5.1　跨境电商物流配送概述 ········ 98
　　　5.1.1　跨境电商物流配送的内涵 ··· 98
　　　5.1.2　跨境电商物流配送的特征 ··· 98
　5.2　跨境电商物流配送作业管理 ···· 99
　　　5.2.1　跨境电商物流配送作业
　　　　　　流程 ···················· 99
　　　5.2.2　跨境电商物流配送作业装
　　　　　　车配载 ·················· 100
　　　5.2.3　跨境电商物流配送路线
　　　　　　规划 ···················· 101
　5.3　跨境电商物流配送业务模式 ···· 106
　　　5.3.1　跨境电商出口物流配送 ···· 106
　　　5.3.2　跨境电商进口物流配送 ···· 108
　　　复习思考题 ·················· 110
　　　案例实训 ···················· 111
第6章　跨境电商物流信息与技术
　　　管理 ······················ 112
　6.1　跨境电商物流信息技术概述 ···· 113

　　　6.1.1　跨境电商物流信息技术的
　　　　　　发展 ···················· 113
　　　6.1.2　跨境电商物流信息技术的
　　　　　　构成与分类 ·············· 114
　　　6.1.3　跨境电商物流信息技术的
　　　　　　作用 ···················· 115
　6.2　常见跨境电商物流信息技术与
　　　应用 ·························· 115
　　　6.2.1　自动识别技术与应用 ······ 115
　　　6.2.2　电子数据交换技术及应用 ··· 120
　　　6.2.3　GIS、GPS 技术与应用 ···· 122
　　　6.2.4　物联网技术与应用 ········ 125
　6.3　人工智能技术在跨境电商物流中的
　　　应用 ·························· 127
　　　6.3.1　人工智能技术在跨境电商
　　　　　　运输中的应用 ············ 127
　　　6.3.2　人工智能技术在跨境电商
　　　　　　仓储中的应用 ············ 130
　　　6.3.3　人工智能技术在跨境电商
　　　　　　配送中的应用 ············ 134
　　　复习思考题 ·················· 135
　　　案例实训 ···················· 136
第7章　跨境电商物流通关 ········ 137
　7.1　跨境电商出口通关常规业务 ···· 138
　　　7.1.1　跨境电商出口报关 ········ 138
　　　7.1.2　跨境电商出口退（免）税 ··· 149
　7.2　跨境电商目的国（地区）进口通关
　　　常规业务 ···················· 152
　　　7.2.1　跨境电商目的国（地区）海
　　　　　　关扣关 ·················· 152
　　　7.2.2　跨境电商目的国（地区）
　　　　　　关税 ···················· 154
　　　复习思考题 ·················· 157
　　　案例实训 ···················· 158
第8章　海外仓的建设与管理 ······ 159
　8.1　海外仓的分类与发展现状 ······ 160
　　　8.1.1　海外仓的分类 ············ 160
　　　8.1.2　海外仓发展现状 ·········· 162

8.2 海外仓仓储作业管理 ………… 163
    8.2.1 海外仓仓储作业流程 ……… 163
    8.2.2 海外仓入库管理 …………… 166
    8.2.3 海外仓库内管理 …………… 170
    8.2.4 海外仓出库管理 …………… 172
8.3 海外仓库存管理 ……………… 175
    8.3.1 海外仓库存管理现状 ……… 176
    8.3.2 海外仓库存管理发展的
          对策 ………………………… 176
    8.3.3 海外仓库存管理的优化
          方法 ………………………… 177
复习思考题 ………………………… 185
案例实训 …………………………… 185

第 9 章 跨境电商供应链管理认知 … 187
9.1 跨境电商供应链管理概述 …… 188
    9.1.1 供应链管理的概念及特点 … 188
    9.1.2 供应链管理的产生与发展 … 190
    9.1.3 跨境电商供应链管理的业
          务流程 ……………………… 190
9.2 跨境电商供应链管理的策略 … 192
    9.2.1 跨境电商供应链的运营
          机制 ………………………… 192

    9.2.2 供应链管理的基本方法 …… 193
复习思考题 ………………………… 199
案例实训 …………………………… 200

第 10 章 跨境电商供应链采购与库存
管理 …………………………… 201
10.1 跨境电商供应链采购管理 …… 202
    10.1.1 跨境电商供应链采购的基
          本流程 …………………… 202
    10.1.2 跨境电商供应链采购的
          形式 ……………………… 203
    10.1.3 跨境电商的供应商管理 … 207
10.2 跨境电商供应链库存管理 …… 208
    10.2.1 跨境电商供应链库存的
          概念 ……………………… 208
    10.2.2 跨境电商供应链周转库存
          管理 ……………………… 208
    10.2.3 跨境电商供应链安全库存
          管理 ……………………… 210
复习思考题 ………………………… 211
案例实训 …………………………… 212

参考文献 ………………………………… 213

第1章 跨境电商物流管理认知

本章重点

1. 掌握物流的定义和功能。
2. 理解跨境电子商务与物流的关系。
3. 掌握跨境电商物流的概念与特征。
4. 了解跨境电商物流的发展现状及趋势。
5. 熟悉跨境电商物流管理的内容和目标。

 导入案例

跨境电商"意外"火爆的背后

近年来,受新冠肺炎疫情影响,包括沃尔玛、塔吉特、百思买在内的美国多家零售商宣布感恩节不营业,瑞典、德国的大部分城市也取消了圣诞集市……

全球的消费者正在主动或被动地将消费行为转移到线上,"宅经济"需求全面爆发,跨境电商平台成为消费者采购的重要渠道。

业内数据也印证了这一趋势。阿里巴巴国际站数据显示,该平台2020年交易额比上一年激增101%,商家的订单数同比翻番,销量前五名的行业分别为:机械、家居园艺、消费电子、美妆个护、包装印刷。消费电子2020年全年热度持续不减,11月销售额同比增长145%;空气净化器成为出口黑马,2020年4—11月累计交易额同比增长近10倍。跨境电商B2B出口平台敦煌网数据也显示,其在"黑五""网一"期间交易额创平台成立16年来新高,超过35%的商品类目的交易额同比翻番,超过50%的商品类目的交易额达2020年度最高;大量新买家涌入,买家人数环比增长68.7%;平均客单价同比2019年提升25.1%;同时在法语、西班牙语市场创下了建站以来最高单日交易额。尤其是在传统购物季期间,该平台上家居用品交易额同比增长111%,其中家居整理和清洁用品上涨423%,节日聚会用品上涨166%,宠物用品上涨85%,厨房用品上涨73%。

不过,中国商家在2020年新冠肺炎疫情期间经营实属不易。上半年,进出口整体低迷，中国进出口总额增速直到第三季度才由负转正，而跨境电商进出口逆势增长，海关数据"意外"火爆。

值得注意的是，在新冠肺炎疫情有所缓解后，跨境电商成为企业开展国际贸易的首选和外贸创新发展的排头兵，1800多个海外仓成为海外营销重要节点和外贸行业的新型基础设施。独立站成为行业热词，吸引了市场、资本的更多关注，也出现了安克、希音等明星企业。主流电商平台逐渐向生态型平台转型，行业产业链生态化成为趋势，尤其是在物流、资金链等环节，这种特征更加明显。

受新冠肺炎疫情影响，跨境物流在空运的运力，以及海外的派送能力上都明显受限，在一定程度上也导致了跨境电商平台在海外和本土的配送时效变慢。据了解，海运抵达美国西海岸港口约需23天，抵达美国东海岸港口需40天左右，到欧洲需30～37天，相比往年，平均要延长7天左右。铁路抵达欧洲站需要28～35天，相比往年，会延长10天左右。2020年下半年，专线（空运）去往欧、美基本需15～20天妥投，通过邮政发往海外大多需20～35天妥投，相比往年，延长5～10天。另外，在海运的运能上，海运货柜出现了极度短缺的情况。不仅如此，铁路运输货柜也出现短缺。其中，海运到欧洲、美国，铁路运输到欧洲，出现了集装箱"摇号"情况，运输资源极度紧缺。因此，整个物流成本也有较大上涨。2022年年初，海运集装箱运费突破历史极值，达往年的5倍以上，铁路运输费用也上涨2.5倍左右。因此，跨境电商平台方也在积极协调资源，以保障物流服务。

在贸易回暖、旺季爆单、国际运力紧张的状态下，多个跨境电商平台通过联合海、陆、空、快、多式联运五种物流，保障商家货物运输。在业内看来，跨境物流仍然是非常大的不稳定因素，而且很有可能会出现极端情况，这让平台的运营能力也面临考验。

思考：在跨境电商业务中，物流扮演了什么角色？

1.1 跨境电商物流概述

跨境电商运营已经成为我国众多电商企业的选择，这使跨境电商物流的发展机会越来越多。近年来，我国传统外贸在经济新常态下年均贸易额增长不足10%，我国跨境电商却保持年均30%以上的增长。在这个背景下，我国跨境电商物流发展十分迅速，已逐渐积累了开展更大规模跨境电商物流的基础条件。

1.1.1 物流的概念及效用

物流原来是一个军事术语，最早被用于战争，指的是调动和安置军事物资（军需官负责的工作）。20世纪30年代，美国最早提出物流的概念，原意为实体分销或货物配送。20世纪60年代，日本从美国引进这一概念，日文翻译为"物的流通"。20世纪70年代后，日文"物流"一词逐渐取代了"物的流通"。20世纪80年代，我国从日本引入"物流"这个词。

1.1.1.1 物流的概念

物流中的"物"是指一切可以进行物理位置移动的物质，包括物资、货物、商品、物品与废弃物等。物流中的"流"是指空间位移和时间转换，在流通领域、生产领域、消费领域、军事领域都有重要的意义。

到目前为止，人们对物流的概念并没有统一的认识，各国的专家学者和相关组织从不同的角度给出了不同的定义。

1. 他国的物流定义

国外普遍采用的物流定义主要有如表 1-1 所示的几种。

表 1-1 国外普遍采用的物流定义

国家或地区	定义
日本	物流是指将货物由供应者向需求者的物理性位移，是创造时间价值和场所价值的经济活动，包括包装、搬运、保管、库存管理、流通加工、运输、配送等活动领域（日本日通综合研究所 1981 年定义）
加拿大	物流是对原材料、在制品库存、产成品及相关信息从起运地到消费地的有效率的、成本有效益的流动和储存进行计划、执行与控制，以满足顾客需求的过程（加拿大物流管理协会 1985 年定义）
欧洲	物流是在一个系统内对人员及商品的运输、安排及与此相关的支持活动的计划、执行与控制，以达到特定的目的（欧洲物流协会 1994 年定义）
美国	物流是供应链运作的一部分，是以满足客户要求为目的，对货物、服务和相关信息在产地和消费地之间，实现高效且经济的正向和反向的流动和储存所进行的计划、执行和控制的过程（美国物流管理协会 2002 年定义）

2. 我国的物流定义

根据中华人民共和国国家标准《物流术语》（GB/T 18354—2021），物流的定义为：根据实际需要，将运输、储存、装卸、搬运、包装、流通加工、配送、信息处理等基本功能实施有机结合，使物品从供应地向接收地进行实体流动的过程。

综上，可以看出，物流是一个发展中的概念，随着理论和实践的发展，物流的定义在不断地发展和变化；各国对物流的定义虽存在差异，但也有相通之处。这些定义突出了物流的以下三个特征。

第一，物流具有鲜明的顾客导向。满足顾客需要是市场经济条件下一切企业经营活动的出发点，物流活动也不例外。物流网络的设计、物流作业的实施、物流组织的建立、物流信息系统的优化等都必须围绕顾客需要这一核心展开。

第二，物流属于一个全过程的活动。物流活动不仅包括从原材料采购到最终顾客消费的采购物流、生产物流、销售物流，而且包括产品的回收物流、废弃物流。

第三，物流是对各功能要素的全面管理。物流活动不是对运输、储存、装卸、搬运、包装、流通加工、配送、信息处理等功能要素的简单集合，而是对这些功能要素的整体设计和一体化管理，以实现物流诸要素的整体优化。

1.1.1.2 物流的效用

物流产生的效用主要有空间效用、时间效用、形质效用三类。

1. 空间效用

物流的作用之一就是将产品从供应点输送到需求点,物流扩展了市场区域的边界,这种通过改变"物"的场所而创造的价值就是空间效用。空间效用主要通过运输来实现,克服了商品生产和消费在地理空间上的分离。物流的空间效用主要有以下四种具体形式。

(1) 从集中生产地流入分散需求地。

现代化大生产的特点之一是通过集中的、大规模的生产来提高生产效率、降低成本。在一个小范围集中生产的产品可以覆盖大面积的需求地区,有时甚至可覆盖一个国家乃至若干国家。例如,钢铁、水泥、化工原料等的生产,往往在一个地区以几百万吨甚至几千万吨的规模进行生产,之后通过物流分散到需求地区。

(2) 从分散生产地流入集中需求地。

与第一种情况相反的情况在现代社会生产中也不少见。例如,粮食是在一亩一亩(1亩≈667 米^2)的土地上分散生产出来的,而一个大城市的粮食需求却相对是大规模集中的;一辆汽车的零配件生产地也分布得非常广,但一般集中在一个总厂中进行装配。这就形成了分散生产和集中需求,物流便由此取得了空间效用。

(3) 从低价值生产地流入高价值需求地。

在现代社会中,供应与需求的空间差比比皆是,除由社会化大生产决定外,还有不少是由自然地理和社会发展等因素决定的。例如,农村生产粮食、蔬菜用于城市消费,南方生产香蕉、菠萝用于各地消费,北方生产玉米、大豆用于各地消费等。现代人每日消费的物品几乎都是隔着一定距离运送而来的,它们可能是在十分遥远的地方生产的,这些复杂、交错的供给与需求的空间差都是靠物流来弥合的,物流也就从中取得了相应的利益。

(4) 从资源富余地流入资源稀缺地。

在经济全球化的浪潮中,国际分工和全球供应链的构筑,使在成本最低的地区进行生产、利用有效的物流系统和全球供应链、在资源富余地获得生产所需的资源、各类资源由富余地向稀缺地流动成为可能,这些在先进的机器设备、稀有的原材料、工业半成品等的流动方面更为明显。

2. 时间效用

产品和服务不仅要在客户需要的地点送达,而且必须在他们需要的时间内送达。"物"从供给者到需要者之间有一段时间差,由于改变这一时间差而创造的价值,叫作"时间效用"。时间效用可通过加快物质资料的转移速度或者延长物质资料的保管时间来创造,物流的时间效用主要有以下三种具体形式。

(1) 缩短时间差创造效用。

缩短物流时间可获得多方面的好处,如减少物流损失、降低物流消耗、提高物流周转率、节约资金等。生产和消费之间的流通时间越短,资本周转就越快,资本的增值速度也就越快。因此,通过缩短物流时间可取得较大的时间效用。

(2) 弥补时间差创造效用。

在经济社会中,需求和供给普遍存在时间差。例如,粮食、水果等农作物的生产、收获有严格的季节性和周期性,这就决定了农作物会集中产出,但是人们的消费需求是天天有的,因而供给和需求之间不可避免地会出现时间差。正是有了时间差,商品才能取得自身最高的价值,才能获得理想的效用。然而,这个因时间差而产生的效用本身不会自动实现,如果不采取有效的方法,集中产出的粮食除当时的少量消费外,剩余的就会损坏、腐烂,而在非生产时间,人们就会找不到粮食,所以必须进行储存、保管以保证经常性的需求,供人们食用以实现其使用价值。这种使用价值是通过物流活动克服了季节性生产和经常性消费的时间差才得以实现的。

(3) 延长时间差创造效用。

尽管加快物流速度、缩短物流时间是普遍规律,但是,在某些物流中也存在通过人为地延长物流时间来创造效用的现象。例如,囤积商品并择时出售便是一种有意识地延长物流时间、增加时间差来创造效用的行为。

3. 形质效用

形质效用是指通过改变"物"的形态而创造的价值。物流过程中的包装、加工活动不形成商品的主要功能和使用价值,而是带有完善、补充和增加性质的加工活动,这种活动必然会产生劳动对象的附加价值。例如,计算机制造商将硬盘、主板、光驱、显示器、键盘等零部件组装在一起制成计算机,这种组装过程使产品形态发生了变化,并且这种变化使产品增加了价值,进而创造了形质效用。

1.1.1.3 物流在国民经济与企业中的重要地位与作用

1. 物流在国民经济中的重要地位与作用

① 物流是国民经济的动脉,连接社会生产的各个部分,使之成为一个有机整体。一个社会或国家中的各个经济实体,分属于不同的所有者,它们之间相互供应产品用于对方的生产性消费和人员的生活消费,它们互相依赖又互相竞争,形成错综复杂的关系。物流就是维系这些关系的纽带。

② 物流的改进是提高微观经济效益和宏观经济效益的重要源泉。这是因为物流组织的好坏直接决定着生产过程是否能够顺利进行、决定着产品的价值和使用价值能否得以实现,而且物流费用已成为生产成本和流通成本的重要组成部分。物流是保证商流顺畅进行、实现商品价值和使用价值的物质基础。

③ 在商品流通中,物流是伴随商流而产生的,同时它又是商流的物质内容和物质基础。商流的目的在于变换商品的所有权(包括支配权和使用权),而物流是在商品交换过程中物质变换的具体体现。

2. 物流在企业经营中的地位与作用

从企业的角度看,其与物流的关系可以概括为两个方面:一方面,物流是企业赖以生存和发展的外部条件;另一方面,物流是企业本身必须从事的重要活动。以企业经营为核心的物流活动,包括以下五种运作内容:企业生产物流、企业供应物流、企业销售物流、企业回收物流和企业废弃物物流。物流管理在企业竞争中发挥着不可替代的作用,在企业实现采购成本最小化、经济利益最大化和企业社会价值方面有着巨大的作用。

① 增强企业财务稳健性。资金周转率是反映企业财务稳健性的重要指标之一，其与企业库存水平息息相关。企业库存成本越小，资金周转越快，则企业的财务稳健性越强。在我国整个商品的生产销售中，用于加工制造的时间仅为10%左右，生产成本占总成本的10%左右，而物流过程占用的时间几乎为整个商品生产销售时间的90%，相应的物流成本占总成本的40%，所以提升物流水平、加快企业资金的周转可以增强企业财务的稳健性。

② 促进企业战略目标的实现。企业总体战略所追求的就是获得竞争优势，而企业的竞争优势往往通过两个方面来体现：价值优势和成本优势。价值优势是指在顾客眼里，形成与竞争者不同的顾客价值；成本优势是指以低成本经营，获得比竞争者更大的价格优势。从价值优势来讲，物流的贡献在于其能提供个性化服务、提高服务的可靠性和快速反应能力。从成本优势来讲，物流的贡献在于其能提高生产能力的利用率和资产周转率，推进业务流程的协作与整合。物流通过对价值和成本优势的提升，达到成本和服务的双重领先。

③ 推动企业创新。物流的创新可以带来企业业务流程的创新，因为业务流程决定组织结构，组织结构决定管理制度，管理制度决定企业的文化和价值。因此，物流的创新可以从根本上影响企业的竞争力。

④ 提升企业价值创造的能力。物流可以从两个方面来提升企业价值创造的能力：一是通过改善物流管理以提高企业的反应速度，缩短订货提前期，提前期越短，对需求变化的反应越快，企业就越能把握市场；二是通过优化流程来提升企业的生产效率。

1.1.2　跨境电商物流的概念与特征

电子商务的本质是商业模式的变革，而商业模式变革的本质是流通，从这个方面来看，跨境电商也不能例外。互联网的普及、电子商务的不断成熟使交易双方的信息越来越对称，买方可以轻易地知道自己需要的产品在哪里。然而，在达成交易之后，买方、卖方的位置仍然相隔千里。互联网可以解决信息流和资金流的问题，但无法解决物流的问题，商品必须在线下跨越地理距离，到达客户的手里。国内电商如此，跨境电商也是如此，只不过跨境电商物流要比国内电商物流更加复杂。

1.1.2.1　跨境电商物流的概念

跨境电商物流是指电子商务平台销售的物品从供应地到不同国家或地域的接收地的实体流动过程。根据跨境商品的位置移动轨迹，跨境电商物流可以分为三段：发出国国内段物流、国际段物流以及目的国国内段物流。跨境电商商品的种类繁多，使用小批量、多频次的运输方式，体积质量差别很大，不同品类所需运输和仓储解决方案各异，因此跨境电商物流要实现一站式、门到门的服务，各段物流的有效衔接显得尤为重要。

跨境电商物流的实质是依照国际惯例，以国际分工协作为原则，利用国际化的物流网络、设施和技术，实现货物在国际间的流动与交换，以促进区域经济的发展和全球资源优化配置。其目标是通过最佳的方式与路径，用最低的费用，承担最小的风险，保质、保量、适时地将货物从出口国的销售方运送到进口国的需求方。其核心要素包括包装、运输、仓储、装卸、通关和信息交换等，它们贯穿整个跨境物流活动。

1.1.2.2 跨境电商物流的特征

在跨境电商最初发展时期，电子商务商家主体已经能够开始自主整合传统物流的服务资源。在传统物流的基础上，出现了属于跨境电商物流的一些新特征。

1. 服务功能多样化与目标的系统化

单一物流服务功能与单一物流环节最优化已不能满足现代物流需求，因此在进行物流作业时，除需要考虑运输、仓储等环节的协调外，还要考虑物流与供应链中的其他环节相互配合，不仅要实现单个物流环节最优化，而且要追求物流活动的整体最优化，从而保证物流需求方整体经营目标的最优化。

2. 物流作业标准化与服务的个性化

一方面，物流标准化作业流程可以使复杂的作业变得简单化，有利于跨地区协同与沟通，也有利于操作过程监控与对操作结果的评价。另一方面，受经营产品、经营方式及自身能力的影响，物流需求方除获得传统的物流服务外，还希望针对自身经营产品的特点与要求获得量身定制的个性化服务与增值服务，比如市场调查与预测、采购及订单处理、物流咨询、物流方案的选择与规划、库存控制策略建议以及货款回收与结算等方面的服务，从而提高物流服务对决策的整体支持作用。

3. 物流速度和反应快速化

伴随市场范围空间的延伸与产品生命周期的缩短，为了达到扩大市场份额和降低成本的双重目的，跨境电商不仅需要建立完善的全球产供销经营体系，还需要跨境物流链上下游对物流配送需求的反应迅速，缩短物流前置时间和配送时间间隔，加快商品周转和物流配送时效。

4. 物流技术先进化

跨境物流作业的各个环节目前广泛应用先进的物流技术，不仅提高了每个作业环节的效率，而且确保整个经营目标的实现。例如，根据电子商务服务平台指令，物流供应商按照运输计划，组织提货、仓储、包装、报关、国际运输和国外配送等。在整个物流链中，参与各方有效利用了电子数据交换系统（Electronic Data Interchange，EDI），实现了信息的即时交换和资源共享，使参与各方能够及时了解货物的流向与下一步操作，避免由于信息滞后造成操作环节的延误，从而确保整个物流链的顺畅。在跨境电商交易中，物流公司起到了一个桥梁的作用，它利用其丰富的物流管理技术和运作经验，促使交易顺利完成。

5. 物流信息电子化

跨境电商物流强调订单处理、信息处理的系统化和电子化，用企业资源计划（Enterprise Resource Planning，ERP）信息系统功能完成标准化的物流订单处理和物流仓储管理。通过ERP信息系统对物流渠道的成本、时效、安全性进行关键业绩指标（Key Performance Indication，KPI）的有效考核，以及对物流仓储管理过程中的库存、产品到货、物流配送等进行有效的风险控制。

6. 服务网络全球化

由于跨境交易范围是在全球范围内，因此物流服务网络覆盖范围越广，越有利于商家根据市场变化储存、调配商品，从而更好地满足商家的物流需求。另外，先进的物流网络不仅能够做到物流网点间物流活动的一致性，使整个物流网络的库存总水平、库存分布、运输与配送达到最优化，以适应经营的需求，而且可以通过物流信息系统加强供应与销售环节在组织物流过程中的协调和配合，以加强对物流的控制。

1.1.2.3 跨境电商物流与传统物流

跨境电商物流的运作过程一般包括境内物流、出境清关、国际物流、目的国清关与商检、目的国物流、目的国配送等。若从物流作业环节进行细化，则包括接单、收货、仓储、分类、编码、理货、分拣、转运、包装、贴标、装卸等，还会涉及支付、报关、纳税、售后服务、退换货物流等。该运作流程会涉及多个国家、多个物流企业，其复杂性要远超国内物流。为适应跨境电商发展的需求、更好地服务跨境电商，商业快递、邮政快递、国际物流专线、海外仓等跨境电商物流模式不断衍生出来。

跨境电商物流与传统物流的差异性主要体现在以下几个方面，如表1-2所示。

表1-2 跨境电商物流与传统物流的差异

差异点	传统物流	跨境电商物流
运营模式对物流的敏捷性和柔性要求不同	传统"少品种、大批量、少批次、长周期"的商业模式决定了传统物流的固化性和单一性	跨境电商"多品种、小批量、多批次、短周期"的商业模式对物流的响应性和柔性提出了更高的要求。跨境电商在网上交易后会对物流信息进行更新，这强调了库存商品快速分拣、配送的原则，体现了跨境电商物流快速响应的特点，多元化物流渠道的选择也符合跨境电商的柔性要求
物流功能性的附加价值不同	传统物流除运输功能外，附加价值体现并不明显	跨境电商物流的高附加价值不仅体现在实现物品空间上的跨境转移，更强调了终端客户的时效体验以及物流成本在产品价格上的竞争优势
物流服务的层次不同	传统物流主要强调"门到门""点到点"的服务	跨境电商物流强调物流的整合和全球化
对信息化和智能化的要求不同	传统物流的作业流程相对固定，对IT技术的重视程度和智能化要求低于跨境电商物流	跨境电商的物流、信息流、资金流以主动的方式推送给客户，并实时监控，因此"三流"的统一是跨境电商物流的本质要求。跨境电商物流更关注以IT技术为核心的物流全过程优化。各大物流服务提供商也都致力于开发领先的信息系统，以提供更全面、简单的物流信息操作模式，以实现跨境电商的一体化和智能化

1.1.3 跨境电子商务与物流的关系

伴随人工智能、大数据等技术的发展与跨界融合以及国际流通领域业务的延展，跨境电商进入新时代,物流已经成为影响跨境电商发展最重要的因素。跨境电商与物流是相互依存、相互促进的关系,这一关系主要体现在以下几个方面。

1.1.3.1 物流是跨境电商的重要环节

对于跨境电商企业而言,产品是王道,物流是链条。跨境电商交易涉及交易磋商谈判、合同签订、国际物流、国际支付结算等诸多环节。跨境电商是国际贸易的一种新形式,与传统国际贸易不同的是,交易磋商、合同签订、国际支付均可通过互联网和电子商务平台完成,而实现商品从卖方到买方的流转则必须通过实体的国际物流。物流的效率、可到达性和成本直接影响跨境电商的终端消费体验。因此,物流是跨境电商活动中的重要环节,是跨境电商运作的重要保障。

1.1.3.2 跨境电商的发展为物流发展提供了机遇

跨境电商的发展为传统模式运行的物流行业开辟了新的发展道路,可实现物流的线上、线下衔接,并且实现物流国际化发展。中华人民共和国商务部(以下简称"商务部")《中国数字贸易发展报告 2020》显示,2019 年我国跨境电商零售进出口额达 1 862.1 亿元人民币,是 2015 年的 5 倍,年均增速为 49.5%。根据中华人民共和国海关总署(以下简称"海关总署")公布的最新数据,2020 年上半年,我国跨境电商进出口额增长 26.2%,其中出口额增长 28.7%,跨境电商的快速发展直接驱动跨境电商物流市场持续增长。

1.1.3.3 物流是跨境电商发展的关键因素

在跨境电商中,企业与消费者合约践行的基础在于非虚拟性的跨境物流,而影响消费者消费体验的因素也在于物流的效率及成本。电子商务的过程由网上信息传递、网上交易、网上结算和物流配送四个部分组成,其动态的完整运行必须通过信息流、商流、货币流、物流四个流动过程。不同于传统商务活动,电子商务的特殊性在于,信息流、商流、货币流都可以在虚拟环境下通过互联网实现,而跨境电商的物流过程并不能完全通过网络实现,它的发展易被关境所阻碍,亦受物流成本、物流可达性、物流效率、物流服务等条件的制约。一是物流成本。在跨境电商企业的成本中,采购成本、人工成本、物流成本在其总成本中占据了很大的比重,其中物流成本所占比重为 20%~30%。如果没有多元化的跨境物流体系为跨境电商服务,那么这些物流成本所占比重将会更大。跨境电商终端客户大多对价格敏感,而较高的物流成本则会制约跨境电商的发展,且跨境电商单次成交量(额)相较于传统外贸较少,物流成本难以摊薄。二是物流可达性。跨境电商的终端客户分布在全球各地,物流服务是否可达、可达时间长短直接影响终端客户的评价。三是物流效率。物流周期越长,货物交付时间就越长,一方面会降低对终端客户的吸引力,另一方面会涉及国际收付时货币兑换的汇率变动问题,从而影响交易。四是物流服务。国际运输距离远、风险大,商品运输过程中的货损率、是否具有可跟踪性等也会影响终端客户的体验。因此,物流发展水平的高低是跨境电商供应链融合及跨境电商供应链企业获得经营效益的关键因素,低成本、高效率、服务完善的物流支撑体系成为跨境电商发展的迫切需求。

1.1.4 跨境电商物流的发展现状及趋势

互联网向各个领域的不断渗透、经济全球化的不断深入，使得跨境电商为全球企业的发展提供了无限的可能。我国跨境电商市场规模十分庞大，近年来保持高速增长，对跨境电商物流的需求产生了爆发式增长，但同样也对现有跨境电商物流的运营能力提出了巨大的挑战。

1.1.4.1 我国跨境电商物流的发展现状

我国跨境电商物流行业兴起时间不长。2003—2008年，一些海外华人和有留学背景的华人开始从事跨境电商，主要通过邮政寄递，一些大卖家也兼做物流，但传统国际（地区间）物流商转型跨境物流电商的比较少；2009—2013年，一部分敏锐的国际货运代理开始融入跨境物流业，空运、铁运、专线，海外仓快速兴起，为跨境电商提供了更多可能；2014年至今，物流的时效性进一步提升，平台、卖家、海外华人纷纷加入，亚马逊物流（Fulfillment by Amazon，FBA）服务、保税仓、虚拟海外仓、退货维修等业务发展迅速。当前阶段，我国跨境电商物流的发展可以说是机遇与挑战并存。

1. 我国跨境电商物流发展所面临的机遇

（1）物流业地位的提升，为我国跨境电商物流发展提供了原动力。我国对物流产业的地位做了重新认定，航空管制、邮政专营、国际货代及贸易等领域的投资被限制放开。国务院及各部委陆续发布政策，扭转过去把物流业等同于货运业的认识。

（2）跨境电商稳健发展的行业环境，有利于我国跨境电商物流的发展。跨境电商物流的发展与跨境电商的发展密不可分。因此，跨境电商所面临的行业环境将直接影响跨境电商物流的发展速度和趋势。

（3）发达国家跨境电商物流的发展经验为我国跨境电商物流的发展提供了有益的借鉴。在发达国家，自由退换货是其突出的文化特征，而这一点恰恰是我国跨境电商物流企业最不适应的。随着国外电商物流企业进驻中国市场，它们在解决消费者退换货方面的做法非常值得我们学习。事实上，近几年来，我国跨境电商物流企业正在尝试通过海外仓业务模式来解决物流配送时间没有保障、消费者满意度不高等问题，已经取得了良好的效果。

在此背景下，近年来，我国跨境电商物流保持了快速增长的态势。

2. 我国跨境电商物流发展所面临的挑战

虽然我国跨境电商物流呈现蓬勃发展势头，但不可忽视的是，我国跨境电商物流的发展还存在一些挑战。

（1）成本总体偏高。

在国际贸易中，跨境物流所需的费用占总交易成本的30%~40%，而我国跨境电商贸易中物流所投入的资金要远超于这个比例。一般来说，物流送达时间越短，客户满意度越高，但物流投入的资金也越多。有的跨境电商企业通过国际快递和国际小包运送，如国际e邮宝、DHL、联邦快递、UPS、TNT等，虽然时效能够保证，但运费居高不下。

如果卖家再相应提高商品售价，那么与国外产品竞争时则会丧失价格优势。

（2）配送时效偏低。

以当前全球比较发达的 eBay 平台为例，其通过国际 e 邮宝将货物送达欧美消费者手中的期限一般为 7～12 天，使用专线物流则需要 15～30 天。而我国跨境电商物流的同类配送期限更长，多数商家承诺的送达期限为 3 个月。跨境电商物流配送的速度是影响境外买家购买的重要因素，欧美等地客户对时效性的要求比较高，如果配送时间超出预期，他们往往会退货或投诉。

（3）退换货难题。

由于跨境电商的交易双方在不同的国家，且世界各地的物流环境、经济水平、文化等情况很不一样，加之跨境物流涉及的手续多、环节多、范围广，且受清关障碍和配送时间长的影响，因而加大了商品损坏或丢失的风险。境外的消费者收到商品之后，如果发现所购商品没有达到预期，那么将产生退换货需求，而我国跨境电商的售后服务能力较差，退换货流程复杂，且退换货物流成本较高。

（4）专业化清关服务能力不足。

对于跨境电商物流来说，如何顺利清关是商品销往世界各地的关键环节。在清关过程中需要使用较多的专业知识和专业用语，对于没有接触过国际贸易的卖家而言，难以把控其中的风险。目前，不管是头程运输还是海外仓，清关都是一个棘手的问题。头程运输如果没有提供具体的收件人信息和目的地清关服务，就只能依托第三方物流企业代清关；海外仓虽然能够提供收货人信息并提供代交关税服务，但并不是目前清关的主流模式。

（5）本土化末端配送考验。

本土化是跨境电商成功的关键要素，跨境电商物流的末端配送是本土化的主要组成部分。面对干线运输时效同质化和物流成本透明化，越来越多的规模化跨境电商物流企业把打造核心竞争力都放在了末端网络建设上，以此作为差异能力，来提升客户体验度。在销售目的地上，如何选择有实力的快递公司来完成最后一公里的配送，对物流企业而言，也是不小的考验。一方面，由于末端配送往往被多个物流企业转手，导致配送时效标准不一；另一方面，干线运输物流企业与末端快递公司之间的信息共享程度不高，也让消费者和卖家对商品流转信息难以把握。

（6）供应链高端和增值服务的能力较弱。

目前，我国跨境物流主要还集中在传统的运输、配送、货代报关、订舱等层面，而一些供应链高端服务，如集成性供应链最优解决方案的提供、云计算信息平台、跨境金融、海外即时送等服务能力不足，同时物流的可视化和信息透明度较低。虽然目前国内出现了第三方国际物流仓储集运和 B2C 外贸平台仓储集运，但这些主要由巨无霸型电商企业发起运营，如阿里巴巴的全球速卖通、深圳递四方等跨境供应链综合服务商。它们的做法一般是先将货物统一收集，再按其目的地、品类、数量等统一分拣配送。对于跨境电商订单数量多、频次高的产品而言，这可以使集货、发货时间缩短，配送成本得以分摊，是电子商务平台服务向产业链高端发展的开始。但由于前期仓储物流投入较大，内外部的资源整合、协调机制不完善，操作过程复杂，其行业渗透度及服务集成度不高。

以上情况的存在严重制约了跨境电商物流的快速发展。

1.1.4.2 跨境电商物流的发展趋势

跨境电商的综合海外推广、交易支持、在线支付、售后服务、信用体系和纠纷处理等多功能特征，要求其物流服务也进一步向小批量、多频次、周转快的趋势发展。由于跨境电商物流活动涉及多个国家或地区的物流系统，还和国际贸易的通关、检验检疫、国际货物保险业务等密切相关，其作业流程复杂，物流路程远、时间长、风险高，对货物递送的可视化和时效性要求也高，因此物流资源成为跨境电商平台重要的战略资产。近年来，跨境电商物流呈现了一些明显的发展趋势，如图 1-1 所示。

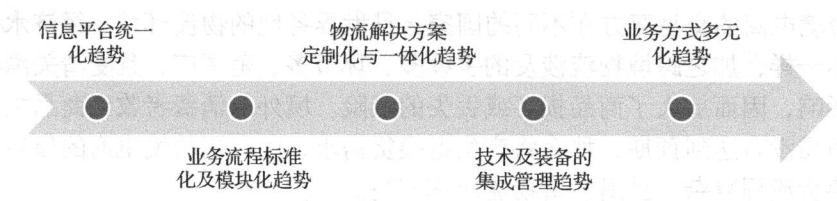

图 1-1　跨境电商物流发展趋势

1. 信息平台统一化趋势

统一的信息平台是跨境电商物流实现互联互通的中枢神经系统，它能集成并整合客户的子信息系统，使供应链各节点企业形成无缝衔接，构建跨境电商物流统一信息平台，推进信息平台统一化，运用无线射频识别技术（Radio Frequency Identification，RFID）、全球定位系统（Global Positioning System，GPS）、地理信息系统（Geographic Information System，GIS）等信息技术，采集、处理物流信息并生成相关数据，以全方位满足联盟成员对信息的柔性需求。一方面，为满足成员内部各职能部门的信息采集需求，构建营销子系统（含客户、价格、营销决策分析等模块）、操作子系统（含单证制作、货物处理、数据分析等模块）、客服子系统（含货物状况查询、追踪、事故处理等模块）、财务子系统（含账务、结算、报表等模块）、信息管理子系统（含系统维护、升级、开发等模块）等；另一方面，构建综合运输管理子系统、仓储配送管理子系统、进出境通关管理子系统、保险金融税汇咨询子系统、"互联网+"综合查询系统。成员内部的子系统及模块因成员自身的需求而异，但联盟信息系统可供查询与挖掘处理的基础数据则完全一致，全平台数据的更新可同步实时进行。构建统一的信息平台，目标是提升联盟物流效率、提高服务水平、优化经营效益，同时减少决策失误、降低综合物流成本、降低经营风险。

2. 业务流程标准化及模块化趋势

模块化是涵盖了分离与组合的系统性概念，20 世纪 90 年代是设计、采购、生产、流通的模块化大发展时期，这对产业结构调整优化具有革命性的意义。业务流程模块化不仅使复杂的问题变得更简单，更重要的是使集中决策变得更分散，既追求创新效率也降低交易成本，通过标准的界面结构与其他功能的半自律性子系统，按照一定的规则进行有机联系，形成系统分解和系统集成的统一。

虽然业务流程模块化被认为是新产业结构的标志性特征，但它已不再是传统意义上完全附属于总部的层级单位，而是在不违反总体规则与标准的前提下能够自主创新、具有高度自律性的分部。因此，业务流程模块化组织是能够对有个性的、差异的、复杂多变的顾客需求灵活地做出快速反应并可随市场竞争变化产生动态演进的柔性组织。为适应跨境电商客户个性化、差异化、复杂多变的柔性需求，我们需要强化业务流程的模块化，推进业务模块的标准化，以及强化各模块之间对接的标准化。业务流程模块化的目标是，避免为每个客户定制一套各不相同的方案，而是通过不同专业模块的组合，去满足不同客户的具体需求，从而兼顾专业化和规模化，实现效率与柔性的平衡。

3. 物流解决方案定制化与一体化趋势

专业的物流方案，可加强对专线物流运营状况的维护和管理，通过电子化信息系统对物流运营进行监控，及时调拨货物，并在消费国建立物流联络点，对到达物流信息进行及时跟踪，并对退换货服务进行有效管理。合作建立海外联盟仓库可与国际物流企业合作或在中小企业间进行资源整合，各外贸公司以租赁、协议、入股等方式，在主要目标国建立专属的海外仓库，鼓励具有海外仓储运营经验的外贸或物流公司成立独立的海外仓，建立海外仓信息管理平台。中小企业将货物发运至指定口岸仓库，由口岸仓库录入后，再统一调拨至海外仓库。中小企业通过信息管理系统对货物配送信息进行及时跟踪，对退换货的处理进行遥控，并及时掌握海外仓的仓储信息，调拨商品资源。对海外仓的管理要规范，可引入专业公司对仓库的资源进行调配和管理，提高理货配送效率，降低货物损耗率。

4. 技术及装备的集成管理趋势

技术及装备也需适应跨境电商客户个性化、差异化、复杂多变的需求，进行智慧化改造。在这一方面的改造提升主要有以下几点。

（1）分拣系统高效化。订单碎片化是跨境电商业务的最显著特征之一，每日包裹数量极其庞大，无法通过人工进行分拣，可依靠高效运作的智能设备，实现物流分拣线自动分拨、归类、打包，强力支撑跨境电商数量庞大的订单处理与商品配送管理，在相当大的程度上取代人力。

（2）物流装备自动化。例如，在仓储与库存管理环节中，既要完成货物上下架、出入库操作，也要实现重下轻上、各方安全、低碳环保等多元作业目标，单凭人力难以高效完成，但是自动化物流装备可以高效、经济地完成这些任务。

（3）识别系统精准化。识别系统随时采集物流信息做出判断、分析和优化，体现出动态决策和循环的开放化过程。识别系统的精准化在两个分领域可充分体现：一是位置识别，可根据跨境电商物流管理的标准，设置各种传感器，应用相关采集与识别技术，借助 GPS、北斗等定位系统以及地理信息系统实现精准化位置识别；二是身份识别，它是整个物流信息系统的基础，可根据最小管理单元的颗粒度，确定身份识别系统的精度，各类运作信息皆可与操作主体的身份捆绑，以便分清相关责任。

5. 业务方式多元化趋势

目前从事跨境电商物流的企业有国内快递公司、传统货代公司、传统海运公司、邮政、国际快递公司等，物流模式有邮政小包、商业快递、国际专线、海外仓、中欧班列等，未来进入跨境电商物流服务领域的供应主体将更加多样化，跨境电商物流模式将呈百花齐放的发展态势。

1.2　跨境电商物流管理概述

跨境电商物流管理，简单地说就是对跨境电商物流活动所进行的计划、组织、指挥、协调、控制和决策等，是研究并应用跨境电商物流活动规律对物流全过程、各要素的管理。

1.2.1　跨境电商物流管理的内容

跨境电商物流管理主要有两个方面：物流过程管理和物流基础要素管理。

1.2.1.1　跨境电商物流过程管理

跨境电商物流一般由采购、包装、储存保管、流通加工、检验检疫及通关、装卸搬运、运输、信息处理等过程构成。如果从跨境电商物流活动的实际工作环节来考察，跨境电商物流也主要由上述八项具体工作构成，这八大环节又相应地形成各自的子系统。

1. 跨境电商物流采购子系统管理

随着跨境电商物流管理内涵的日益拓展，采购功能在企业中变得越来越重要。要真正做到低成本、高效地为企业跨境电商物流服务，采购就需要涉及企业的各个部门。采购的功能是选择企业各部门所需要的适当物料，从适当的来源（包括全球采购），以适当的价格、适当的送货方式（包括时间和地点）获取适当数量的原材料。

2. 跨境电商物流包装子系统管理

"杜邦定律"（由美国杜邦化学公司提出）认为，63%的消费者是根据商品的包装选择购买的，跨境电商市场和消费者是通过商品认识企业的，而商品的商标和包装就是企业的面孔，它反映了一个企业的综合水平。在考虑出口商品包装设计和具体作业过程时，企业应把包装、储存、搬运和运输有机联系起来，统筹考虑、全面规划，实现现代跨境电商物流系统所要求的"包、储、运一体化"，即从开始包装商品时就考虑储存的方便、运输的快捷，以加快物流速度，减少物流费用，符合现代物流系统设计的各种要求。

3. 跨境电商物流储存保管子系统管理

商品的储存、保管使商品在其流通过程中处于一种或长或短的相对停滞状态，但这种停滞是完全必要的，因为商品流通是一个由分散到集中，再由集中到分散的源源不断的流通过程。跨境电商贸易和跨国经营中的商品从生产厂家或供应部门被集中运送到装运港口，有时需在此临时存放一段时间，再装运出口，这是一个"集"和"散"的过程。这个过程主要是在各国的保税区和保税仓库进行的，主要涉及各国保税制度和保税仓库建设等方面。从物流角度看，企业应尽量减少商品的储存时间和储存数量，加速货物和资金的周转，实现跨境电商物流的高效率运转。

4. 跨境电商物流流通加工子系统管理

流通加工是为了促进销售、提高物流效率和物资利用率，以及维护产品的质量而采取的，能使物资或商品发生一定的物理和化学等变化的加工过程，它可以确保进出口商品的质量达到要求。进出口商品流通加工的方式有两种：一种是指装袋、贴标签、配装、挑选、混装、刷标记（刷唛）等服务；另一种则是生产性外延加工，如剪断、平整、套裁、打折、折弯、拉拔、组装、改装、服装的检验和烫熨等。其中，后一种出口加工或流通加工，不仅能最大限度地满足客户的多元化需求，还可以实现货物的增值。

5. 跨境电商物流商品检验检疫及通关子系统管理

由于跨境电商贸易和跨国经营具有投资大、风险高、周期长等特点，因而在跨境电商物流过程管理中商品检验检疫是重要的一环。企业可通过商品检验，确定交货品质、数量和包装条件是否符合合同规定，如果发现问题，可分清责任，向有关方面提出索赔。在买卖合同中，一般都有商品检验条款，其主要内容有检验时间与地点、检验机构与检验证明、检验标准与检验方法等。另外，商品的出入境还需办理通关手续。

6. 跨境电商物流装卸搬运子系统管理

装卸、搬运子系统主要包括跨境电商的货物运输、保管、包装、流通加工等物流活动，以及在保管等活动中为进行检验、维护、保养所进行的装卸活动。在跨境电商物流活动中，装卸活动是频繁发生的，因而这是导致产品损坏的重要原因。对装卸活动的管理，主要是要确定最恰当的装卸方式，减少装卸次数，合理配置及使用装卸机具，以做到节能、省力、减少损失、加快速度，最终获得较好的经济效益。

7. 跨境电商物流运输子系统管理

运输的作用是将商品使用价值进行空间移动。物流系统依靠运输作业克服商品生产地和需要地的空间距离阻隔，创造了商品的空间效益。商品通过跨境电商货物运输作业由卖方转移给买方。跨境电商货物运输具有路线长、环节多、涉及面广、手续繁杂、风险性大、时间性强等特点。运输费用在跨境电商贸易价格中占有很大比重。跨境电商运输主要包括运输方式的选择、运输单据的处理以及投保等内容。

8. 跨境电商物流信息处理子系统管理

信息处理子系统的主要功能是采集、处理及传递跨境电商物流和商流的信息情报。没有功能完善的信息处理子系统，跨境电商贸易和跨国经营将寸步难行。跨境电商物流信息主要包括进出口单证的作业过程、支付方式信息、客户资料信息、市场行情信息和供求信息等内容。跨境电商物流信息处理子系统的特点是信息量大、交换频繁；传递量大、时间性强；环节多、点多线长。因此，企业要建立技术先进的跨境电商物流信息处理子系统。

1.2.1.2　跨境电商物流基础要素管理

跨境电商物流的发生和实现需要物流人员、物流设施、物流装备、物流工具、物流信息技术及网络等一些物质基础要素。具体而言，物质基础要素的管理主要包括以下内容。

1. 物流人员管理

物流人员的管理包括物流从业人员的选拔和录用，物流专业人才的培养与提高，物流教育和物流人才培养规划与措施的制定。

2. 物流设施管理

物流设施是跨境电商物流系统运行的基础设施，包括物流站场、物流中仓库、跨境电商物流线路、建筑物、公路、铁路、口岸（如机场、港口、车站、通道）等。

3. 物流装备和物流工具管理

物流装备和物流工具管理是跨境电商物流系统运行的物质保障。物流装备包括仓库货架、进出库设备、加工设备、运输设备、装卸机械等；物流工具包括包装工具、维护保养工具、办公设备等。

4. 物流信息技术及网络管理

物流信息技术及网络管理是掌握和传递跨境电商物流信息的手段，包括通信设备及线路、传真设备、计算机及网络设备等。需要根据所需物流信息水平的不同，对信息技术及网络进行维护和更新。

1.2.2 跨境电商物流管理的目标

跨境电商物流管理就是使各项跨境电商物流活动实现最佳的协调与配合，以满足跨境电商高效率和全球化的特点，进而达到提高效率、降低成本、强化产品质量的目标。

（1）提高效率。跨境电商物流管理的目标之一是快速响应、不断提高时效性，这关系到能否及时满足跨境客户需求的能力。跨境电商物流的时效性有两个层面的含义：一是货物送达速度；二是货物送达周期的稳定性。货物送达时间过长或波动过大均严重影响客户的网上购物体验，时间波动过大时，跨境电商卖家为了满足市场需求避免缺货，只能加大库存以备急需，因此增加了库存成本，甚至造成滞销过时的严重后果。

（2）降低成本。跨境电商业务成本的一个重要组成部分是跨境电商物流成本，较低的物流成本是卖家商品的核心竞争力所在。要降低成本，就要追求最低库存。最低库存数量越少，资产占用就越少；周转速度越快，资产占用也就越少。因此，存货可用性的高周转率就意味着分布在存货上的资金得到了有效的利用，"零库存"是理想状态。在跨境电商物流管理中，需要更多地采用先进的科学技术与管理方法，实现对物流的智能决策、控制与协调等，进而不断降低物流成本。

（3）强化商品质量。由于物流管理作业具有跨时间、跨地域的客户要求，其中绝大多数的物流作业都是在监督者的视野之外进行的，所以产品质量的强化就显得非常重要。通常，不正确的装运或运输中的损坏会导致物流公司信誉下降，甚至客户流失，即使再重新补救，也是得不偿失。因此，降低货损、货差，解决退换货难，强化商品质量，提升服务质量等也是跨境电商物流管理的目标。

为实现以上目标，跨境电商物流管理应遵循系统效益原则、标准化原则、服务原则等三个管理原则。

第一，系统效益原则。系统效益原则又称整体效益原则，这是管理原理的基本思想。跨境电商物流管理不仅要求物流活动本身效益最大化，而且要求与物流相关的系统整体效益最大化，包括当前与长远效益、财务与经济效益、经济与社会效益、经济与生态效益等。因此，跨境电商物流管理人员和部门要确立可持续发展的观念，处理好物流与社会需求、物流耗费与有限资源、当前与可持续发展的关系。

第二，标准化原则。跨境电商物流按其重复性可分为两大类：一类为重复发生的常规性活动如物料的领用、发出，配送的路线，搬运装卸等；另一类为一次性或非常规性的活动，如用户需求的随时变化、运输时间的不确定性等。跨境电商物流管理的标准化要求需常规活动按标准化原则实施管理，实现自动化、智能化，以提高效率、降低成本。

第三，服务原则。服务原则是指在跨境电商物流管理的全过程中，努力促使各级员工牢固树立服务观念，切实恪守职业道德，严格执行服务标准，通过内强分工体系的协同效应和外塑企业的整体形象，提供文明、高效、优质的服务，确保企业经济效益和社会效益同步提高。

复习思考题

一、选择题

1. 以下符合跨境电商物流特征的是（   ）。
   A. 物流反应速度快　　　B. 物流信息电子化　　　C. 物流服务个性化
   D. 物流作业标准化　　　E. 服务网络全球化
2. 物流的效用有（   ）。
   A. 空间效用　　　　　　B. 场地效用　　　　　　C. 时间效用
   D. 形质效用　　　　　　E. 标的效用
3. 跨境电商物流基础要素管理的内容包括（   ）。
   A. 贸易对手管理　　　　B. 物流人员管理　　　　C. 物流设施管理
   D. 物流装备管理　　　　E. 物流信息技术及网络管理
4. 以下说法正确的有（   ）。
   A. 物流具有鲜明的顾客导向　　　　B. 物流属于一个全过程的活动
   C. 物流是对各功能要素的全面管理　　D. 物流的概念不是一成不变的
   E. 物流就是指"物"的空间位置移动

二、名词解释

1. 物流
2. 跨境电商物流

三、论述题

1. 简述跨境电商与物流之间的联动关系。
2. 简述跨境电商物流的发展趋势。
3. 简述跨境电商物流管理的目标。

案例实训

海关总署支持跨境电商发展,畅通中欧班列物流通道临时邮路

"2020年,在新冠肺炎疫情的影响下,跨境电商作为新业态,实现了飞速发展。作为新兴贸易业态,跨境电商在疫情期间进出口贸易额出现了不降反升的迹象,成为稳外贸的一个重要力量。"2021年1月14日,在国新办举行新闻发布会上,海关总署新闻发言人、统计分析司司长李魁文表示,中国海关一直在积极适应和促进跨境电商的发展,不断创新优化监管制度,支持跨境电商等新业态有序发展。

(1)优化售后,完善退货。

全面推广跨境电商出口商品退货监管措施,优化跨境电商零售进口退货措施,解决跨境电商出口商品退货难的问题,全力支持跨境电商出口企业"卖全球"。优化跨境电商零售进口退货措施,帮助企业克服疫情导致的物流延迟等影响,助力企业完善售后服务体系。

(2)开创试点,便利通关。

创新开展跨境电商企业对企业(Business to Business,B2B)出口试点,增设了"9710""9810"贸易方式,现已在北京海关等22个直属海关开展试点,将跨境电商监管创新成果从B2C推广到B2B领域,并配套便利通关措施。试点企业可适用"一次登记、一点对接、优先查验、允许转关、便利退货"等通关便利化措施。

(3)畅通渠道,稳定物流。

拓展畅通跨境电商物流通道。2020年国际航班大面积停航减班,传统运力骤减,海关总署及时出台支持中欧班列发展十条措施,支持利用中欧班列运力开展跨境电商、邮件等运输业务。在新冠肺炎疫情期间,海关支持邮政部门开通进出境临时邮路,累计开通临时出境口岸15个、临时进境口岸13个,积极疏运进出境邮件和跨境电商商品,全力保产业链供应链稳定。

(4)保障平台,有序通关。

全力保障"双十一"等跨境电商业务高峰期商品有序通关。2020年,跨境电商增长迅猛,通过海关跨境电子商务管理平台验放进出口清单达24.5亿票,同比增长63.3%。在2020年"双十一"期间,全国通过海关跨境电商进、出口统一版系统共处理进出口清单5 227万票,较上年增加25.5%;处理清单峰值达3 407票/秒,增长113.2%,各项指标均创新高。

(5)完善统计,总结分析。

完善跨境电商统计。为全面反映跨境电商整体进出口情况,海关总署充分借鉴我国《中华人民共和国电子商务法》以及世界海关组织对跨境电商的定义,探索建立了跨境电商统计体系。据海关初步统计,2020年我国跨境电商进出口总额为1.69万亿元,增长31.1%,其中出口总额为1.12万亿元,增长40.1%,进口总额为0.57万亿元,增长16.5%。

李魁文表示,下一步海关将继续聚焦新业态的发展和企业关切,持续强化监管,优化服务,进一步完善监管统计制度,不断推动跨境电商新业态的高质量发展。

 思考:

结合以上案例,请分析我国跨境电商物流发展面临的机遇,并就下一阶段我国跨境电商物流如何发展提出建议和意见。

第2章 跨境电商物流模式及其网络构成

 本章重点

1. 了解跨境电商物流参与方的构成。
2. 熟悉跨境电商物流的常见模式。
3. 掌握跨境电商每一种物流模式的运作流程。
4. 掌握跨境电商每一种物流模式的寄送规则与费用计算。

导入案例

苏宁海外购的跨境物流之路

物流对于跨境电商来说一直是体现企业竞争力强弱的关键环节。面对万亿元级别的进口消费市场,天猫、京东、苏宁易购等传统电商纷纷强势进入,洋码头、海蜜、蜜芽、小红书等创业型跨境电商也携巨额资本争相瓜分市场。然而,不成熟的国际物流体系让众多玩家叫苦不迭。大家或是加码自营,或是联合物流巨头提升效率,处于"青春期"的跨境电商在躁动与不安中极速向前发展。

苏宁易购为了解决跨境电商物流环节的瓶颈,从2015年7月开始与中外运空运发展股份有限公司签署战略合作框架协议。双方将在保税仓代运营、海外仓储租赁及代运营、境内外清(转)关、境外本地配送服务、国际(国内)运力资源获取及运输等跨境物流项目上展开战略合作。据苏宁云商COO侯恩龙介绍,目前跨境电商的物流时效性比较慢,比如美国的商品可能要10~12天才能签收。苏宁凭借在美国的自营直采体系,报关业务都由苏宁自己完成,时效方面可以缩短至5~7天。而中外运的核心优势在跨境物流上,不仅与DHL有30多年的战略伙伴关系,覆盖全球200多个国家和地区,同时也是国内在跨境电商试点城市均有布局的跨境物流公司之一。

苏宁在海外购经营模式上定位于苏宁"自营直采+平台海外招商",物流模式包含海外直邮、保税仓发货两种。

对于自营直采业务,正是因为有了此前在日本、美国的海外布局,苏宁率先在"苏宁易购"上线了美国馆、日本馆、韩国馆,依托苏宁海外采购公司的供应链优势,通过自建采购团队和物流体系，向当地厂商、零售商直接采购，从采购到运输都是自建体系，以保证商品品质和供应链管理。

苏宁选择的目前海外购主销的商品，除了日本的品牌纸尿裤、欧美的奶粉和韩国的化妆品，也包括通过苏宁日本公司当地采购的小家电、手表百货等。为了快速丰富商品满足消费需求，苏宁海外购面向海外企业针对全品类开放招商合作，优先招商类目为母婴奶粉、美妆个护、食品保健，重点与全球知名的品牌零售企业开展合作，力争打造一站式的全球购物平台。

跨境物流领域布局方面也取得了突破性的进展。围绕苏宁海外自营业务，物流公司已完成海外代收、国际转运、保税仓管理和报关报检的业务能力建设，开通了美国、日本等国际物流航线，还将布局美国、日本、韩国等地的海外仓，承担苏宁海外采购中心和海外商户的仓储、分拣、国际转运功能；同时在国内加快推进在7个跨境试点城市的保税仓储建设，规划与国内物流网络的衔接，订单、支付单、运单信息统一由苏宁后台与海关系统实时传输。结合国内物流网络，苏宁将为海外商户提供国际运输保税仓储、通关代理国内配送的一体化解决方案。

思考：对于苏宁海外购来说，它在选择跨境电商物流模式时应考虑哪些因素？

2.1 跨境电商物流网络构成

跨境电商物流网络构成，也就是跨境电商物流模式的参与方，是指由多个收发货物流节点和执行物流活动的线路相连接而成的物流网络伴随信息网络所组成的有机整体，包括跨境电商物流过程中的各级仓库、口岸、保税区、进出口加工区、自由贸易区等。

2.1.1 国际港口和航空港

口岸是跨境电商物流模式的网络的组成部分，包括国际港口和航空港两部分。

2.1.1.1 国际港口

国际港口是跨境电商物流的特殊节点，位于海、江、河、湖、水库沿岸，是水陆交通的集结点和枢纽处，是工农业产品和外贸进出口物资的集散地，也是船舶停泊、装卸货物、上下旅客、补充给养的场所。在国际物流中，港口分为基本港和非基本港。

基本港是指班轮运价表中载明的班轮定期或经常靠泊的港口。大多是航线上较大的口岸，货载多而稳定。在计算运费时，只按基本运费率和有关附加费计收，不论是否转船，都不收转船附加费或直航附加费。

非基本港是指除基本港口以外的港口。非基本港口一般除按基本港口收费外，还需另外加收转船附加费，达到一定的货量时则改为加收直航附加费。例如，巴布亚新几内亚航线的霍尼亚拉（Honiara）港，便是所罗门群岛的基本港口；而基埃塔（Kieta）港，则是非基本港口。运往基埃塔港口的货物运费率要在侯尼阿腊运费率的基础上增加转船附加费几十美元。

世界主要海港的港口吞吐量基本可以代表全球经济的发展现状,而海上运输一直以来都是国际贸易最重要的运输方式之一,全球交易商品80%以上的运输量都需要通过海上运输来完成,我国90%以上的外贸商品都由海运完成。因此,作为最重要的物流节点,港口在跨境电商物流中扮演着重要的角色。2020年全球十大港口集装箱吞吐量及与2019年相比增量如图2-1所示。

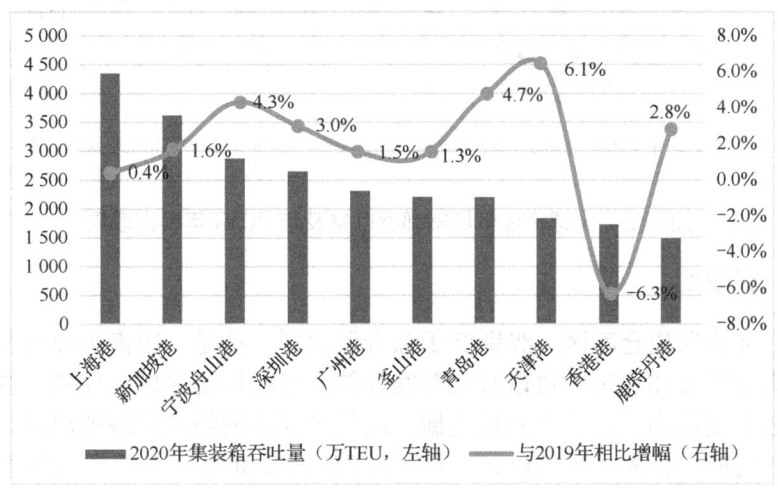

图2-1　2020年全球十大港口集装箱吞吐量及与2019年相比增幅

2.1.1.2　航空港

航空港是指位于航线上的、为保证航空运输和专业飞行作业用的机场以及其有关建筑物和设施的总称,是空中交通网的基地。航空港按照所处的位置分为干线航空港和支线航空港。航空港按业务范围分为国际航空港和国内航空港,其中国际航空港需经政府核准,可以用来供国际航线的航空器起降营运,航空港内配有海关、移民、检疫和卫生机构;而国内航空港仅供国内航线的航空器使用,除特殊情况外不对外国航空器开放。

作为航空港的货运客户,航空港要为航空货运货主提供及时便利的发货、收货、仓储等服务。2012年到2018年,全球货运机场货邮吞吐量一直稳步上升。从2019年开始,受全球经济发展及各类因素的影响,航空货运吞吐量出现下滑趋势,全球货运机场货邮吞吐量及与2019年相比增幅如图2-2所示。

2.1.2　海关特殊监管区域

海关特殊监管区域是经国务院批准,设立在中华人民共和国关境内,被赋予承接国际产业转移、连接国内国际两个市场特殊功能,由海关为主实施封闭监管的特定经济功能区域。在海关特殊监管区的货物一般被称为保税货物,需要经过海关批准办理纳税手续入境,在境内进行储存、加工、装配等活动。海关特殊监管区域现有六种模式:保税区、出口加工区、保税物流园区、保税物流中心、保税港区、综合保税区。

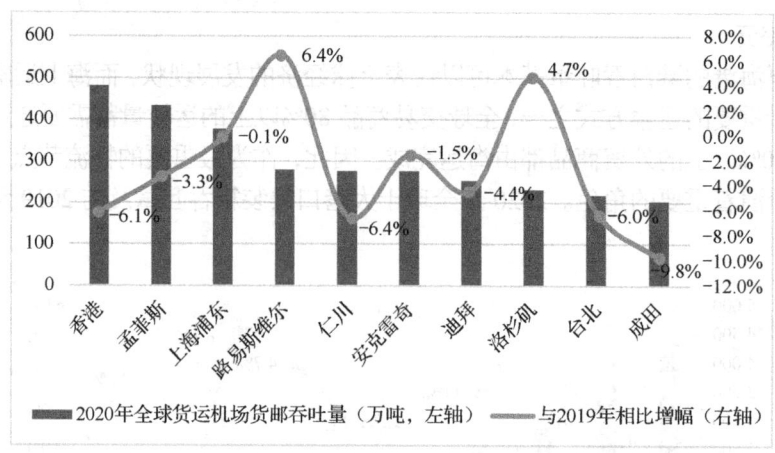

图 2-2　全球货运机场货邮吞吐量及与 2019 年相比增幅

2.1.2.1　保税区

保税区,又称保税仓库区,级别低于综合保税区。这是一国海关设置的或经海关批准注册、受海关监督和管理的可以较长时间存储商品的经济区域。保税区的设立,代表中国对外开放程度最高、运作机制最便捷、政策最优惠的经济区域的出现。

保税区的功能定位为"保税仓储、出口加工、转口贸易"。运入保税区的货物可以进行储存、改装、分类、混合、展览和加工制造,但必须处于海关监管范围内。外国商品存入保税区,不必缴纳进口关税,可自由出口,只需缴纳存储费和少量费用,但如果要进入关境则需缴纳关税。

保税区与非保税区相比,最明显的优势主要体现在海关管理与外汇管理两个方面,如表 2-1 所示。

表 2-1　保税区与非保税区的区别

类　型	海关管理	外汇管理
保税区	① 实行保税制度,货物从境外运入保税区或从保税区运往境外,免征进口税,免许可证; ② 货物从保税区运往国内非保税区视同进口,货物从国内非保税区运入保税区视同出口; ③ 区内企业与海关实行计算机联网,货物进出采取电子数据交换报关; ④ 以《保税区海关监管办法》为法规保障	① 外汇收入实行现汇管理,既可以存入区内金融机构,也可以卖给区内指定银行; ② 无论是内资企业,还是外商投资企业,均可以按规定开立外汇账户,不需要办理出口收汇和进口付汇核销手续; ③ 经常项目下的外汇开支,中资企业和外商投资企业实行统一的管理政策,由开户银行按规定办理; ④ 以《保税监管区域外汇管理办法》为法规保障
非保税区	① 只对保税仓库或保税工厂实行保税制度; ② 国外货物到出口岸后必须办理进口手续,国内货物离开口岸必须办理出口手续; ③ 只有少数大企业实行电子报关	① 经常性外汇收入实行强制结汇,外汇必须卖给指定区内银行; ② 内资企业未经批准不得保留外汇账户,企业必须办理出口收汇和进口付汇核销手续; ③ 内资企业在结、售汇等方面与外商投资企业有区别

2.1.2.2 出口加工区

出口加工区是指一国或地区为了利用外资、引进技术、赚取外汇，经国家批准，在港口、机场附近等交通便利的地方，建立的一块接受海关监管、专门用来发展出口加工业的特殊封闭区域。在出口加工区内实行"境内关外"政策和封闭式的区域管理模式，海关对进、出口加工区的货物及区内相关场所实行 24 小时监管，加工贸易业务归口省级外经贸部门管理。

出口加工区的功能仅限于产品外销的加工贸易。区内可设置出口加工企业及其相关仓储、运输企业，企业类型以劳动密集型为主。区内合资企业、独资企业所生产的产品必须全部或大部分用于出口。

出口加工区的主要优势在于对加工企业从境外运入区内的生产所需原材料、机器等，海关实行"保税政策"，即入境时暂不征关税，等到制成成品出境时再予以征税，这样减少了企业流动资金的占用。同时海关还简化了通关手续和流程，为企业提供宽松的经营环境和快捷的通关便利，实行"一次申报、一次审单、一次查验"的通关制度，逐步满足现代跨国型企业"零库存生产"的需要。

2.1.2.3 保税物流园区

保税物流园区是指保税区在海港区划出的特定区域，实行保税区的政策，以发展仓储和物流产业为主，按"境内关外"定位，海关实行封闭管理。在该区域内，海关通过区域化、网络化、电子化的通关模式，在全封闭的监管条件下，最大限度地简化通关手续和流程。通过保税区与港口之间的"无缝对接"，实现货物在境内外的快速集拼和快速流动。

保税物流园区可以存储进出口货物及其他未办结海关手续货物、对所存货物开展流通性简单加工和增值服务、进出口贸易及转口贸易、国际采购、分销和配送、国际中转、检测、维修、商品展示以及经海关批准的其他国际物流业务。保税物流园区内不得开展商业零售、加工制造、翻新、拆解及其他与园区无关的业务。

保税物流园区是保税区的升级版，相较于保税区，保税物流园区的政策优惠更为显著、功能优势更为突出、货物进出更为便捷。保税物流园区的功能包括四个方面，如图 2-3 所示。

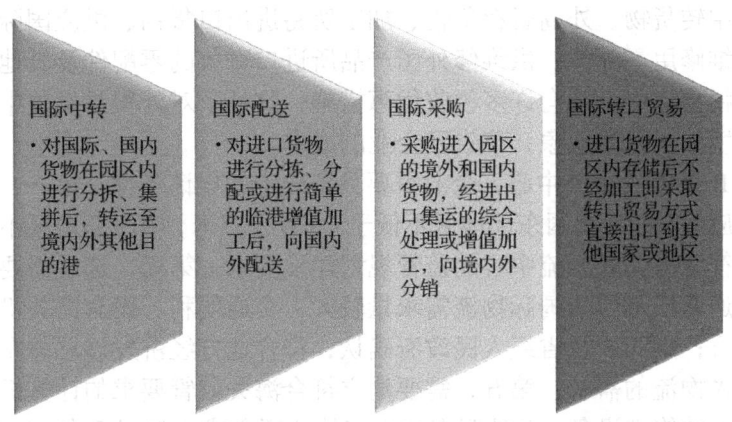

图 2-3　保税物流园区的四大功能

除享受保税区免征关税和进口环节税、海关监管等方面的政策外，保税物流园区还叠加了出口加工区的政策，即实现国内货物入区视同出口，办理报关手续，实行退税，从而改变了保税区现行的"货物实行离境方可退税"的方式，大大降低了企业的运营成本。区内享受"境内关外"的待遇，货物在区内可以自由流通，不征增值税和消费税。此外，区港联动区域实行封闭管理，参照出口加工区的标准建设隔离设施，专门发展仓储和物流产业，区内不得开展加工贸易业务。

2.1.2.4 保税物流中心

保税物流中心是指经海关批准，由我国境内企业法人经营、专门从事保税仓储物流业务的海关监管场所。按照服务范围不同，保税物流中心分为 A 型和 B 型。

1. A 型保税物流中心

A 型保税物流中心是指经海关批准，由我国境内企业法人经营，专门经营进出口货物及其他未办结海关手续货物的保税存储、流通性简单加工、分销配送、转口、转运、报关等国际物流服务的保税场所。按照服务范围，A 型保税物流中心分为公用型物流中心和自用型物流中心。

申请设立 A 型保税物流中心，企业需要具备一定的申请条件。第一，企业要符合海关对物流中心的监管规划建设要求；第二，公用型物流中心的仓储面积（含堆场），我国东部地区不低于 20 000 平方米，中西部地区不低于 5 000 平方米，而自用型物流中心的仓储面积（含堆场），我国东部地区不低于 4 000 平方米，中西部地区不低于 2 000 平方米；第三，建立符合海关监管要求的计算机管理系统，提供海关查阅数据的终端设备，并按照海关规定的认证方式和数据标准，通过"电子口岸"平台与海关联网，以便海关在统一平台上与国税、外汇管理等部门实现数据交换及信息共享；第四，设置符合海关监管要求的安全隔离设施、视频监控系统等监管、办公设施；第五，要符合国家土地管理、规划、消防、安全、质检、环保等方面的法律、行政法规、规章及有关规定。

2. B 型保税物流中心

B 型保税物流中心是指经海关批准的、由中国境内一家企业法人经营、多家企业进入并从事保税仓储物流业务的海关集中监管场所，经海关批准可存储国内出口货物、转口货物和国际中转货物、外商暂存货物、加工贸易进出口货物、供应国际航行船舶和航空器的物料、维修用零部件、供维修外国产品所进口寄售的零配件及其他未办结海关手续的货物。保税物流中心享有许多税收优惠措施，弥补了对外贸易发展中物流的瓶颈，可以避免货物境外一日游现象，节省了企业的成本。

申请设立 B 型保税物流中心，企业需要具备一定的申请条件。第一，物流中心仓储面积要达到相应的要求，我国东部地区不低于 10 万平方米，中西部地区不低于 5 万平方米；第二，要符合海关对物流中心的监管规划建设要求；第三，选址需要在靠近海港、空港、陆路交通枢纽及内陆国际物流需求量较大，交通便利，设有海关机构且便于海关集中监管的地方；第四，经省级人民政府确认，符合地方经济发展总体布局，满足加工贸易发展对保税物流的需求；第五，需要建立符合海关监管要求的计算机管理系统，提供海关查阅数据的终端设备，并按照海关规定的认证方式和数据标准，通过"电子口岸"平台与海关联网，以便海关在统一平台上与国税、外汇管理等部门实现数据交换及信息共享；第六，设置符合海关监管要求的安全隔离设施、视频监控系统等监管、办公设施。

3. 两种类型保税物流园区的对比

保税物流中心是封闭的海关监管区域，具备口岸功能。

A型保税物流中心是指以一个物流公司为主，满足跨国公司集团内部物流需要开展保税货物仓储、简单加工、配送的场所；B型保税物流中心是指由多家保税物流企业在空间上集中布局的公共场所，是海关封闭的监管区域，海关对B型保税物流中心按照出口加工区监管模式实施区域化和网络化的封闭管理，并实行24小时工作制度。

A型保税物流中心与B型保税物流中心的区别，大致是说A型保税物流中心由一家企业作为经营主体，由它向海关总署申请，如NOKIA的A型保税物流中心项目；而B型保税物流中心类似于物流园区的概念，可以有多家企业入驻同时经营，需要由这个园区的管委会向海关总署申请，许可也是批给这个园区的。

在海关政策方面，A型保税物流中心和B型保税物流中心大致相似，基本体现出以前的"进口保税仓""出口监管仓"两仓合一的功能，进口的货物进入A型保税物流中心和B型保税物流中心即可实现对外付汇，出口的货物进入A型保税物流中心和B型保税物流中心即可申请出口退税。

建设B型保税物流中心，有利于引进跨国公司、知名企业、国际新兴产业等大型项目投资，提高招商引资的档次和水平；可以有效整合物流资源，推进物流中心建设，促进供应链形成，加快产业结构优化。

2.1.2.5 保税港区

保税港区是指经国务院批准，设立在国家对外开放的口岸港区和与之相连的特定区域内，具有口岸、物流、加工等功能的海关特殊监管区域。保税港区的功能具体包括仓储物流，对外贸易，国际采购、分销和配送，国际中转，检测和售后服务维修，商品展示，研发，加工、制造，港口作业8项功能。

保税港区的优势在于享受保税区、出口加工区、保税物流园区相关的税收和外汇管理政策，主要有国外货物入港区保税；货物出港区进入国内销售按货物进口的有关规定办理报关，并按货物实际状态征税；国内货物入港区视同出口，实行退税；港区内企业之间的货物交易不征增值税和消费税。保税港区叠加了保税区和出口加工区税收和外汇政策，在区位、功能和政策上优势更明显。

不同国家设立保税港区享受的优惠政策各有不同，在国际和国内都存在具有代表性的保税港区，如表2-2所示。

表2-2 国内外代表性的保税港区情况介绍

国家	保税港区名称	基本情况及优惠政策
国际	德国汉堡港	基本情况：德国汉堡港是世界上规模较大的经济自由港之一，面积约为16.2km^2，拥有180多万平方米储存区，建有160万 m^2 的集装箱中心，并设有火车站。德国汉堡港可开展货物转船、储存、流通以及船舶建造等业务。 优惠政策：①船只从海上进入或离自由港驶往海外时无须向海关结关，船舶航行时只要在船上挂一面"关旗"，就可不受海关的任何干涉；②凡进出或转运货物在自由港装卸、转船和储存时不受海关的任何限制，货物进出不要求每批立即申报与查验，甚至45天之内转口的货物无须记录，货物储存的时间也不受限制；③货物只有从自由港输入欧盟市场时才需向海关结关，缴纳关税及其他进口税

续表

国家	保税港区名称	基本情况及优惠政策
国际	荷兰鹿特丹港	基本情况：荷兰鹿特丹港是世界最重要的货物集散地之一，2004年，它凭借3.52亿吨、828万TEU的吞吐量继续位居世界前列。2021年，通过鹿特丹港的集装箱吞吐量已达1 530万个TEU。其最大特点是集储、运、销一体化，可通过一些保税仓库和货物分拨配送中心进行储运和再加工，以提高货物的附加值，然后通过多种运输方式将货物运往荷兰等欧洲国家。 优惠政策：从通关方式来看，海关可以提供24小时通关服务（周日除外）、先存储后报关、以公司账册管理及存货数据取代海关查验，企业可以选择适合的通关程序，运作十分便利
国际	比利时安特卫普港	基本情况：安特卫普港是世界海运网络的重要节点。该港的港口运输量几乎全部是国际运输，按纯国际运输量计算是世界第四大港。 优惠政策：①海关允许在一个仓库区里设立各种类型的保税仓库，物流企业的操作更加灵活；②实行临时存储的管理方式，海关临时存储区也可以不设在港区内，只需要提前作简易申报即可进行临时存储，而不必得到海关批准
国内	上海洋山港保税港区	基本情况：是经国务院批准设立的国内首个保税港区，由规划中的洋山港口区域、东海大桥和与之相连接的陆上特定区域组成，实行出口加工区、保税区和港口的"三区合一"，更凸显区位优势和政策优势。 优惠政策：①对境外运入保税港区的企业建设所需机器、设备和基建物资等，企业自用的生产设备、办公用品等免关税和进口环节税；②对境外运入保税港区的企业所需的原材料、部件、包装物件等实行保税；③境外货物入区免许可证，免出口配额管理。保税货物区内存储无期限限制；④保税港区企业生产供区内销售或运往境外的产品，免征区内加工环节增值税；⑤保税港区内加工企业生产销往国内的产品，按照产品所含境外料件的比例征收关税和进口环节税；⑥国内货物进入保税港区视同出口施行退税
国内	天津东疆保税港区	基本情况：中国批准设立的第二个保税港区，成立于2006年，是经国务院批准成立的迄今为止面积最大、条件最好、政策最优、效率最高、通关最便捷、环境最宽松的保税港区。是中国政府设立在天津市滨海新区的区域性自由贸易园区的主要组成部分。 优惠政策：①境外货物（除实行出口被动配额管理的外）进出保税港区免许可证，免出口配额管理。保税港区内货物存储无期限限制；②对境外运入保税港区的企业建设所需机器、设备和基建物资等，企业自用的生产、管理和合理数量的办公用品及所需维修零配件、生产用燃料、设备等免关税和进口环节税；③保税港区企业生产供区内销售或运往境外的产品，免征区内加工环节增值税；④保税港区内加工企业生产销往国内的产品，按照产品所含境外料件的比例征收关税和进口环节税
国内	青岛前湾保税港区	基本情况：青岛前湾保税港区设立于胶州湾西岸，是全国唯一一家按照"功能整合、政策叠加"的要求，以保税区、保税物流园区以及临近港口整合转型升级形成的保税港区。 优惠政策：①对具有进出口经营权的区外企业运入该区域的货物视同出口，由区外企业凭出口货物报关单（出口退税专用）和相关退税凭证申请办理退（免）税；②从境外进口自用基建项目所需的设备和物资、生产所需的设备及其维修用零配件、为物流配送临港增值加工等加工所需的包装物料、自用合理数量的办公用品，

续表

国家	保税港区名称	基本情况及优惠政策
		予以免税；③对供区内企业使用的国产设备、原材料、零部件、元器件、包装物料，以及建造基础设施、企业和行政管理部门生产、办公用房的基建物资（不包括水、电、气），区外企业可凭海关签发的出口货物报关单（出口退税专用）和其他现行规定的出口退税凭证，向税务机关申报办理退（免）税

2.1.2.6 综合保税区

综合保税区是指集保税区、出口加工区、保税物流区、港口的功能于一身，可以发展国际中转、配送、采购、转口贸易和出口加工等业务的区域，是目前国内功能最全的海关特殊监管区域。根据现行有关政策，海关对保税区实行封闭管理，境外货物进入保税区，实行保税管理；境内其他地区货物进入保税区，视同出境；同时，外经贸、外汇管理部门也对保税区实行相对优惠的政策。企业在综合保税区开展口岸作业业务，海关、商检等部门在园区内查验货物后，可在任何口岸（海港或空港）转关出口，无须再开箱查验。

以天津滨海新区综合保税区将享受保税区、出口加工区相关的税收和外汇管理政策为例，其享受的主要税收政策为：国外货物入区保税；货物出区进入国内销售按货物进口的有关规定办理报关手续，并按货物实际状态征税；国内货物入区视同出口，实行退税；区内企业之间的货物交易不征增值税和消费税。

我国主要综合保税区包括江阴综合保税区、南宁综合保税区、成都高新综合保税区、营口综合保税区、郑州新郑综合保税区、南阳卧龙综合保税区、绥芬河综合保税区、武汉东湖综合保税区等。

2.1.3 跨境电商物流企业

2.1.3.1 概念与分类

跨境电商物流企业是指从事国际物流活动的经济组织，至少从事运输（包括货运代理、快递）或仓储其中一种业务，并能够根据客户物流服务需求对运输、储存、装卸搬运、包装、流通加工、配送和信息处理等物流基本功能进行组织和管理，具有与自身业务相适应的信息管理系统，可实行独立核算、独立承担民事责任的经济组织。

跨境电商物流企业按照功能不同分为代理型物流企业、功能整合型物流企业和综合型物流企业，每种类型在服务范围及服务种类方面都有各自的特点，如表 2-3 所示。

表 2-3 不同类型跨境电商物流企业对比

跨境电商物流企业类型	特　点	代表企业
代理型物流企业	机能整合度低，但服务范围广，通常自身不拥有运送手段，而是以综合运用铁路、航空、船舶、汽车等各种手段运输，靠经营网络的优势，开展货物混载代理业务。它们具有把不同的物流服务项目组合，以满足客户需求的能力	UPS、联邦快递 FEDEX、EXEL

续表

跨境电商物流企业类型	特　点	代　表　企　业
功能整合型物流企业	以货物对象、功能或市场为核心，导入系统化的物流，通过推进货物分拣，追踪提供输送服务。自身能承担从集货到配送等物流活动，可以调度实现机能整合。由于企业服务的是特定的货物、功能或市场，所以其服务的范围受到限制	中国邮政速递服务公司（EMS）、中铁快运有限公司（CRE）、中国航空快递有限责任公司（CAE）
综合型物流企业	业务范围往往覆盖全球，它能应对货主企业的全球化经营对物流的需求，具有功能整合度高、物流服务广、综合实力强大、能为客户提供全方位综合物流服务的特点	DHL、中远集团、中外运集团

2.1.3.2　班轮公司

班轮公司是指运用自己拥有或者自己经营的船舶，提供国际港口之间班轮运输服务，并依据法律规定设立的船舶运输企业，在一定的航线上，以既定的港口顺序，经常地从事航线上港口间运输。根据法国海运咨询机构提供的数据显示，截止到2021年1月5日，全球在运营集装箱船数量共计6 174艘，总运力为2 425.1万TEU，折合约为2.92亿载重吨。其中，前三大班轮公司总运力占全球市场的45.49%。全球班轮公司前十名运力及相关数据如图2-4所示。

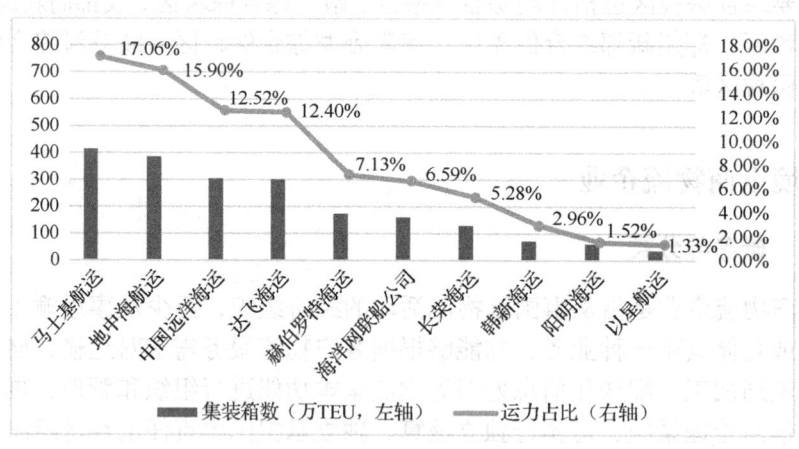

图2-4　全球十大班轮公司运力及占比

全球班轮公司运力排名前三依然是马士基航运（413.8万TEU，占比为17.06%）、地中海航运（385.6万TEU，占比为15.90%）以及中国远洋海运（303.7万TEU，占比为12.52%）。在上榜的中国大陆班轮公司中，中远海运集运排名第三位，中谷新良海运排名第十三位，安通控股（泉州安盛船务）排名第十六位，海丰国际排名第十八位，中外运集运排名第二十四位，宁波远洋排名第三十八位，上海锦江航运排名第四十一位，大连信风海运排名第四十四位，太仓港集装箱海运排名第六十四位，天津达通航运排名第六十八位，融商物流排名第八十七位，大连集发环渤海集运排名第九十位。

2.1.3.3 航空公司

航空公司是指以各种航空飞行器为运输工具、以空中运输的方式运载人员或货物的企业。航空公司的规模从只有一架邮政或货运飞机到拥有数百家飞机来提供各类全球性服务的国际航空公司不等。航空公司的服务范围可以分为洲际服务、洲内服务、国内服务，也可以分为航班服务和包机服务。

2.1.3.4 船代公司

船代公司负责船舶业务，办理船舶进出口手续，协调船方和港口各部门，以保证装卸货顺利进行，另外完成船方的委办事项，如更换船员，物料，伙食补给，船舶航修等。有时船方也会委托船代代签提单。国际海、陆、空的货物运输代理业务包括揽货、订舱、仓储、中转、装箱、拆箱、拼箱、报关、报验以及相关的国际贸易运输的咨询服务。

船舶代理行业上游为计算机、软件等行业，下游主要是内河航运、沿海及远洋航运市场。近年来，计算机运算效率、存储容量以及船舶代理管理系统软件的升级，极大限度地提高了船舶代理行业的市场竞争力。随着我国经济的不断发展，水路运输持续发展，外贸市场稳中有进，水路货运需求持续稳定的增长，下游需求增长同时将会扩大船舶代理市场的需求，市场规模将持续增长。

2.1.3.5 集装箱码头公司

集装箱码头是指包括港池、锚地、进港航道、泊位等水域以及货运站、堆场、码头前沿、办公生活区域等陆域范围的，能够容纳完整的集装箱装卸操作过程的具有明确界限的场所。集装箱码头是水陆联运的枢纽站，是集装箱货物在转换运输方式时的缓冲地，也是货物的交接点，因此，集装箱码头在整个集装箱运输过程中占有重要地位。

2.1.3.6 国际货运代理公司

国际货运代理公司是指接收货物，以仓储、包装、整车货装运、交货等方式把不够整车的船货集中成整车货，从运费中取利的货运代理公司或个人。国际货运代理公司的业务范围比较广，例如，清关、订舱、空运、海运、多式联运、包装、仓储、国内物流等。

国际货运代理公司接受客户支付的因货物产生的运送、保管、投保、报关、签证、办理汇票的承兑和其他服务所发生的一切费用，同时还接受客户支付的因国际货运代理不能控制的原因致使合同无法履行而产生的其他费用，如果客户拒付，国际货运代理人对货物享有留置权，有权以某种适当的方式将货物出售，以此来补偿所应收取的费用。国际货运代理人接受承运人支付的订舱佣金。国际货运代理公司的操作流程如图 2-5 所示。

国内外比较具有代表性的企业包括中国物资储运总公司、中远国际货运有限公司、DHL 全球货运公司、锦程国际物流集团股份有限公司、中国外运长航集团有限公司等。

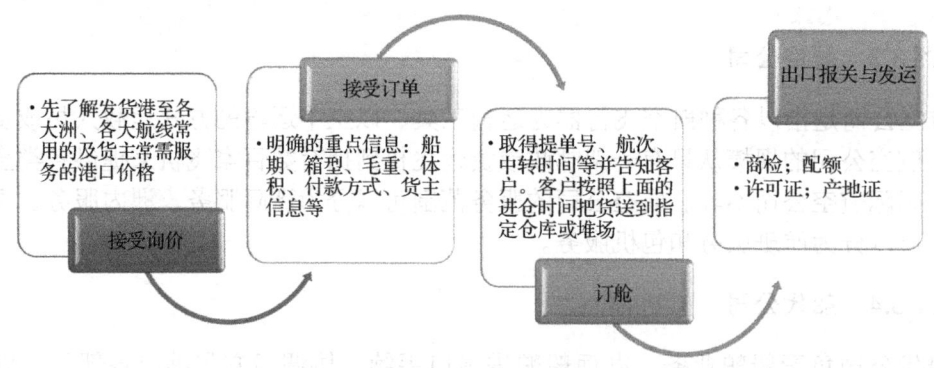

图 2-5　国际货运代理公司的操作流程

2.2　邮政物流模式

近年来，跨境电商飞速发展，给跨境物流行业带来了新的机遇和挑战；同时，由于各种不同跨境物流模式的出现，给跨境电商的买卖双方带来了新的难题，其中最突出的就是如何选择最经济、最合适的物流模式。邮政物流模式作为跨境电商参与最早、市场份额最大的物流服务商，做出了巨大的贡献，而为了跟上跨境电商发展的速度，邮政物流结合"互联网+"的发展趋势，进行了多次转型升级，成为外贸流通的重要环节。

2.2.1　邮政物流模式认知

2.2.1.1　邮政物流的含义

邮政物流是指通过各国的邮政系统将本地商品送交到海外买方手中的一种跨境电商物流模式。在全球跨境物流包裹中，有80%都要经过全球邮政网络，是唯一一种一网包运全球任何地方的物流模式。而在国内，跨境电商出口业务约有70%的包裹都通过邮政系统投递，其中中国邮政占据50%左右的份额。按照当前中国邮政的业务种类划分，邮政物流可分为邮政小包、e特快、e包裹、e邮宝、e速宝、EMS。

2.2.1.2　邮政物流的特点

由于各国邮政业大部分属于国有性质，因此常被认为是脱离市场的组织，而邮政系统的特殊化决定了邮政物流具备其他物流模式没有的特点。

1. 功能多样化

到目前为止，世界上大部分国家的邮政都是国有性质的，邮政除了负责商业包裹的运输，还承担着传递信函、选票、公文、突发事件应急物流等一定的政府职能；同时，各国邮政企业也支撑着本国大量的就业重任，如图2-6所示。

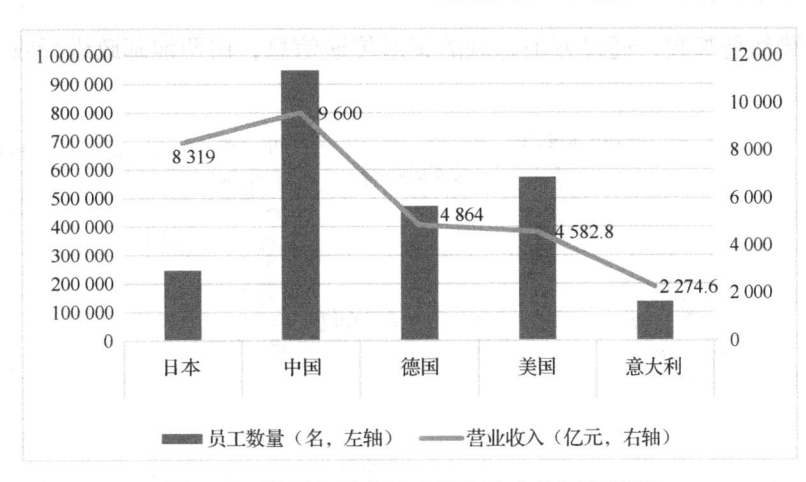

图 2-6　世界各国主要大型邮政企业经营状况

2. 垄断性质

各国邮政的大部分市场都存在邮政垄断的情况，信件和具有通信性质的物品寄递必须由邮政专营。

3. 体制限制

在各国的邮政系统中，已经企业化的邮政公司仍然会受到政府的限制，内部机制不够灵活，转型阻力大、速度慢，市场化或现代化管理程度低。我国邮政部门直到 20 世纪末才实现网络化，而至今有很多国家的邮政部门无法实行商业化运作，需要政府补贴。

2.2.1.3　万国邮政联盟

邮政包裹的可达性较好，但是由于主权属性的特点，本国邮政不能到其他地区设立直属机构或部门，因此，为了让各国的邮政系统形成一体化全球运营网络，联合国自 1978 年 7 月 1 日起成立了一个关于国际邮政事务的专门机构——万国邮政联盟（Universal Postal Union，UPU），总部设在瑞士首都伯尔尼。其宗旨是组织和改善国际邮政业务，发展邮政方面的国际合作，以及在力所能及的范围内给予成员所要求的邮政技术援助。截至 2019 年 10 月，万国邮政联盟已有 192 个成员。

万国邮政联盟由于成员众多，而且成员之间的邮政系统发展很不平衡，因此很难促成成员之间的深度邮政合作。在 2002 年，邮政系统相对发达的 6 个国家和地区的邮政部门召开了邮政 CEO 峰会并成立了卡哈拉邮政组织，要求所有成员的投递时限要 98%达到质量标准。如果货物没能在指定日期投递给收件人，那么负责投递的运营商要按货物价格的 100%赔付给客户。这些严格的要求促使成员之间深化合作、努力提升服务水平。

2.2.2　邮政物流模式的运作流程

邮政物流模式虽然包括不同的物流产品，但其基本的运作流程相差不大，根据中国邮政 2013 年制定的业务流程，邮政物流模式的运作流程如图 2-7 所示。在邮政物流模式下，收发两端都是邮政，通过万国邮联的渠道传递信息，由两地邮政进行收寄、运输、清关和配送。

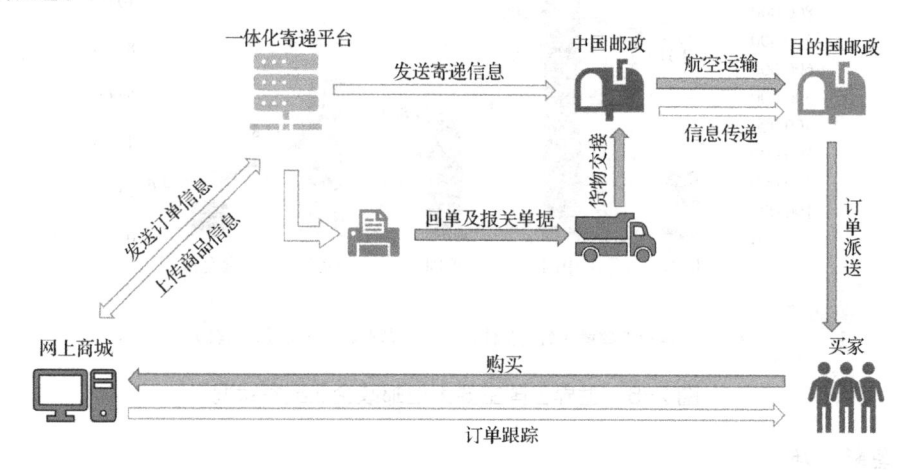

图 2-7　邮政物流模式的运作流程

下面主要介绍邮政小包和 e 邮宝的运作流程。

2.2.2.1　邮政小包

邮政小包业务又称电子商务小包业务，是中国邮政集团有限公司专门针对国内轻小件寄递市场推出的邮政业务，主要满足电商行业的各类寄递需求，向客户提供个性化服务，主要运作流程包括揽件、运输、订单派送等环节，如图 2-8 所示。通过邮政小包业务寄往国外的包裹，出关不会产生关税或清关费用，但在目的国进口时可能会产生进口关税，税费根据每个国家海关税法规定而各不相同。

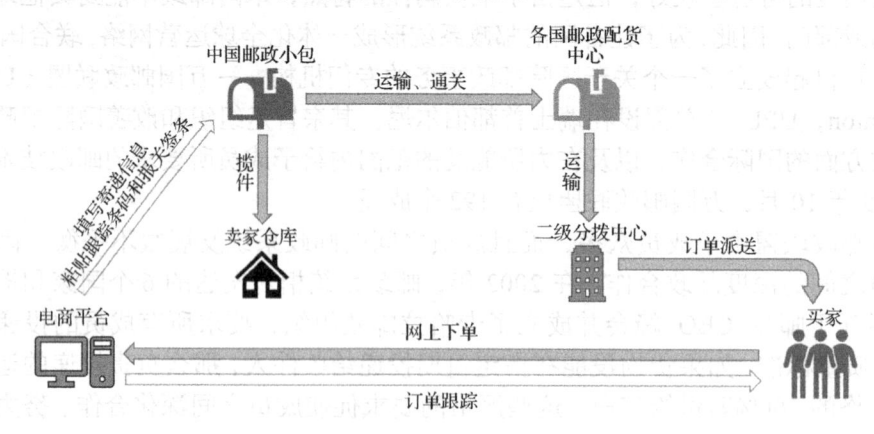

图 2-8　邮政小包业务运作流程

邮政小包并不是中国邮政特有的，通过邮政服务寄往国外的邮政小包，被称为国际邮政小包，并且分为普通空邮和挂号小包。例如，新加坡邮政小包、瑞士邮政小包等。这种依托 UPU 网点覆盖全球的跨境电商物流模式，在质量、体积、禁限寄物品等方面存在较多的共同点，而不同国家的邮政小包最明显的区别主要来自价格、时效标准和承运物品限制等几个方面。

2.2.2.2 e 邮宝

e 邮宝是邮政物流为适应跨境电商寄递市场的需要、为跨境电子商务卖家量身定制的一种经济型国际邮政模式，主要针对轻小件物品提供空邮服务。目前，该业务仅限于为中国电子商务卖家提供发往美国、加拿大、英国、法国和澳大利亚等国的包装寄递服务。e 邮宝采用全程陆运模式，其价格较普通 EMS 有大幅度下降，大致为 EMS 的一半，但其享有的中转环境和服务与 EMS 几乎完全相同，而且一些空运中的禁运品将可能被 e 邮宝所接受。

e 邮宝主要的优势在于经济实惠，支持按总重计费，首重为 50g（首重不及 50g 的按 50g 收费）。e 邮宝续重按照克数计算价格，并且免收挂号费；提供包裹跟踪服务，其系统和各电商平台完美对接，可一站式操作。

2.2.3 邮政物流模式的寄送要求与时效

2.2.3.1 邮政小包

中国邮政小包的寄送要求包括：①包裹质量在 2kg 以内。②非圆筒货物外包装长度+宽度+高度≤90cm，单边长度≤60cm，且长度≥14cm，宽度≥9cm。③圆筒形货物必须满足 17cm≤直径的两倍+长度≤104cm，10cm≤单边长度≤90cm。④禁止寄送物品包括国家规定禁止邮寄的物品，如带有危险性、爆炸性、放射性、易燃性的物品，鲜活动植物和易腐烂的物品。

寄送时效主要由目的地位置决定，一般当日中午 12 点以前寄出，晚上 8 点后便可以查询物流信息。目的地为亚洲邻国和地区的，5～10 天送达；目的地为欧美主要国家和地区的，7～10 天送达；目的地为其他国家和地区的，7～30 天送达。

2.2.3.2 e 邮宝

e 邮宝寄送要求主要针对质量限制、体积限制和商品寄送范围规定。①单件最高限重为 2kg。②最大尺寸为：单件邮件长+宽+高≤90cm，单边长度≤60cm，圆筒邮件直径的两倍+长度≤104cm 且长度≤90cm。③最小尺寸为：单件邮件长度≥14cm，宽度≥11cm，圆筒邮件直径的两倍+长度≥17cm 且长度≥11cm。④严禁寄递烟草、植物种子、活体、伪造驾照护照、假冒伪劣品、粉末、液体状物品、不明成分药品、毒品及海关禁限寄规定中明令禁止收寄的其他危险品及违禁品。

e 邮宝提供收寄、出口封发、进口接收实时跟踪查询信息，不提供签收信息，只提供投递确认信息。客户可以通过 EMS 网站或拨打客服专线、寄达国邮政网站查看邮件跟踪信息、寄送时效；主要路向参考时限为 7～10 个工作日。

2.2.3.3 e 特快

e 特快是为了适应跨境电商高价值物品寄递市场的需求、为国内电商卖家推出的国际速递业务，是对现有 EMS 业务的优化和升级，市场定位是满足跨境电商 B2B、跨境电商 B2C 市场较高端客户的物流需求。e 特快针对不同目的地，寄送要求有所不同。①国际特快邮件除寄达邮政另有规定外，每件限重 30kg。②内装易碎物品或流质物品的邮件，每件限重 10kg。寄至西班牙、乌克兰、白俄罗斯的最高限重是 20kg。③最大尺寸为：长度≤105cm，长+宽+高≤200cm。④最小尺寸为：包装箱、盒至少有一个面的长度≥21.5cm，宽度≥13cm，该面应平整，瓦楞纸板表面不得出现露楞现象。

在寄送时效方面 e 特快比 e 邮宝更加快捷、时效性更加稳定，其采用邮政 EDI 清关，提供全程实时跟踪信息，信息反馈更加完整。

2.2.3.4 e 包裹

e 包裹是中国邮政速递物流为适应跨境电商重件市场的物流需求与境外邮政联合设计开办的经济型速递业务、服务于寄递批量物品的电子商务平台卖家。在发往不同国家时，e 包裹的寄送要求和时限有所不同。以发往美国为例，包裹的限重为 30kg 以内，尺寸限制与邮政小包相同，时效为 5~7 个工作日（不承诺）。

2.2.3.5 e 速宝

e 速宝是跨境电商物流渠道解决方案的构成业务，通过与商业渠道合作，采取商业清关模式，末端选择标准类投递网络，全程追踪，有妥投信息。e 速宝是对 e 邮宝业务的补充。e 速宝还与其他公司合作开发了澳大利亚 e 速宝、德国 e 速宝、印度 e 速宝、南美 e 速宝等。e 速宝的包裹单件限重为 3kg，主要针对跨境电商轻小件商品，尺寸限制与邮政小包相同，服务范围包括英国、德国、西班牙、意大利、澳大利亚等，参考时效为 7~12 个工作日（不承诺）。

2.2.3.6 EMS

国际及台港澳特快专递是中国邮政速递物流股份有限公司（以下简称"邮政速递物流"）与各国（地区）邮政合作开办的中国大陆（内地）与台港澳地区及其他国家寄递特快专递（Express Mail Service，EMS）的一项服务，可为用户快速传递国际各类文件资料和物品，同时提供多种形式的邮件跟踪与查询服务。该业务与各国（地区）邮政、海关、航空等部门紧密合作，已打通绿色便利邮寄通道。此外，邮政速递物流还提供代客包装、代客报关等一系列综合延伸服务。国际及台港澳特快专递业务目前也可以使用在线打单服务。对包裹质量和尺寸限制为：包裹限重为 30kg；任何一边的长度不得超过 1.5m，长度和长度以外的最大横周合计不得超过 3m，即长+2×（宽+高）≤3m。

国际及台港澳特快专递通过邮件跟踪与查询服务，可以实时了解交寄邮件的全程信息，对签约客户可以提供邮件实时信息的主动反馈服务，按照从发货地邮政编码到收货地邮政编码的方式计算承诺时限。承诺时限是客户交寄邮件的最大运递时限，实际运递时间有可能比承诺时限短。EMS 禁运物品的种类比较繁杂，包括：枪支（含仿制品、主要零部件）弹药；管制器具；爆炸物品；压缩和液化气体及其容器；易燃液体；易燃固体、自燃物质、遇水易燃物质；氧化剂和过氧化物；毒性物质；生化制品、传染性及感染性物质；放射性物质；毒品及吸毒工具、非正当用途麻醉药品和精神药品、非正当用途的易制毒化学品；非法出版物、印刷品、音像制品等宣传品；间谍专用器材；非法伪造物品；侵犯知识产权物品和假冒伪劣物品；濒危野生动物及其制品；禁止进出境物品及其他。

2.2.4 邮政物流模式的资费计算

2.2.4.1 邮政小包资费

1. 计算公式

邮政小包费用包括挂号资费和平邮资费两种。

$$挂号资费 = 标准资费 \times 实际质量 \times 折扣 + 挂号费（8元）$$
$$平邮资费 = 标准资费 \times 实际质量 \times 折扣$$

2. 计算举例

假如要求将 300g 货物寄到新西兰，当前折扣为 8.5 折，标准资费为 85 元/kg，则具体资费如下：

$$挂号资费 = 85 \times 0.3 \times 0.85 + 8 = 29.675（元）$$
$$平邮资费 = 85 \times 0.3 \times 0.85 = 21.675（元）$$

中国邮政小包对各国（地区）的标准资费有所不同，其发往部分国家（地区）的标准资费如表 2-4 所示。

表 2-4　中国邮政小包发往部分国家（地区）的标准资费

区域编号	国家（地区）	标准资费（元/kg）
1	日本	62
2	韩国、马来西亚、泰国、新加坡、印度	71.5
3	澳大利亚、奥地利、爱尔兰、波兰、比利时、德国、荷兰、瑞典、意大利、希腊、保加利亚、芬兰	81
4	新西兰、土耳其	85
5	白俄罗斯、巴基斯坦、朝鲜、法国、菲律宾、加拿大、罗马尼亚、蒙古、卡塔尔、卢森堡、沙特、英国、西班牙、越南、巴勒斯坦、乌克兰、阿曼	90.5
6	南非	105
7	墨西哥、巴西、阿根廷	110
8	阿富汗、科威特、不丹、阿联酋、马尔代夫、孟加拉国、尼泊尔、缅甸、老挝、智利、文莱	120
9	安道尔、冰岛、梵蒂冈、摩纳哥、马其顿	147.5
10	安哥拉、埃及、安圭拉、阿鲁巴、埃塞俄比亚、博茨瓦纳、巴哈马、巴拉圭、伯利兹、百慕大、斐济、古巴、哥伦比亚、科特迪瓦、利比亚、苏丹、尼日利亚、毛里求斯、坦桑尼亚、乌拉圭、突尼斯	176
11	俄罗斯	96.3

2.2.4.2　e 邮宝资费

1. 计算公式

$$总资费 = 首重资费 +（总重 - 首重）\times 续重标准资费$$

2. 计算举例

假设 eBay 跨境电商平台卖家用 e 邮宝将一件商品寄往美国，商品总重为 2kg，首重资费为 50g 以内 10 元/件，续重标准资费为 0.074 元/g，则总资费如下：

总资费=10+（2 000-50）×0.074=154.3（元）

e 邮宝将商品发往不同国家（地区），其首重、续重标准资费规定均不相同，如表 2-5 所示。

表 2-5　e 邮宝发往部分国家（地区）的标准资费

寄达国家（地区）		标准资费		首重	说明
		首重资费（元/件）	续重资费（元/g）		
美国	eBay	10	0.074	50g，不足按 50g 计费	—
	Wish	10	0.075		—
	其他	10	0.08		—
俄罗斯	eBay	8	0.1	50g，不足按 50g 计费	—
	促销	8	0.092		eBay+非 eBay
	其他	10	0.1		—
乌克兰	—	8	0.075	10g，不足按 10g 计费	促销
哈萨克斯坦	—	8	0.07	—	北京、乌鲁木齐
新西兰	—	9	0.07	50g，不足按 50g 计费	促销
日本	—	12	0.04	50g，不足按 50g 计费	—
越南	—	12	0.06	—	—
西班牙	—	14	0.06	—	—
泰国	—	14	0.045	—	—
以色列	—	17	0.06	—	促销
英国	—	17	0.06	1g，限重 300g	eBay+非 eBay
	—	19	0.055	301g，不足按 301g 计费	
中国香港	—	17	0.03/0.02	—	—
澳大利亚、法国	德国、瑞典	19	0.06		—
挪威	—	19	0.065		—
加拿大	—	19	0.07		旺季
韩国、马来西亚	新加坡	25	0.04		—
土耳其、奥地利	比利时、瑞士			1g，限重 2 000g	
丹麦、匈牙利	意大利、卢森堡	25	0.06		—
荷兰、波兰	希腊				

续表

寄达国家（地区）		标准资费		首　重	说　　明
		首重资费（元/件）	续重资费（元/g）		
芬兰	爱尔兰、葡萄牙	25	0.065	1g，限重 2 000g	—
墨西哥	—	25	0.085	—	—
沙特	—	26	0.05	—	—

2.2.4.3　e 特快资费

1. 计算公式

总资费=首重资费+（总重-首重）×续重标准资费，续重运费以 50g 为单位，不足 50g 的部分按 50g 计费。

2. 计算举例

若某电商平台商家用 e 特快将 500g 商品寄到法国，首重为 50g，每件 70 元，续重为 2 元/g，则总费用=70+2×[（500-50）÷50]=88（元）。

e 特快针对不同国家的标准资费有所不同，下面列举发往部分国家的标准资费，如表 2-6 所示。

表 2-6　e 特快发往部分国家的标准资费

编　号	寄达国家	标准资费（元/50g）	
		首重（50g）	续重（50g）
1	英国	70	2
2	西班牙	85	2.2
3	墨西哥	100	3
4	巴西	115	4
5	意大利	130	2.5
6	德国	90	2.5
7	比利时	105	2
8	法国	105	2
9	荷兰	91	2
10	瑞士	160	2
11	澳大利亚	69	3
12	新加坡	70	1.2

2.2.4.4　e 包裹资费

1. 计算公式

总资费=首重资费+（总重-首重）×续重标准资费，在续重资费中，国家不同则使用的续重计费方式不同，重量不足 50g 的部分按 50g 计费。

2. 计算举例

以 e 包裹美国为例，其标准资费如表 2-7 所示。

表 2-7 e 包裹美国标准资费

开通国家	e 包裹（限重 30kg）		
	首重 500g（元）	续重 500g（元）	参考时限（工作日）
美国	60	30	5～7

2.2.4.5 e 速宝资费

e 速宝是针对轻小件电商卖家给出商业渠道物流解决方案，卖家需要详细申报物品明细、税则号、申报价值和质量。参考时限为 7～10 个工作日，资费较低。资费计算类似于 e 邮宝，其标准资费举例如表 2-8 所示。

表 2-8 e 速宝标准资费举例

开通国家	e 速宝（限重 2kg）			
	资费标准		首重限制（g）	参考时限（工作日）
	标准一（元/g）	标准二（元/件）		
澳大利亚	0.09	9	50	7～10
德国	0.08	12	—	7～15

2.2.4.6 EMS 资费

EMS 资费的相关计算公式为：总资费=首重资费+[（总重-首重）/500g]×续重标准资费。首重限制在 500g 以内，续重部分不足 500g 按 500g 计算。具体标准资费如表 2-9 所示。

表 2-9 EMS 标准资费

资费区	国家（地区）	首重 500g（元）		续重资费（元/500g）
		文件	物品	
一区	中国香港、中国澳门	90	150	30
二区	日本、韩国、蒙古	115	180	40
三区	马来西亚、新加坡、泰国、越南、柬埔寨	130	190	45
四区	澳大利亚、新西兰、巴布亚新几内亚	160	210	55
五区	比利时、英国、丹麦、芬兰、希腊、德国、挪威、葡萄牙、瑞典、荷兰、意大利等	220	280	75
六区	美国	180	240	75
七区	老挝、斯里兰卡、巴基斯坦、土耳其、尼泊尔	250	325	75
八区	巴西、古巴、圭亚那	260	335	100

续表

资费区	国家（地区）	首重500g（元）		续重资费（元/500g）
		文件	物品	
九区	巴林、伊朗、伊拉克、以色列、约旦、科威特、科特迪瓦、吉布提、肯尼亚、马达加斯加、阿曼、卡塔尔、塞内加尔、突尼斯、阿联酋、乌干达	370	445	120
十区	开曼群岛、捷克、俄罗斯、拉脱维亚、哈萨克斯坦、白俄罗斯	380	445	120

假设用 EMS 将 2kg 物品寄往日本，根据表中相关数据，经计算，该物品资费=180+[(2 000-500)/500]×40=320（元）。

2.3 商业快递物流模式

商业快递是跨境电商物流模式中普遍采用的一种方式，最具代表性的物流公司有 DHL、UPS、FedEx、TNT。商业快递物流模式相对于邮政物流模式，最大的区别就在于计费标准和寄送时效不同。本节所述商业快递一般指国际商业快递。

2.3.1 商业快递物流模式概述

2.3.1.1 商业快递物流模式的含义

商业快递物流模式是通过国际快递公司自建物流网络，利用强大的信息系统和密集的物流网络，凭借世界各国的本土化服务渠道，为跨境电商交易方提供个性化服务的物流模式。伴随高水平的物流服务而来的是高成本的支出。国际商业快递就是通过国家（地区）之间的边境口岸和海关对快件进行检验通关的运送方式。

2.3.1.2 商业快递物流模式的特点

1. 业务流程较为复杂，制约因素较多

商业快递物流模式既包含国内揽收、集货等相关业务流程，同时又需要完成跨境流转过程中的进出口通关业务。因此，其涉及范围广，费用、时效等方面受到的制约因素较多，不同国家和地区的买卖双方、跨境电商物流参与方、货代机构、海关、港口等方面的变化都会影响商业快递物流的效率。而由于涉及不同国家和地区，又受到本地的相关法律法规及政策限制，商业快递物流模式受环境的影响会很大。

2. 寄递时效较快

商业快递物流模式虽然费用相对较高，但是能够提供较为快速的物流服务，其速度被称为行业的"生存之本"。虽然不同发货地和目的地会影响寄递时效，但总体来说，商业快递物流模式的送达时间在一周以内，这是其他物流模式难以达到的。

3. 服务更加安全可靠，丢件率较低

商业快递企业的核心业务就是独立为客户提供安全可靠的寄送服务，企业拥有相对完整且成熟的物流解决方案，从揽件到运输，从通关到派送，提供全套的寄送服务。因此，在物流过程中，参与方较为简单，交易对象较为单一，中转环节少，商品丢失的风险相对较小，是一种更加安全可靠的物流模式。

4. 信息反馈及时准确

商业快递物流模式依托自建的全球网络以及国际化信息支撑系统，为不同国家海外客户带来良好的购物物流体验。其物流信息发布准确且及时，客户能够通过多元化手段及时了解货物的在途信息，这有效地提高了客户的满意度。

2.3.1.3 商业快递物流模式的市场规模

商业快递物流模式具备高标准的服务和精准的市场定位，长期占据国际快递市场领先地位和产业链顶层，代表快递业发展的最高水平。国际商业快递物流模式虽然业务总量（运单数）只占中国快递总量的2%，但业务收入却占11%，且增长平稳。市场上的国际商业快递公司主要有美国的FedEx、UPS，德国的DHL和荷兰的TNT，四大国际快递公司不断参与中国公司的合资或并购。例如，FedEx以4亿美元现金收购大田集团从事国际快递业务的合资企业——大田-联邦快递有限公司50%的股份以及大田集团在中国的国内快递网络；TNT以8亿元人民币收购了国内最大公路零担货运商华宇物流等。

四大国际快递公司作为全球性的物流企业，空运服务范围广泛，但"最初一公里"和"最后一公里"的揽派能力却无法做到统一水准。这主要受地域市场环境和客户资源的限制，这些企业的市场策略更倾向于与贸易商或电商开展直接合作。

2.3.2 商业快递物流模式的运作流程

在商业快递物流模式中，不同快递企业的运作流程差异不大，具体的运作流程如图2-9所示。

2.3.2.1 订单备货

跨境电商平台收到买家订单后，根据商品的具体情况选择合适的包装，既能够防止在长途运输中商品不会由于正常的装卸、摩擦、摆放等操作破损或变质，又能够尽量减轻重量、减小体积。

2.3.2.2 发出委托

委托方根据所选择的商业快递公司的具体要求，准确填写收寄方详细信息、商品明细及储运要求等内容，并发送到快递公司的信息平台。

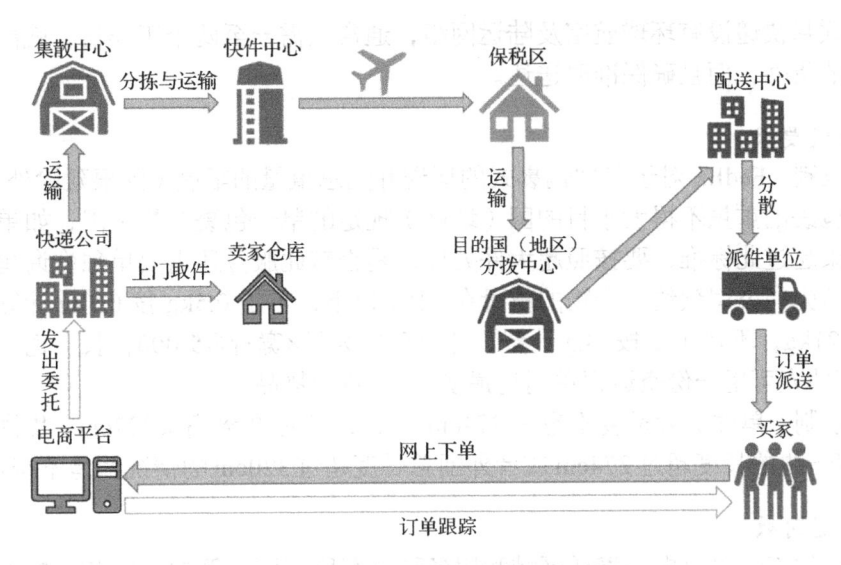

图 2-9　商业快递物流模式运作流程

2.3.2.3　上门取件

电商平台在快递公司头程取件时可选择快递公司上门取货，也可自行在快递指定代理点寄送。

2.3.2.4　费用结算

委托人与快递公司明确订单的费用明细，并进行结算。

2.3.2.5　运输与物流追踪

快件经由快递公司的集散中心、快件中心等场所，发往目的国（地区）保税区仓，由快递公司负责办理报关、清关等手续，委托方可通过指定渠道查询货物物流信息以便对快件及时跟踪。

2.3.2.6　订单派送

货物到达目的国（地区）保税仓后，由快递公司从当地的分拨中心及配送中心等参与方处将货物送达买家手中，直至完成签收。

2.3.3　商业快递物流模式的寄送要求与时效

不同商业快递公司的寄送要求与时效有所不同，下面以国际四大快递公司 FedEx、UPS、DHL 和 TNT 为例分别介绍。

2.3.3.1　FedEx 的寄送要求与时效

FedEx 属于美国联邦快递集团，是集团快递运输业务的中坚力量。联邦快递集团是全球最具规模的快递运输公司之一，为全球超过 220 个国家及地区提供快捷、可靠的快递服务。联邦快递设有环球航空及陆运网络,通常只需一至两个工作日,就能迅速运送时限紧迫的货件,而且确保准时送达。

1. 寄送要求

重量限制:FedEx 对于多件包裹式的运送并无总重量的限制(阿根廷除外),但运送中每一个包裹的重量不得大于目的国(地区)规定的单一包裹重量上限,如单件不超过 68kg。如果超过此标准,要按照超大件处理,是否有此服务还需要单独咨询超大件服务渠道,并事先向公司预约。货物的重量在 21kg 以下,不足 0.5kg 按 0.5kg 计算;货物的重量大于 21kg,不足 1kg 按 1kg 计费,计算公式为长×宽×高/5 000,长、宽、高的单位为 cm。寄件人可用一份空运提单运送最多 10 种不同物品。

尺寸限制:单件最大长度不超过 274cm,长+2 倍宽+2 倍高≤327cm。货物单件超过 68kg、任何一边的长度超过 274cm 或者外围总长度超过 320cm 的情况都是不符合规定的。

2. 寄送时效

FedEx 的寄送时效根据寄送区域和服务种类有所不同,例如,FedEx 推出的联邦快递国际优先快递服务,为美国与其他国家大城市之间的递送服务提供快速递送服务,时间为周一至周五早上 8 点前,一般送达时限是 2～4 个工作日;联邦快递国际经济快递服务的取件及送件服务适用于星期一至星期五,除非星期六是其正常营业时间,否则不会在周六提供取件及送件服务,送达时限一般是 4～6 个工作日。

2.3.3.2 UPS 的寄送要求与时效

美国联合包裹运送服务公司(United Parcel Service,UPS)在 1907 年作为一家信使公司成立于美国华盛顿州西雅图,是一家全球性的公司。作为世界上最大的快递承运商与包裹递送公司,它同时也是运输、物流、资本与电子商务服务的领导性的提供者。

1. 寄送要求

重量限制:单件包裹的重量小于 70kg,若 UPS 国际快递接受超重货物,会对每个包裹加收 170 元,每批货物的总重量和件数无限制。

尺寸限制:单件包裹的长度上限为 270cm,长+2×宽+2×高≤419cm。超长包裹仍需要加收超长费。

2. 寄送时效

在 UPS 快递服务中,UPS 全球快捷业务的寄送时效为 3～5 个工作日,UPS 全球特快服务的为 1～3 个工作日,UPS 空运直达服务的为 1～3 个工作日,UPS 航空统一运输服务 Consolidated 的为 3～5 个工作日。

2.3.3.3 DHL 的寄送要求与时效

DHL 是目前世界上最大的航空快递货运公司之一,是全球快递、洲际运输和航空货运的领导者,也是全球第一的海运和合同物流提供商。它为客户提供从文件到供应链管理的一系列物流解决方案。DHL 跨境电商物流服务包括 DHL 跨境电商包裹(DHL Packet International)、DHL 跨境电商可追踪包裹(DHL Packet Plus International)和 DHL 跨境电商专线包裹（DHL Parcel International Direct），每种服务的寄送要求和时效都略有不同。具体信息如表 2-10 所示。

表 2-10 DHL 跨境电商物流服务的寄送要求与时效

寄送要求	DHL 跨境电商包裹	DHL 跨境电商可追踪包裹	DHL 跨境电商专线包裹
重量限制	2kg	2kg	20kg
尺寸限制	单边≤60cm 长+宽+高≤90cm	单边≤60cm 长+宽+高≤90cm	长/宽/高≤120/60/60cm 长+2×宽+2×高≤300cm
端到端查询	×	√	√
经济产品运输时效	9～15 个工作日	不适用	不适用
标准产品运输时效	4～10 个工作日	4～10 个工作日	5～7 个工作日
加急产品运输时效	不适用	不适用	4～6 个工作日

2.3.3.4 TNT 的寄送要求与时效

TNT 集团是全球领先的快递邮政服务供应商，为企业和个人客户提供全方位的快递服务。总部位于荷兰的 TNT 集团，在欧洲和亚洲提供高效的递送网络，并且正通过在全球范围内扩大运营分布来最大幅度地优化网络效能。TNT 集团拥有 151 000 名员工，分布在 200 多个国家和地区。

其寄送的重量限制为每件包裹≤70kg，尺寸限制为单件最长边≤120cm。TNT 对于不同的寄送国（地区），要求有所不同，对于超长、超重的单件包裹，顾客在发货前需要在官网咨询。

寄送时效与产品类型相关，TNT 极速全球快递的送达时间为下一个工作日的 9 点/10 点/12 点/18 点；而 TNT 经济快递送达时间为 2～3 个工作日后的 12 点/18 点。

2.3.4 商业快递物流模式的资费计算

商业快递物流模式的资费主要取决于三个方面，即货物的尺寸和重量、目的地的距离和交通便利度、客户期望的货物抵达时间。首先，货物的尺寸和重量会影响货运资费，合理的包装既可以避免货物损坏又可以降低送达时间延迟的概率；其次，目的地的距离和交通便利度会影响货运资费，目的地的距离越远、交通越不便利，货运资费往往越高；最后，根据客户期望的货物抵达时间，货运资费会有所变化。

2.3.4.1 相关概念介绍

1. 实际重量

实际重量是指货物包括外包装在内的实际称重总重量，分为实际毛重和实际净重。

2. 体积重量

体积重量是运输行业内的一种计算轻泡货物重量的方法。体积重量是利用折算公式，将货物体积折算获得的货物重量。重量的单位为 kg。

3. 计费重量

计费重量是被运输的货物在计算运费时的名义重量的简称。货物在托运时，其实际重量往往与所选用运输工具的标记载运吨数不一致。当货物体积折算的重量大于货物实际重量时，一般按体积重量来计算；当货物体积折算的重量小于货物实际重量时，则按实际重量来计算。

货物在交付运输时，实际重量只是计费重量的一个基数，并不等于计费重量。因此，在跨境电商货运中，跨境电商卖家要熟悉运输部门关于计费重量的各项有关规定，进而采取措施，改进包装，做好货物组配等工作，充分提高车辆的重载和积载，减少亏吨现象，以节约运费。

2.3.4.2 资费构成

商业快递物流模式的资费主要包括运费、燃油附加费、包装费及其他附加费，如图 2-10 所示。不同快递公司在不同服务内容中收取的各类资费有所不同，具体资费要根据实际情况计算。

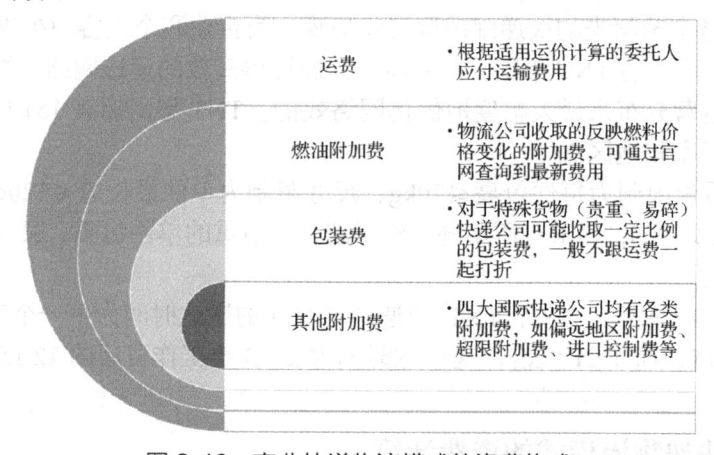

运费	根据适用运价计算的委托人应付运输费用
燃油附加费	物流公司收取的反映燃料价格变化的附加费，可通过官网查询到最新费用
包装费	对于特殊货物（贵重、易碎）快递公司可能收取一定比例的包装费，一般不跟运费一起打折
其他附加费	四大国际快递公司均有各类附加费，如偏远地区附加费、超限附加费、进口控制费等

图 2-10 商业快递物流模式的资费构成

2.3.4.3 计算方法

由于各个快递公司的资费计算规则大体相同，只是具体的计算标准略有不同，因此在这里以 UPS 提供的全球特快货运服务为例介绍其资费的计算方法。

1. 计算实际重量

实际重量是指托盘中所有货物的重量与托盘自重的总和，且计算出的数值的小数部分取下一个半千克数。

2. 计算体积重量

当度量出的数值为非整厘米数时，取数值的小数部分至最接近的下一个整厘米数。将托盘的总体积尺寸数值除以 5 000 得到以千克为单位的体积重量。计算出的数值的小数部分取下一个半千克数。边长的单位为厘米。托盘货物的尺寸示意图如图 2-11 所示。

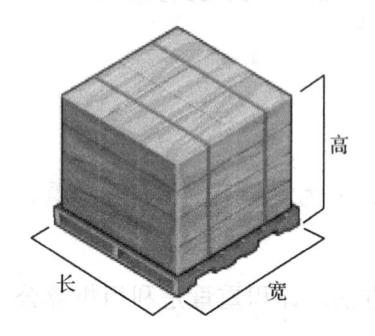

图 2-11 托盘货物的尺寸示意图

$$体积重量=（长×宽×高）/5\ 000$$

3．计算计费重量

比较托盘的实际重量和体积重量，取较大者为计费重量用于计算资费。若一票货件包含多个托盘，则每个托盘计费重量的总和为该票货件的总计费重量。

4．计算案例

若客户递送一票三个托盘的货件，其实际重量分别为 50kg、400kg 和 300kg，所有托盘的体积均为：122cm×102cm×150cm。

$$实际重量=50+400+300=750（kg）$$
$$托盘体积重量=（122×102×150）/5\ 000=373.5（kg）$$
$$货件体积重量=373.5+373.5+373.5=1\ 120.5（kg）$$
$$货件计费重量=373.5+400+373.5=1\ 147（kg）$$
$$运输资费=首重资费+（货件计费重量×2-1）×续费资费$$
$$燃油附加费=[首重资费+（货件计费重量×2-1）×续费资费]×当月燃油附加费率$$
$$总资费=运输资费+燃油附加费$$

2.4　专线物流模式

物流公司利用专线物流模式能够更便捷地集中寄送特定国家（地区）的货物，并通过规模效应来降低物流成本。因此，专线物流模式的价格一般要低于商业快递物流模式，时效通常介于商业快递物流模式与邮政物流模式之间。

2.4.1　专线物流模式概述

2.4.1.1　专线物流模式的含义

专线物流模式一般通过航空包舱方式将货物运输到国外，再通过合作公司进行目的地的国内派送，是比较受欢迎的一种物流模式。随着跨境电商的范围逐渐扩大，各个国家（地区）开始推出跨境专用物流线路，而专线物流模式就是利用这些专用物流线路完成跨境物流服务的。这些专用物流线路具有固定的物流起点和终点，有固定的运输工具行驶于固定的运输线路，拥有固定的运输时间。本节讨论的跨境电商专线物流模式主要指通过航空包舱方式将货物运输到目的地、再通过合作物流商进行订单配送的模式。

目前，专线主要分为航空专线、港口专线、铁路专线、大陆桥专线、海运专线和多式联运专线，而市面上最普遍的专线物流产品包括美国专线（ePacket）、西班牙专线、澳洲专线、俄罗斯专线（速优宝-芬兰邮政、中通俄罗斯专线、139 俄罗斯专线、中东专线、南美专线）、中欧（武汉）冠捷班列、中英班列等。

2.4.1.2　专线物流模式的特点

专线物流模式在跨境电商物流模式中是比较受欢迎的一种物流模式，原因有很多方面，其主要优势在于它可以集中大批量货物发往目的地，通过规模效应降低成本，因此，专线物流的资费比商业快递物流的低，速度比邮政小包的快，丢包率也比较小。然而，其劣势在于可托运的货物种类有限，有些专线目前是不能寄送带电池的电子商品类及电池本身的，相比邮政小包来说，运输资费还是高了不少，而且在国内的揽收范围相对有限。专线物流模式的特点如图 2-12 所示。

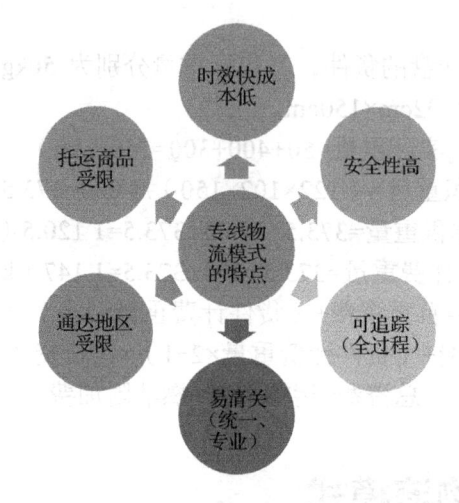

图 2-12 专线物流模式的特点

2.4.2 专线物流模式的运作流程

专线物流模式的运作流程一般包括填写单据、上门揽件、境内分拨中心分拣、运输、过港、交货、清关、境外分拨中心分拣、订单派送等环节，运作流程如图 2-13 所示。

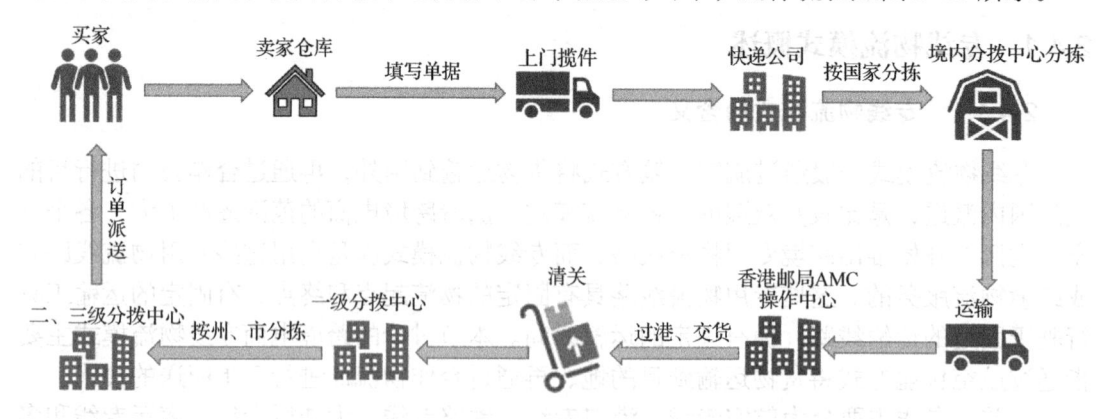

图 2-13 专线物流模式的运作流程

境外物流商在境内有直营、代理和合作等多种运营方式，在境内的具体运作流程主要包括揽货、集货，在境外的运作流程主要交给海外合作伙伴完成。由于很多国家的末端配送主要以邮政为主，服务和价格的浮动程度很小，造成很多专线小包的优势无法充分发挥。专线小包想要提升跨境时效和客户满意度，必须从揽件范围、分拣效率、空运及海关时效、规范理赔等方面改进。例如，在专线物流模式的揽件阶段，除了快递和邮政拥有密集的揽收网点，大部分的上门揽件业务仅限于沿海城市，其他地区的卖家需要自己送货到代收点或集货仓。

2.4.3 专线物流模式的寄送要求与时效

专线物流模式的优势在于通过规模效益降低物流成本，并且通过统一发货到目的国（地区），加快了清关速度，可以用更短的时间将包裹送达目的地。在专线物流模式中，货物的尺寸及重量限制与邮政物流模式的有所不同，并且只有物流体量较大的国家（地区）才有专线物流，而不同企业提供的专线物流的寄送要求与时效存在一定的差异，下面以具体企业的专线物流来介绍该模式的寄送要求与时效。

2.4.3.1 中东专线（Aramex）的寄送要求与时效

1. 寄送要求

中东专线邮包单件质量不得超过 30kg，单边长度不得超过 120cm×50cm×50cm；如单件质量超过 30kg 则尺寸必须小于：240cm×190cm×110cm。快递货物的（单件）价值不超过 50 000 美元，否则无法寄送。中东专线禁限寄物品为国际航空禁运的危险物品及国家明令禁止出口货物等。

2. 时效

中东专线的参考时间为 4～7 个工作日，从服务商揽货开始计算，在正常情况下，送达迪拜为 3 个工作日，其他国家（地区）顺延 1～2 个工作日。派送时效与目的地的海关清关时间及航班安排关系较大。

2.4.3.2 燕文专线（Special Line-YW）的寄送要求与时效

燕文专线是北京燕文物流公司旗下的一项国际物流业务，目前线上燕文专线已开通南美专线和俄罗斯专线。其中，燕文专线追踪小包是燕文定制的高性价比全追踪妥投类产品，通达英国、法国、德国、俄罗斯、以色列、瑞典、美国、加拿大、西班牙、印度，根据不同目的国（地区）选择服务最优质和派送时效最好的线路。其妥投率高、时效快捷稳定。依托燕文稳定的干线资源和清关系统，货物可由口岸直飞运往各目的国（地区）。货物寄送可全程追踪，揽收处理后，人们即可在网上查询物流信息。

以燕文专线快递（普货）为例，寄送要求与时效与目的国（地区）紧密相关，具体内容如表 2-11 所示。

表 2-11 燕文专线的具体寄送要求与时效

目的国（地区）	参考时效	特殊要求	重量限制	尺寸限制
美国	10～14 天	—	限重 30kg	（1）不接受圆柱形和异型包裹； （2）长+2×宽+2×高≤274cm

续表

目的国（地区）	参考时效	特殊要求	重量限制	尺寸限制
日本	5~9天	禁寄品主要类别为：二手物品、带度数的眼镜及镜片、化妆品、美容工具、文身工具、直接或间接接触口腔类商品、6岁以下儿童玩具、成人用品、针织类商品、皮革材质类商品、添加石棉的商品、商品货值超过1万日元或商品数量超过属于合理自用范围的包裹	不超过20kg	最长边<90cm，长+宽+高≤160cm
澳大利亚	8~12天	禁寄品主要类别为：实木与竹制品等。如果发送禁寄品会造成海关查验费及销毁处理等费用，该费用由客户承担	限重22kg	最长边<100cm，体积≤0.25m³
英国	5~8天	—	限重30kg	0~5kg，要求为：最长边<60cm，长+宽+高≤90cm；5~30kg，要求为：单边<60cm，长+宽+高≤140cm。不接受圆柱体和异型件
葡萄牙	10~12天	—	限重30kg	0~2kg，要求为：最长边≤60cm，长+宽+高≤90cm；2~30kg，要求为：单边<60cm，长+宽+高≤140cm。不接受圆柱体和异型件
意大利	10~15天	—	限重30kg	同英国
德国	10~12天	—	限重30kg	同葡萄牙
法国	9~12天	—	限重30kg	最小尺寸限制为：16cm×11cm×1cm；最大尺寸限制为：长、宽、高相加不超过90cm；单边长小于60cm。不接受圆柱体和异型件

2.4.3.3 俄速通航空专线小包的寄送要求与时效

1. 寄送要求

俄速通航空专线重量与体积限制如表2-12所示。

表2-12 俄速通航空专线重量与体积限制

包裹形状	重量限制	最大体积限制	最小体积限制
方形包裹	小于2kg	长+宽+高<90cm；单边长度<60cm	至少有一边长度>14cm，宽度>9cm
圆柱形包裹		2倍直径+长度<104cm，单边长度<90cm	2倍直径+长度>17cm，单边长度>10cm

其外包装要求为：按照所寄物品的性质、大小、轻重选择适当的包装袋或纸箱。由于

寄递路程较远、冬季寒冷等原因，需要选用结实、恰当的包装材料为所寄物品妥善包装，以防止运输过程中物品被损坏。包裹外包装上不能有文字、图片、广告等信息，否则可能导致退件。

其客户备货要求为：跨境电商卖家在线创建物流订单后，需打印平台生成的物流标签并粘贴在小包裹上，多个小包裹打成一个大包，需在大包面单上标明仓库，例如，中俄航空 Ruston 上海仓。大包内需附上内件小包裹清单，标明小包裹数量和小包裹国际运单号。

2. 时效

该专线在正常情况下 15～25 天可将物品从中国寄达俄罗斯；在特殊情况下 30 天内可将物品从中国寄达俄罗斯。

2.4.4 专线物流模式的资费计算

专线物流模式的资费计算方式与商业快递物流模式的计算方法基本一致，但是首重与续重的单位量都比较小，一般要收取挂号服务费。不同物流服务商的报价方式不同，也会造成物流资费差异较大，如有些是一口价全包报价，有些没有首重要求等。专线物流的资费也会随着季节、经济等因素而发生一定程度的浮动，具体资费还是要以发货时报价为准。专线物流资费标准按整批货物的实际重量和体积重量中较大者计算最终资费，通用公式为：

总资费=（配送服务费+燃油附加费）×折扣+挂号服务费

下面以具体的物流服务商提供的专线物流服务资费为例。

2.4.4.1 中东专线（Aramex）的资费计算

Aramex 资费=（首重资费+续重单价×续重重量+燃油附加费）×折扣，若货物超过 15kg 则按续重单价 1kg 计费。寄往不同国家（地区），Aramex 的资费标准也不一样，具体如表 2-13 所示。中东专线邮包体积重量的计算公式为：长×宽×高/5 000。如果邮包体积重量大于实际质量，则按体积重量计费。

表 2-13 中东专线（Aramex）的标准资费　　　　　　　　　单位：元

国家（地区）	文件		轻型包裹		重型包裹（以 1kg 为最小单位）				
	首重 0.5kg	续重 0.5kg	首重 0.5kg	续重 0.5kg	16～20	21～50	51～70	71～100	>100
印度	115	53	115	53	83	83	83	83	83
科威特	175	80	185	80	105	95	93	90	90
卡塔尔	190	73	195	73	105	95	93	90	90
阿曼	185	65	193	65	105	95	95	90	90
伊拉克	340	80	340	80	165	165	160	160	160
埃及	183	78	190	78	120	108	101	100	100
伊朗	210	75	210	75	120	98	95	95	95

续表

国家（地区）	文件		轻型包裹		重型包裹（以1kg为最小单位）				
	首重0.5kg	续重0.5kg	首重0.5kg	续重0.5kg	16～20	21～50	51～70	71～100	>100
土耳其	193	90	193	90	133	133	125	118	118
以色列	258	80	258	80	140	140	138	133	133
孟加拉国	163	80	163	80	108	108	103	100	100
斯里兰卡	163	80	163	80	108	108	103	100	100
巴基斯坦	245	80	245	80	108	108	103	100	100
南非	210	80	210	80	170	150	150	150	150

2.4.4.2 速优宝-芬兰邮政挂号小包的资费计算

速优宝-芬兰邮政挂号小包的资费计算方法与中邮挂号小包一致，包括配送服务费和挂号服务费两部分。相比之下，芬兰邮政经济型小包没有挂号费。

速优宝-芬兰邮政挂号小包的资费计算方法为：总资费=配送服务费×邮宝计费重量+挂号服务费。资费根据包裹重量计费，每个单件包裹限重在2kg以内，资费会根据每月初的最新汇率进行调整，表2-14为2020年6月1日起生效的标准资费。

表2-14 速优宝-芬兰邮政挂号小包的标准资费

国家（地区）	配送服务费（元/kg）	挂号服务费（元/包裹）
白俄罗斯	103.7	25.6
爱沙尼亚	108.1	22.6
拉脱维亚	108.1	26.8
立陶宛	108.1	26.1
德国	93.2	36.1

2.5 海外仓物流模式

2016年的《政府工作报告》指出，要扩大跨境电子商务试点，支持企业建设一批出口产品"海外仓"，促进外贸综合服务企业发展。作为一种新的物流业态，海外仓的出现为跨境电商物流解决了很多现实问题。本节将从海外仓物流模式概述、运作流程、寄送要求与时效等方面进行介绍。

2.5.1 海外仓物流模式概述

2.5.1.1 海外仓的含义

从狭义上看，海外仓是指建立在海外的仓储设施；从广义上看，在跨境贸易电子商务中，海外仓是指国内企业将商品通过大宗运输的形式运往目标市场国家，在当地建立仓库、储存商品，然后再根据当地的销售订单，第一时间做出响应，及时从当地仓库直接进行分拣、包装和配送的一种先进的物流模式。以海外仓储为核心的综合物流配套体系，包括大宗货物运输、海内外贸易清关、精细化仓储管理、个性化订单管理、包装配送及综合信息管理等。

根据不同的运营主体，海外仓可分为自营海外仓和第三方公共服务海外仓。其中，自营海外仓是指由出口跨境电商企业建设并运营的海外仓，仅为该企业自身销售的产品提供仓储、配送等物流服务，适用于市场份额较大、实力较强的出口跨境电商企业；第三方公共服务海外仓是指由第三方物流企业独立建设并运营的海外仓，可以为大多数出口跨境电商企业提供专业的清关、入库质检、接收订单、分拣发货等物流服务，并收取相应费用。例如，亚马逊 FBA 海外仓主要适用于市场份额较小、实力相对较弱的出口跨境电商企业。

2.5.1.2 海外仓的兴起

1. 跨境电商的迅速发展对物流业的要求日益提高

退换货在国内网购中较为普遍，而对于跨境电商的买家来说，他们也希望能够获得同样满意的售后服务，不满意商品能轻松退换货。众所周知，退换货一直都是跨境电商的痛点所在，由于买卖双方地理距离远、物流时效慢、退换货流程复杂，买家的退换货需求一直无法得到满足。为了解决这一问题，企业需要提供与国外电商一样的本土化服务，充分利用中国制造的优势参与国际竞争，这将是跨境电商实现可持续发展的关键。实际上，建海外仓可以很好地解决退换货问题，已经成为电商时代物流业发展的必然趋势。

2. 跨境电商根据企业自身需求转型建仓

首先，跨境电商与国内电商最大的区别就是把货物卖到国外，而其要面对的不稳定的物流体系是一大挑战。无论是企业还是个体电商，要想把生意做大，不仅要维护好自己的电子商务平台或店铺，还需要能降低成本、加快配送时效、规避风险的海外仓。

其次，在海外市场，当地发货更容易取得买家的信任。大多数传统买家更相信快捷的本土服务，在价格相差不大的情况下，他们更愿意选择海外仓的商品，因为这样配送速度更快、安全性更高。特别是在"黑色星期五"、圣诞节等购物旺季，订单暴增，跨境配送的效率受到影响，丢包的风险加大，加上各国海关的抽查政策更加严格，建立海外仓的优势就更加明显。

最后，除了本地发货的可信度和时效性，海外仓及其配套系统，也能给卖家带来更好的跨境贸易购物体验，节省更多的时间，减少出错率。

2.5.1.3 海外仓运营现状

据不完全统计，2020 年全年跨境电商进出口总额增长 31.1%，市场采购贸易总额超千亿美元。超万家传统企业触网上线，跨境电商海外仓数量超 1 800 个，在 2019 年一年增速就达 80%，面积超 1 200 万 m^2。不同国际物流企业提供的海外仓服务各有不同，基本是与亚马逊、Wish、AliExpress、Alibaba、eBay 等平台合作。目前市场上比较具有代表性的第三方公共服务海外仓运营企业包括出口易、万邑通和4PX。

我国企业设立的海外仓主要集中在美国、英国、德国、澳大利亚、俄罗斯、加拿大、荷兰、比利时、西班牙、日本等地，在数量上呈递增趋势。随着跨境电商的迅速发展，中国企业加快搭建包括海外仓在内的跨境物流体系。目前海外仓数量已成为支撑跨境电商发展、拓展国际市场的新型外贸基础设施。

2.5.1.4 海外仓的优劣势

1. 优势

第一，大幅降低物流成本及清关费用。跨境电商平台的卖家以一般贸易方式将货物运到海外仓，以批量模式完成头程运输，可以实现规模效应，比零散发货更能节省成本。

第二，缩短配送时间，加快物流时效。从海外仓发货，可以节省报关清关所用的时间；按照卖家常用的发货方式，DHL需要5~7天，FedEx需要7~10天，UPS需要10天以上，若是建海外仓在当地发货，客户1~3天就可以收到。这大大缩短了运输时间，加快了物流的时效性。

第三，提高产品曝光率。如果平台或者店铺在海外有自己的仓库，那么当地的客户在选择购物时，一般会优先选择当地发货，因为这样对买家而言可以大大缩短收货的时间，使卖家拥有自己特有的优势，从而提高产品的曝光率、提升产品销量。

第四，可以退换货，提高海外买家的购物体验，提升客户满意度。买家并不会对收到的所有商品都满意，这中间可能出现货物破损、短装、发错货物等情况，这时买家可能要求退货、换货或重发等，这些情况在海外仓内便可处理，能够大大节省物流时间。

第五，能有效避免跨境电商物流高峰。以节日为例，每逢西方国家的节假日，如圣诞节、万圣节或"黑色星期五"等，国内卖家会集中在节后大量发货，这势必会严重影响国际物流商的运转速度，进而影响买家的收货时间。如果卖家已经提前将货物批量发到了海外仓，那么只要下达指令进行本土配送就行了，不必受物流高峰的困扰。

2. 劣势

在海外仓模式下，跨境电商企业更容易受进口国贸易保护政策的影响，同时要承担的大宗货物清关手续增加。除此之外，海外仓对卖家在供应链管理、库存管控、动态销售管理等方面提出了更高的要求。只要商品存放在海外仓一天，就要支付一天的仓储费用。不同国家海外仓的仓储费用不同，卖家在选择海外仓的时候一定要计算好成本，并与自己目前发货方式所需要的成本进行对比选择。海外仓模式要求卖家要有一定的库存量，所以一些买家特别定制的产品，就不适合选择使用海外仓模式。

2.5.2 海外仓物流模式的运作流程

海外仓物流模式的运作流程如图2-14所示。

首先，卖家在海外仓服务网上下单，与海外仓服务商进行询价、协商等交易准备；其次，在完成网上下单后，海外仓服务商会到卖家指定的仓库进行揽件，并将货物运往海外仓集货仓；随后，海外仓服务商的员工需要对货物进行查验，内容包括实际重量、体积、货物内容、标签等;完成查验后,员工会将货物合理包装并装箱,进行出口报关,卖家需要提供货物相关证书等报关材料;同时卖家需要选择配送方式,如海运、空运或其他头程运输配送方式;货物顺利报关并运往目的港后,要进行进口清关,此时海外仓服务商会预先支付一部分税金并代理清关,若符合清关要求,则海关放行离港,由海外仓服务商将货物运输至海外仓;货物抵达海外仓后,海外仓员工进行拆箱、分拣并上架储存;最后,买家在跨境电商平台下单后,相关商品将由海外仓员工派送至买家手中,最终完成海外仓模式的跨境电商交易。

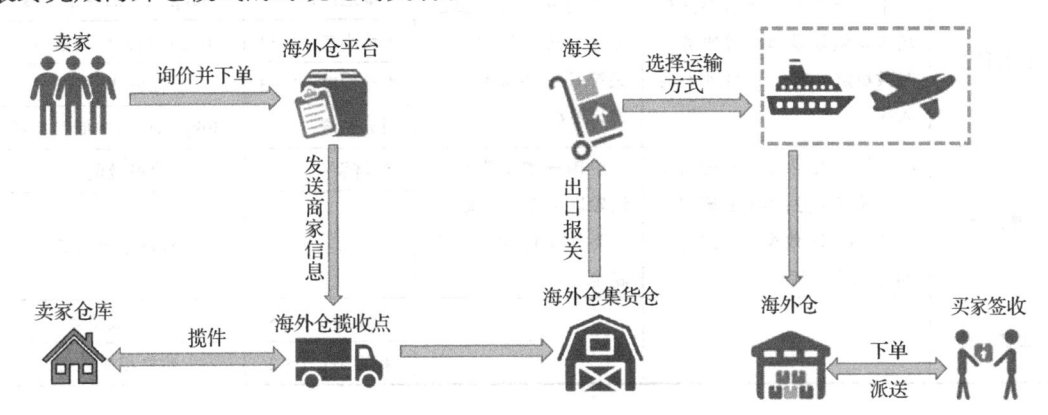

图 2-14 海外仓物流模式的运作流程

2.5.3 海外仓物流模式的寄送要求与时效

不同服务商提供的海外仓服务在寄送要求和时效方面有所差异,下面以出口易服务商的海外仓模式为例进行介绍。

出口易海外仓服务为客户提供仓储与配送服务超过十年,配送范围覆盖北美、欧洲、澳洲全境,不受任何重量、体积限制,能够帮助中国卖家实现本土化销售,降低物流运营成本,同时能够对库存进行实时监测与管理,缩短到货时间。

出口易的海外仓服务范围较大,不同国家(地区)的海外仓时效与寄送要求略有不同,具体服务内容如表 2-15 所示。

表 2-15 出口易海外仓的具体服务内容

| 海外仓 | 头 程 运 输 | | 尾 程 派 送 | |
地点	空 运	海 运	时效(天)	要　　求
美国仓	中国→美国机场段运输以及清关等服务;采用固定航班,时效稳定,到仓后24小时内入库	中国→美国港口段运输以及清关等服务;固定船期,货到即发	本地经济:3~7	低值、轻小
			本地标准:2~5	高值、较重
			本地快捷:2	高值重货、紧急
德国仓	—	—	Depost:1~2	价低、追踪难
			DHL:1~2	价高、服务好

续表

海外仓地点	头程运输 空运	头程运输 海运	尾程派送 时效（天）	尾程派送 要求
法国仓	中国→法国戴高乐机场段运输以及清关等服务；时效稳定，到仓后24小时内入库	中国→法国港口段运输以及清关等服务；目前仅支持海运整柜	特惠本地：1～3	15kg 以内的轻小包裹
			本地经济：1～3	30kg 以内的中低值包裹
			国际经济：2～6	30kg 以内的中低值包裹
意大利仓	中国→意大利马尔彭萨机场段运输以及清关等服务；时效稳定，到仓后24小时内入库	中国→意大利热那亚港口段运输以及清关等服务；目前仅支持海运整柜	本地：1～3	30kg 以内的轻小包裹
			本地小包：1～3	100g 以内的中低值包裹
			本地标准：1～3	高值或重货
			国际经济：2～6	30kg 以内的中低值包裹
澳洲仓	中国→悉尼机场段运输以及清关等服务；固定航班，4～5次/周，时效稳定，到仓后24小时内入库	中国→悉尼港口段运输以及清关等服务；海运固定船期，时效稳定	经济型：3～5	价格最便宜
			标准型：1～2	价格相应较贵
加拿大仓	—	—	经济型：3～5	价格最便宜
			标准型：1～2	价格相应较贵

2.5.4 海外仓物流模式的资费计算

2.5.4.1 海外仓物流模式的资费构成

海外仓物流模式的资费构成是指利用海外仓物流模式进行跨境电商货物交易所产生的全程物流资费，这里的海外仓主要是指第三方公共服务海外仓，所以资费包括头程资费、税金、仓储费及管理费、尾程资费（见图 2-15）。下面对前三项资费的计算进行介绍。

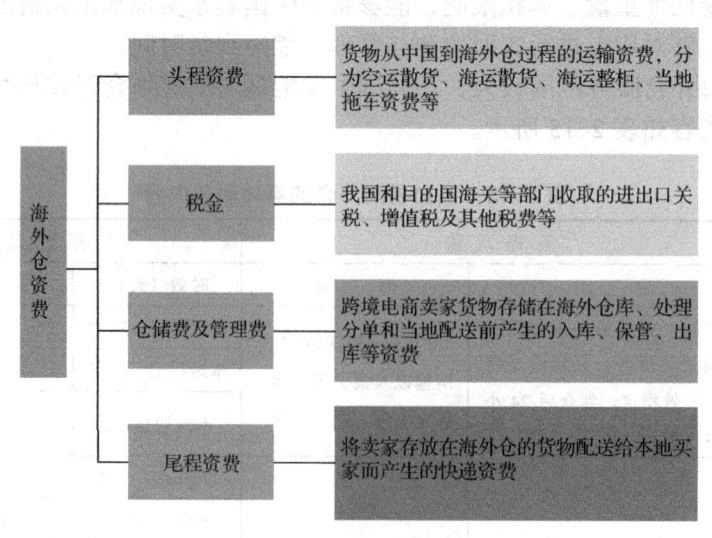

海外仓资费：
- 头程资费：货物从中国到海外仓过程的运输资费，分为空运散货、海运散货、海运整柜、当地拖车资费等
- 税金：我国和目的国海关等部门收取的进出口关税、增值税及其他税费等
- 仓储费及管理费：跨境电商卖家货物存储在海外仓库、处理分单和当地配送前产生的入库、保管、出库等资费
- 尾程资费：将卖家存放在海外仓的货物配送给本地买家而产生的快递资费

图 2-15 海外仓的资费构成

2.5.4.2 头程资费的计算

海外仓的头程资费主要分为空运资费和海运资费两种,与海外仓服务商所采用的运输方式相关。

1. 空运资费的计算

头程资费中的空运资费包括运费、清关费、报关费及其他杂费(提货费、拖车费等),其中,空运资费是按重量计算的,有最低起运限制,一般为5kg以上;清关费按单票数量及金额计算。空运分为客机行李托运、普货空运和商业快递。对于轻泡货物(实际质量<体积质量)需要按体积重量计费,重量计算方式为:长(cm)×宽(cm)×高(cm)/6 000。

【例题】某跨境电商平台卖家将10kg货物空运至德国仓,尺寸为40cm×30cm×25cm,由出口易代理清关,提货费为2元/kg,请分别计算客机行李托运和普货空运的头程资费。

由客机行李托运方式运输:

头程资费=45×10(运费)+300(清关费)+2.2×10(提货费)=772(元)

由普货空运方式运输:

头程资费=36×10(运费)+300(清关费)+2.2×10(提货费)=682(元)

2. 海运资费的计算

(1)整箱与拼箱。

货物装箱方式根据集装箱货物装箱数量和方式不同,可分为整箱(Full Container Load,FCL)和拼箱(Less than Container Load,LCL),海运资费与货物装箱方式有关。

以集装箱整箱计费,指由发货人负责装箱、计数、积载并加铅封的货运方式的计费。整箱货的拆箱,一般由收货人办理,但也可以委托承运人在货运站拆箱。承运人不负责箱内的货损、货差。除非货方举证确属承运人责任事故的损害,承运人才负责赔偿。承运人对整箱货负责,以箱为交接单位。只要集装箱外表与收箱时相似并且铅封完整,承运人就完成了承运责任。整箱货运提单上,要加上"委托人装箱、计数并加铅封"的条款。

以集装箱拼箱计费,指装不满一整箱的小票货物的货运方式的计费。这种货物,通常是由承运人分别揽收并在集装箱货运站或内陆站集中,而后将两票或两票以上的货物拼装在一个集装箱内,同样要在目的地的集装箱货运站或内陆站拆箱后分别交货。对于这种货物,承运人要负担装箱与拆箱作业,装箱与拆箱资费向发货人收取。承运人对拼箱货的责任,基本上与传统杂货运输相同。

(2)运输资费的计算方法。

根据海运物流服务商到目的国(地区)的资费报价可计算出整箱货或者拼箱货的资费。若以整箱装计算运输资费,先选择集装箱规格和数量,然后查询相关航线的运输资费,再计算海运资费。若以拼箱装计算资费,需要按照要求,采用体积重量或者实际重量计费。

2.5.4.3 税金的计算

1. 海外仓税金的含义

海外仓税金主要指货物出口到目的国(地区),需要按照目的国(地区)相关进口货物政策缴纳的一系列资费。一般来说,这些资费主要是关税,关税主要是指进口关税,因为我国对出口货物征收关税的情况较少。进口关税是一个国家海关对进口货物所征收的关税，其缴纳数量对于跨境电商出口货物而言，会影响出口货物的成本，同时也会影响其在目的国（地区）市场的价格。

除关税外，有些进口国还会对进口货物征收增值税（Value-added Tax，VAT），即在进口国销售货物或提供服务，或将货物从境外带到境内，进口商代表国家税务部门向消费者收取的税金。VAT 分为进口增值税和销售增值税，是欧盟的一种税制，是根据商品的价格而征收的。例如，定价中有 Inc VAT，即表示已含税，Excl VAT 则表示未包税，Zero VAT 表示税率为 0。各国增值税的税率不同，例如，意大利是 22%（2013 年 10 月开始实行），英国是 17.5%（2011 年 1 月 4 日调高至 20%），阿根廷是 21%（部分商品实行 50%减免，即只收取 10.5%）。中国大部分地区的增值税率是 17%和 13%，有部分纳税人适用 3%低税率以及零税率。

2. 海外仓税金的计算方法

目前海外仓税金的主要计算方式如表 2-16 所示。

表 2-16　海外仓税金的主要计算方式

国　　家	税金类别	计算公式	说　　明
美国	关税	税金=关税=货值×关税税率	—
英国	关税、VAT	税金=关税+VAT	—
俄罗斯	关税、VAT	税金=关税+VAT 关税=货值×关税税率 VAT=（货值+运输资费+关税）×20%	食品及儿童用品的 VAT 税率为 10%，高科技产品、棉花、药物免缴 VAT，奢侈品的 VAT 税率为 25%～90%
德国	关税、VAT	税金=关税+VAT 关税=货值×关税税率 VAT=（货值+运输资费+关税）×19%	特定商品（食品、书籍、医疗设备和艺术品）的供应和文化活动的服务的 VAT 税率为 7%
澳大利亚	关税、GST	税金=关税+GST 关税=货值×关税税率 GST=（货值+运输资费+关税）×20%	GST 为商品及服务税（Goods and Services Tax）

【例题】某跨境电商平台卖家将要发一批货物到德国海外仓，货值为 65 万欧元，运输资费为 3 800 欧元，适用关税税率为 9.2%，若当时 1 欧元=7.779 3 元人民币，请计算该批货物的进口税金为多少元人民币。

关税=货值×关税税率×汇率=650 000×9.2%×7.779 3=465 202.14（元）

VAT=（货值+运输资费+关税）×19%

=（650 000+3 800+650 000×9.2%）×7.779 3×19%=1 054 748.611 2（元）

税金=关税+VAT=1 519 950.751 2（元）

2.5.4.4　仓储费及管理费的计算

1. 仓储费

不同物流服务商提供的海外仓储管理费是不同的，大致包含了客户的货物在海外仓库的存储费、订单处理费等。其中，仓储费是海外仓服务商为了提高商品的动销率，按期收取的资费，表2-17是某海外仓服务商的仓储费报价。

表2-17 某海外仓服务商的仓储费报价

单件货物体积范围（m³）	仓储费（元/周）	计件单位
0.001（含）	0.38	每件
0.001~0.02（含）	0.42	每件
0.02以上	43	每m³

【例题】某跨境电商平台卖家将货物存放在该海外仓仓库中，共200件，预计存放3周，已知单件商品的尺寸为20cm×15cm×10cm，请计算该批商品的仓储费。

单件体积=0.2×0.15×0.1=0.003（m³），属于0.001~0.02范围区间。

则仓储费=0.42×200×3=252（元）。

2. 管理费

这里的管理费主要指订单处理费。海外仓的订单处理费是指买家在平台上下单后，由海外仓的相关人员对订单进行拣选打包产生的资费。表2-18为某海外仓服务商的订单处理费报价。

表2-18 某海外仓服务商的订单处理费报价

商品分类（kg）	处理费报价（元/件）
0~1	8
1.001~5	10
5.001~10	14
10.001~30	18
30.001~50	35
50.001~70	60
70.001~100	80

计算订单处理费时，当产品数量大于1件时属于多件发货，可以相同的库存编码多件一起发货，可以不同的库存编码多件一起发货，也可以多个订单合并发货。

（1）多件发货的运输资费。

多件发货的运输资费按多件发货的总计费重量所对应的资费收取。

① 使用需计泡的发货方式，多件发货时，总计费重量的计算方式（单件货物一般取体积重量和实际重量中较大者作为订单处理费计费重量）为：

如果货物计费重量之和×0.2>1kg，多件发货总计费重量=货物计费重量之和+1kg

如果货物计费重量之和×0.2<1kg，多件发货总计费重量=货物计费重量之和×1

② 使用不需计泡的发货方式，多件发货时，总计费重量的计算方式为：

如果货物实际重量之和×0.2>1kg，多件发货总计费重量=货物实际总重量+1kg

如果货物实际重量之和×0.2<1kg，多件发货总计费重量=货物实际总重量×1

【例题】① 2件相同产品一起发货，每一件为4kg，不需计泡，（4kg+4kg）×0.2=1.6kg>1kg，多件发货后总计费重量=（4kg+4kg）+1kg=9kg，运输资费按照9kg收取。

② 2件相同产品一起发货，每件为1.5kg，不需计泡，(1.5kg+1.5kg)×0.2=0.6kg<1kg，多件发货后的总计费重量=（1.5kg+1.5kg）+0.6kg=3.6kg，运输资费按照3.6kg收取。

③ 两件不同的产品，需计泡，使用体积重量=长×宽×高/5 000的发货方式，

第一件为12kg，体积=80×30×50cm³，体积重量=80×30×50/5 000=24kg>12kg；

第二件为12kg，体积=50×20×10cm³，体积重量=50×20×10/5 000=2kg<12kg

（24kg+12kg）×0.2=7.2kg>1kg，多件发货计费重量=（24kg+12kg）+1kg=37kg。

多件发货的运输资费就是按前面多件发货的计费重量37kg所对应的资费来收取。

（2）多件发货的处理费。

多件发货的处理费按照单件货物的实际重量对应的处理费叠加。

【例题】1件1kg的货物和1件8kg的货物多件发货，订单处理费=8+14=22（元）；2件5kg的货物多件发货，订单处理费=10×2=20（元）。

多件发货的体积计算：多件发货的总体积=每件的最长的长×最长的宽×高之和。

① 如果货物分别为120cm×10cm×5cm和100cm×80cm×20cm，一起发的尺寸就是120cm×80cm×（20+5）cm。

② 如果货物数量为3，每件尺寸为120cm×10cm×5cm，合并后的尺寸是120cm×10cm×15cm。

复习思考题

一、选择题

1. 以下哪个不是跨境电商物流活动（　　）。
   A. 新加坡代购人员从新加坡直邮寄回代购的奶粉
   B. 通过苏宁海外购购买进口化妆品并从澳大利亚寄出
   C. 在京东全球购购买纸尿裤，从宁波保税仓发货
   D. 在美国购物网站下单购买背包，由DHL发货

2. （　　）是跨境电商物流模式的网络的组成部分，包括了国际港口和航空港两部分。
   A. 海关　　　　B. 口岸　　　　C. 保税港区　　　　D. 保税区

3. 假设eBay跨境电商平台卖家用e邮宝将一件商品寄往美国，商品总重为3kg，首重资费为50g以内9元/件，续重标准资费为0.084元/g，那么总资费为（　　）。
   A. 220.6元　　　B. 256.8元　　　C. 280.5元　　　D. 230.9元

4. 保税备货模式实际是（　　）。
   A. 先物流，后订单　　　　B. 先订单，后物流
   C. 物流和订单同时履行　　D. 不需要订单信息

5. 国际快递是指在（　　）国家（地区）之间所进行的快递、物流业务。
   A. 两个或两个以上　　　　B. 两个
   C. 三个以上　　　　　　　D. 特定某个

6. 设置限时达时间后，如果货物被海关扣关该如何处理？（　　）
   A. 如果是卖家原因（缺少相关证明、销售假货、仿货等）导致扣关，则平台会

要求买卖双方进行协调，平台尊重双方达成一致的协议；若未达成一致，则将全额退款给买家

- B. 全额退款给买家
- C. 如果是买家原因不去清关，则货物即使超过时限未到达也会全额退款
- D. 全额退款给卖家

二、名词解释

1. 保税港区　　2. 海外仓　　3. 税金

三、论述题

1. 请阐述跨境电商四种物流模式的优劣势及适用范围。
2. 请分析跨境电商卖家如何选择跨境电商物流模式。

案例实训

请在跨境电商物流模式中选择一种并查询其代表性企业，登录其网站查询当月的各种跨境电商物流资费，并加以计算。

第3章 跨境电商仓储管理

本章重点

1. 理解跨境电商仓储管理的业务范围。
2. 熟悉跨境电商仓储选址的影响因素及规划方法。
3. 掌握跨境电商仓库布局规划的方法。
4. 掌握跨境电商仓储作业管理的内容。

导入案例

货之家跨境电商物流保税仓储服务

广州货之家仓储服务有限公司成立于2015年,是专业经营跨境电商进口保税仓储业务的公司。该集团公司目前在广州、烟台、厦门、郑州、青岛、威海、重庆、深圳、天津、北京、南京、宁波、大连设有分公司及保税仓库,在仁川、莫斯科、悉尼、墨尔本、奥克兰、温哥华、东京、洛杉矶设有海外仓。货之家专业服务团队具备成熟的保税仓储、国际物流、进出口清关经验,业务流程清晰,操作经验丰富,熟悉跨境电商进口业务的商流、信息流、资金流、物流等全部流程,能为跨境电商企业量身定制业务发展方案,助力跨境电商企业开拓全球买卖市场。

货之家在全国有1万平方米的保税仓,为超过1 000家跨境电商客户提供各项服务,分拣打包出错率低于万分之三;能够全国联网、数据共享、仓内货物互转;当天订单,当天处理,当天出仓,可灵活应对各种促销节日,满足发货出仓时效需求,为各口岸城市购买者快速收到全球商品提供优质服务。

货之家的保税仓储是指使用海关核准的保税仓库存放保税货物的仓储行为。保税货物主要是暂时进境后还需要复运出境的货物,或者海关批准暂缓纳税的进口货物。保税仓储受到海关的直接监控,虽然说货物也是由存货人委托保管,但保管人要对海关负责,入库或者出库单据均需要由海关签署。保税仓储一般在进出境口岸附近进行。货之家能够提供的保税服务项目包括商品备案、仓库出租、装卸搬运、入仓报关、报检、入仓查验、理货验货、快递分拣等。

货物从进入保税仓再到出仓，一共需要经过三大步骤七道环节。

三大步骤包括：①向海关申报报关单和检验检疫申报报检单；②商品进入库区的理货区，清点商品，办理核注信息；③仓库的作业人员将商品运输到存储区域的仓位上，并将数据维护进公司的仓库管理系统（Warehouse Management System，WMS）。

七大环节包括：①入库后要对商品进行清点识别。就是将不同商品分开来，打开外包装，核实实物的条码是否准确，包装是否有脏污、破损或变形的情形。②将商品摆放到不同的仓位上进行储存。一般按照不同的货号或条码进行摆放，以便能快捷识别。③当有订单进来后，需要到指定的仓位上去分拣出所需要的商品，运送至包装区域。④拿出相应规格的包装材料，将对应的商品按照订单放入包装箱中，再用胶带进行封箱。⑤将打印的快递面单粘贴到对应的纸箱上。⑥对包裹放行。碰到被布控查验的包裹，则拿到监管部门的查验办公区进行查验。⑦放行完毕后，将包裹交接，进行配送。

思考：货之家的保税仓储服务与一般的仓储服务相比有哪些特色？

3.1　跨境电商仓储管理概述

从第2章的学习内容中不难发现，无论选择哪种跨境电商物流模式，在整个物流环节中，各类型的仓储是调节和衔接跨境电商货物供给平衡必不可少的物流功能。因此，合理进行仓储管理是跨境电商物流管理最重要的内容之一。

3.1.1　跨境电商仓储管理的概念

跨境电商仓储管理就是在跨境电商物流过程中，对仓库及仓库内的物资所进行的管理，是仓储机构为了充分利用所具有的仓储资源来提供高效仓储服务时所进行的计划、组织、控制和协调过程。仓储管理本身就是一门经济管理科学，同时也涉及应用技术科学，故属于边缘性学科。仓储管理的内涵是随着其在社会经济领域中的作用不断扩大而变化的。

在跨境电商物流过程中，进行有效的仓储管理需要考虑下面几个方面：

第一，仓库布局设计和设备的改进为物流流程整个系统的枢纽，仓库的设计布局是否合理影响整个库内作业效率，例如可以把仓库按产品类别分为不同的拣选区，如此，就可以整箱、拆箱、整盘分开作业，可以避免现场零乱，减少货物掉落破损。

第二，是否能够分配好人力资源进行有效运作是仓储管理效率的重要评判标准之一。人工管理技术可以帮助那些被员工困扰的仓储企业，辅助管理者决策所需仓储员工的数量，并且可以采用工程劳动标准和支持系统评估仓储工人的绩效。另外，公司应该为团队而不是个人提供激励措施，发挥团队的最大潜力。有不少仓储管理系统缺少在人工管理及绩效考核方面的考虑，或者是缺少对人工管理这一功能的衔接。

第三，仓库内的中枢指挥中心，可以是一个项目管理机构，指导库存新账的完成、报告执行结果以及每一部门的进展情况，同时维系外部客户联系。指挥中心应该包括两部分：人和系统。仓库管理系统除能够实现包括进出货管理、库存管理、订单管理、拣选、复核、商品与货位基本信息管理、补货策略、库内移动组合等"墙内"的功能外，还要考虑仓库管理系统和运输管理系统、客户管理、员工管理系统之间的衔接。人在指挥中心中的作用不能被技术所代替。物流项目负责人需要在大量数据的基础上对有限的资源进行最佳分配。仓储不是自动化业务，仓储有太多的不确定因素，对仓储内外熟悉的负责人需要担任起总控的角色。

第四，开展额外的增值服务。仓储的功能在现今已不仅限于单纯的存储功能了，所以，提供额外的增值服务，如流通加工、组合包装、贴标签等可以实现仓储的额外增值功能，提高收益、提升客户满意度。

3.1.2 跨境电商仓储管理的业务范围

3.1.2.1 跨境电商仓储管理的基本内容

仓储管理活动主要是在商品流通过程中货物储存环节的经营管理，其管理的内容有技术方面的也有经济方面的，主要包括仓库的选址规划、仓库规模和空间布局规划、仓储设施和设备的选择与配置、仓储作业管理、仓储经营管理、仓储人力资源管理以及库存管理，每项基本内容所包含的具体业务如表3-1所示。

表3-1 跨境电商仓储管理的具体业务

跨境电商仓储管理内容项目	具 体 业 务
仓库的选址规划	跨境电商仓库选址与布点包括仓库选址应遵循的基本原则、仓库选址时应考虑的基本因素以及仓库选址的技术方法，多点布置时还要考虑网络中仓库的数量和规模大小、相对位置和服务的客户等问题
仓库规模和空间布局规划	跨境电商每个物流环节所涉及的仓库规模的确定和内部合理布局，包括仓库库区面积及建筑物面积的确定，库内道路和作业区的平面和垂直布置，库房内部各作业区域的划分和作业通道布置的方式
仓储设施和设备的选择与配置	跨境电商仓储设施和设备的选择和配置，包括如何根据仓库作业的特点，以及储存电商平台卖家商品的种类和理化特性，合理地选择和配备仓库设施、作业机械以及如何合理使用和管理
仓储作业管理	跨境电商仓储作业活动随着作业范围和功能的不同，其复杂程度也不尽相同，仓储作业管理是仓储管理的重要内容，它涉及仓储作业组织的结构与岗位分工、作业流程的设计、仓储作业中的技术方法和作业手段，还包括仓储活动中的信息处理等
仓储经营管理	跨境电商的仓储经营管理是物流供应商运用先进的管理方式和科学的管理方法，对跨境电商平台卖家的物流活动进行计划、组织、指挥、协调和控制，其目的是获得最大的经营效果
仓储人力资源管理	仓储人力资源管理主要涉及人才的选拔和合理使用、人才的培养和激励、分配制度的确立等

续表

跨境电商仓储管理内容项目	具 体 业 务
库存管理	仓库对于商品库存的管理水平直接决定跨境电商物流质量的高低，库存管理是仓储的最基本功能，企业为了能及时满足客户的需求，就必须经常保持一定数量的商品库存，存货不足会造成供应断档，存货过多则会造成商品积压、仓储成本上升。库存控制是仓储管理中最为复杂的内容，是仓储管理从传统的存货管理向高级的存货系统动态控制发展的重要标志

3.1.2.2 跨境电商仓储管理的任务与目标

在跨境电商物流环节中，仓储管理的基本任务就是满足客户的需求，运用科学合理的方法做好货物出入库与在库管理等工作，为客户赢得最佳的销售时机，也为企业创造利润。所以，为了完成以上任务，仓储管理必须以提供低成本、高质量、高效率的优质物流服务为目标，在帮助客户创造价值的同时获得经济效益。

3.2 跨境电商仓储系统规划

跨境电商仓储系统规划是对仓储整体进行预先设计和控制工作。本节主要讲述仓储系统的整体规划，包括跨境电商仓库的选址方法与考虑因素、仓库的平面规划与立体规划以及货物在跨境电商仓库内的储存规划与货位管理。

3.2.1 跨境电商仓库选址规划

跨境电商仓库选址是仓储管理战略的一个至关重要的部分，是跨境电商平台或者第三方物流供应商能否取得竞争优势的关键之一。跨境电商的仓库选址会直接影响到物流服务前期的投资成本和后期的运行成本。跨境电商仓库的地址是否交通便利、是否需要毗邻经济中心、当地的劳动力资源是否具有优势、物流基础设施是否完善等因素不仅影响初始投资成本，同时也会影响运营后仓库的运营成本、服务成本和经营成本。国内外的服务行业流行的说法是"一步差三市"（Location，Location，Location）。这足以体现选址的重要性。

跨境电商仓库选址是指在一个具有若干供应点和需求点的经济区域内，选择一个地址设置跨境电商仓库（物流节点）。其目标是能够让跨境电商卖家的商品通过各类型仓库的集散、中转、分拨直到送达需求点的全过程效益最佳。

3.2.1.1 跨境电商仓库选址的原则

跨境电商仓库如何选址，一般来说，取决于该仓库的种类与主要功能。如果以解决市内交通拥挤、缓解城市压力为重点考虑建立仓库节点，可将其建在城乡接合处。如果以经济效益为重点考虑建设仓库节点，则可以将其建在交通枢纽地区或产品生产与销售的集散地区。仓库的选址通常是多目标规划问题，这些目标很有可能互相矛盾，并且不同因素的相对重要性难以确定和度量，再加上周围环境的变化，当时的最佳位置随着时间的推移、环境的改变很可能变为不符合要求的地址，所以在进行跨境电商仓库选址工作时，应遵循以下原则（见表3-2）。

表3-2 跨境电商仓库选址原则

选址原则	具体分析
适应性原则	仓库的选址要与国家及地区的经济发展方针、政策相适应，与国家物流资源分布、物流中心节点、产业布局和需求分布相适应，与国民经济和社会发展相适应
协调性原则	仓库的选址应将区域物流网络作为一个大系统来考虑，使仓库、配送中心的设施设备在地域分布、物流作业生产力、技术水平等方面互相协调，与国际、国内物流网络相适应，有效融入物联网、区块链、供应链系统中
经济性原则	仓库在建设过程中，选址费用主要包括建设费用及物流费用（经营费用）两部分。仓库、配送中心选址定在市区、近郊区或远郊区，其未来物流辅助设施的建设规模及建设费用，以及运费等物流费用是不同的，选址时，应以总费用最低作为选址的经济性原则
战略性原则	仓库的选址，应具有战略眼光：要考虑全局，更要考虑长远规划。局部要服从全局，目前利益要服从长远利益，既要考虑目前的实际需要，又要考虑日后发展的可能，根据目前或未来出现的新技术、新趋势、新模式布局、选址
可行性原则	仓库的选址要充分考虑到建设的可行性，在兼顾以上四条原则的同时考虑选址最终的可操作性。仓库、配送中心的选址一定要建立在现有的生产发展水平基础上，要考虑实际的需要，做到技术上可行、经济上合理，当前目标与长远目标兼顾，使规划能够最终顺利实现

3.2.1.2 跨境电商仓库选址的影响因素

在进行选址决策时，需要考虑各种要求和影响因素，在此基础上预先确定仓库、配送中心的地址，列出多个可供选择的可行方案，借助科学评价方法，对可行方案进行技术经济分析，从多个可行方案中选定理想的位置。对于影响仓库选址的因素，可以将其划分为成本因素与非成本因素。成本因素是指那些与成本直接有关的、可以用货币单位直接度量的因素；非成本因素主要是指与成本无直接关系，但能够影响成本和企业未来发展的因素。

1. 成本因素

（1）运输成本。

在跨境电商物流环节中，参与方较多，物流过程较复杂，转运多，因此运输成本居高不下，这一直是困扰电商卖家和物流企业的难题。运输成本占物流成本的40%以上，因此，需要通过多种方式来降低运输成本，具体包括：合理选址，从战略角度出发，调整运输结构，提高铁路和水路运输量比例；做好运输接驳，实现多种运输方式之间有效衔接、有效开展多式联运；缓解地域经济结构导致运输来回满载率不平衡的矛盾；为开展物流领域标准化工作创造有利条件等。

（2）原材料供应成本。

将仓库、配送中心地址定位在原材料附近，不仅能够保证原材料的安全及时供应，还能够降低运输费用，获得较低的采购成本。

（3）人力资源成本。

在跨境电商交易中，不同国家地区的劳资水平不尽相同，差异较大，在选址决策时需要考虑人力资源成本在物流费用中所占的比重。

（4）建筑成本和土地成本。

不同的仓库选址方案，不同地址的土地价格差异较大，对土地的征用、建筑等方面的要求不同，从而导致不同的成本开支。因此，在选址过程中，应尽量避免占用农业用地和环保用地，减少拆迁费、安置费和建设成本。

2. 非成本因素

（1）经营环境。

选址时应考虑当地经营环境、商业氛围、政府为企业服务的意识和行动、经济发展水平等因素，还应该注重选址周围的社区环境、顾客流量、人们的购买力水平、交通运输状况和公用设施条件、医疗卫生、购物、休闲场所等因素。

（2）当地政府政策法规。

由于跨境电商物流涉及不同国家和地区，仓库的建设自然会分布较广，因此，在进行选址决策时，要充分考虑当地政府的政策法规。

（3）自然环境因素。

有些商品的仓储与运输要求保持一定温度和湿度，需要特定的地理环境条件，这样才能确保商品质量。因此，在选址过程中，要考虑自然环境因素。此外，仓库是大量商品的集结地，某些大型的建筑材料堆码起来会对地面造成很大的压力，因此选址还需考虑地质条件，如果仓库地面以下存在淤泥层、流沙层、松土层等不良地质条件，常会在受压地段造成沦陷、翻浆等严重后果。

（4）时间影响因素。

快速响应、快速送达是物流服务竞争的重要因素之一。建立综合物流中心，就是既要使整个供应链的成本趋向最小，又要对跨境电商客户的需求做出有效的快速响应。而且由于有些产品时效性强，因此选址时必须考虑时间因素。

3.2.1.3 跨境电商仓库选址步骤

仓库的选址可分为两个步骤进行，第一步为分析阶段，具体有需求分析、费用分析、约束条件分析；第二步为筛选及评价阶段，即根据所分析的情况，选定具体地点，并对所选地点进行评价。图3-1为一般情况下的跨境电商仓库选址流程图。

1. 分析阶段

（1）需求分析。

根据物流产业的发展战略和产业布局，对某一地区的顾客及潜在顾客的分布分析供应商的分布情况，具体包括工厂到仓库的运输量；向顾客配送的货物数量（客户需求）；仓库预计最大容量；运输路线的最大业务量。

（2）费用分析。

费用主要包括工厂到仓库之间的运输费、仓库到顾客之间的配送费、与设施和土地有关的费用及人工费等。运输费随着距离的变化而变动，而设施费用、土地费是固定的，人工费则是根据业务量的大小确定的。以上费用必须综合考虑，进行成本分析。

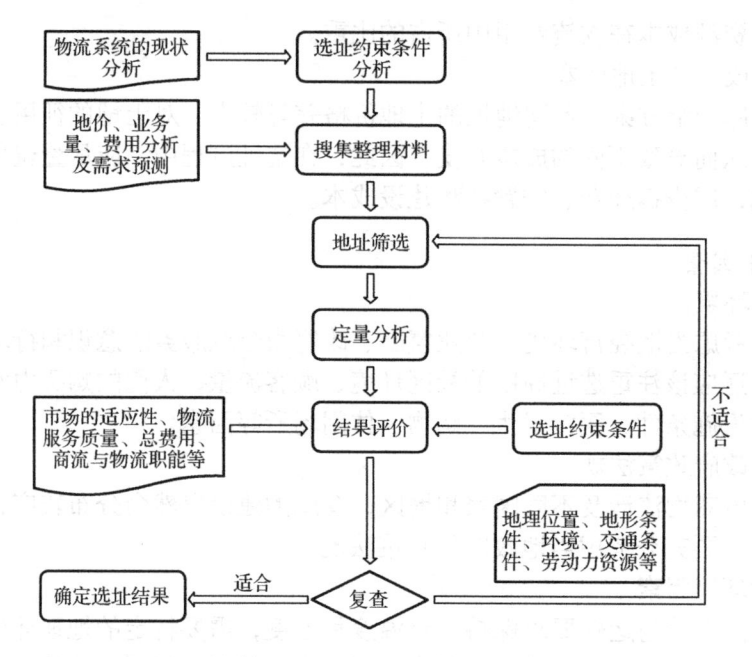

图 3-1　一般情况下的跨境电商仓库选址流程图

（3）约束条件分析。

约束条件主要包括地理位置是否合适，是否靠近铁路货运站、港口、公路主干道；道路是否通畅；是否符合城市或地区的规划；是否符合政府的产业布局，有没有法律制度约束；地价情况如何等。

2. 筛选及评价阶段

分析活动结束后，得出综合报告，根据分析结果在本地区内初选几个仓库地址，然后在初选的几个地址中进行评价，确定一个可行的地址，最后编写选址报告，报送主管领导审核评价。评价方法有以下几种。

（1）量本利分析法。

任何选址方案都有一定的固定成本和变动成本，不同的选址方案的成本和收入都会随仓库储量变化而变化。利用量本利分析法，可采用作图或计算比较数值进行分析。计算比较数值时要求计算各方案的盈亏平衡点的储量及各方案总成本相等时的储量。在同一储量上选择利润最大的方案。

（2）加权评分法。

对影响选址的因素进行评分时，需把每一地址各因素的得分按权重累计，比较各地址的累计得分来判断各地址的优劣。步骤是：确定有关因素→确定每一因素得分的权重→为每一因素确定统一的数值范围→确定每一地址各因素的得分→累计各地点每一因素得分与权重相乘的和，得到各地点的总评分→选择总评分值最大的方案。

（3）重心法。

重心法是一种选择重心位置，从而使成本降低的方法。它把成本看成运输距离和运输数量的线性函数。此种方法利用地图确定各点的位置，并使用坐标系重叠在地图上确定各点的位置。坐标设定后，再计算出重心。

审查通过后,确定选址结果。

3.2.2 跨境电商仓库布局规划

仓库布局是指在一定区域或库区内,对仓库的数量、规模、地理位置和仓库设施、道路等各要素进行科学规划和总体设计。对于跨境电商平台及其卖家而言,仓库是其商品在整个物流环节中滞留的主要空间,是仓库员工及管理者的活动区域和工作场所,通过对跨境电商仓库内有限空间的合理规划,不仅能够增加仓库的存储容量,还能改善工作人员的作业环境,同时也有利于提高仓储管理工作的水平,保证无论是在销售平缓期还是在高峰期,跨境电商商品的仓储作业都能够协调、高效地进行。

3.2.2.1 仓库系统的平面规划

1. 仓库区域的划分

跨境电商物流仓库的区域可以划分为仓储作业区、辅助生产区和行政生活区。除此之外,有些具有一定规模的物流企业的区域还可能包括铁路专用线和库内道路。仓库平面布置是指对一个仓库的各个组成部分,如库房、货、货场、辅助建筑物、铁路专用线、库内道路、附属固定设备等,在规定的标准范围内进行合理安排。现代仓库为适应商品快速周转的需要,在总体布置时注意适当增大仓储作业区中收发货作业区面积和检验区面积。

在跨境电商仓库的区域构成中,主要介绍的是仓储作业区的规划。仓库内部一般划分为几个工作区域:入库区(入库月台、入库暂存区、入库办公室)、货架区、拣货备货区(拆零区、流通加工区、分货区、备货区等)、出库区(出库暂存、出库月台、出库办公室)及返品处理区等如图 3-2 所示。

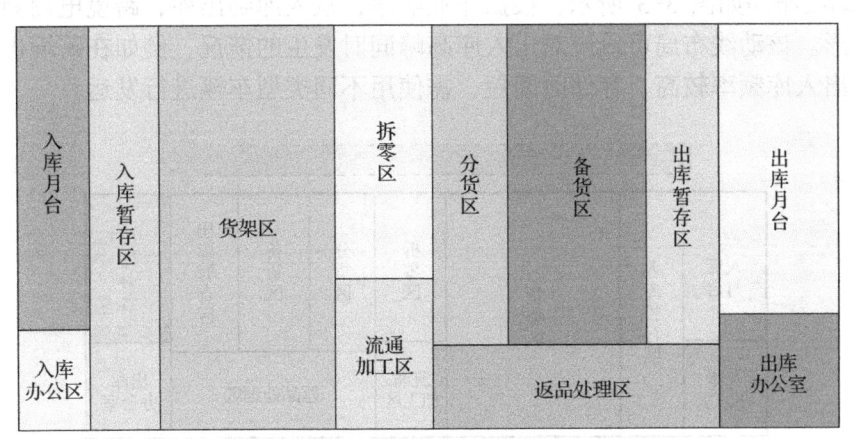

图 3-2 跨境电商仓储区域布局示意图

(1)仓储作业区。

仓储作业区是仓库的主体部分,是跨境电商商品储运活动的场所,除图 3-2 中包含的跨境电商仓储区域外,还包括铁路专用线、道路、装卸台区域等。

其中,跨境电商仓储区域是储存保管、收发整理商品的场所,是仓储作业区的主体区域。该区域主要由保管区和非保管区两大部分组成。保管区主要是用于储存商品的，非保管区主要包括各种装卸设备通道、待检区、出入库作业区、拣货备货区等。跨境电商仓库已由传统的储存型仓库转变为以出入库作业为主的流通型仓库，其各组成部分的构成比例通常为：合格品货架区面积占 40%～50%，通道占 8%～12%，出入库作业区占 20%～30%，拣货备货区占 10%～15%，待处理区和不合格品隔离区等暂存区占 5%～10%。

（2）辅助生产区。

辅助生产区是为跨境电商商品储运保管工作服务的辅助车间或服务站，包括设备维修车间、车库、工具设备库、油库、变电室等。需要注意，易燃易爆等特殊物品设置应远离维修车间、流通加工、食堂、宿舍等易出现明火的场所，周围需配备相应的消防设施。

（3）行政生活区。

行政生活区是跨境电商仓库行政管理机构和生活区域。为便于跨境业务的接洽和管理，行政管理机构一般设在仓库的主要出入口，大型配送中心因为要有进货、退货、出货的单据处理，所以通常设在进货和出货作业区中间，以减少驾驶员的行走距离。此外，跨境电商仓库的消防水道，应以环行系统布置于仓库全部区域，在消防系统管道上须装有室内外消火栓。

2. 仓库动线规划布置

布置仓储的功能区域时，需要分析各区域业务流程的相关程度，根据关联度高低确定各个功能区的位置，从而形成合理的平面布局。在配送型仓库平面布置中，动线规划是至关重要的，动线决定了卸货的验收区、储存保管区、配货出库区等各个区域的设置和安排。常见的动线布局有以下几种。

（1）I 形动线布局。

I 形动线布局如图 3-3 所示，根据作业顺序，从入库到出库，跨境电商商品流动的路线为 I 形。该动线布局可以应对出入库高峰同时发生的情况，例如在跨境电商平台大促期间，出入库频率较高、存储时间短，需使用不同类型车辆进行发运。

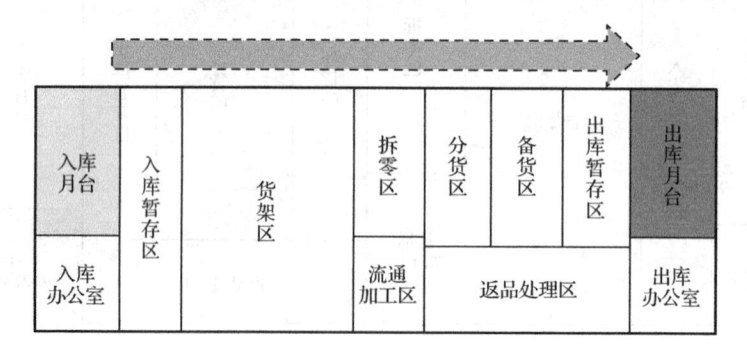

图 3-3 I 形动线布局

（2）S 形动线布局。

S 形动线布局如图 3-4 所示，需要经过多步骤处理的货品一般采取此种动线。S 形动线布局可以满足多种流通加工等处理工序的需要，且能在宽度不足的仓库中作业，同时，也可与 I 形动线结合在一起使用。

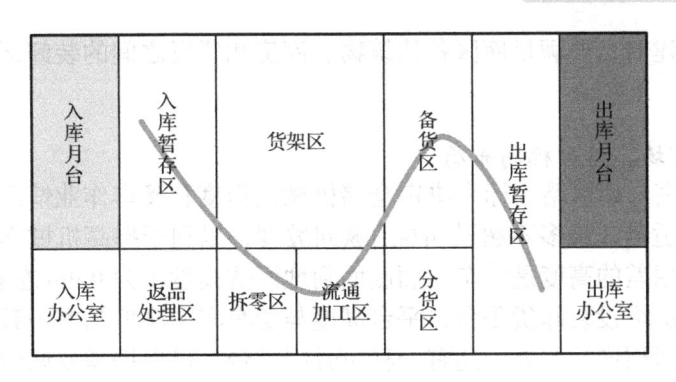

图 3-4　S 形动线布局

（3）L 形动线布局。

L 形动线布局如图 3-5 所示，需要处理快速货物的仓库通常采用 L 形动线，可使货物出入仓库的途径缩至最短。其特点是可以应对出入库高峰同时发生的情况；适合越库作业的进行；可同时处理"快流"及"慢流"的货物。

图 3-5　L 形动线布局

（4）U 形动线布局。

U 形动线布局如图 3-6 所示，在仓库的一侧有相邻的两个出库和入库月台。特点是码头资源运用最佳；适合越库作业的进行；可使用同一通道供车辆出入；易于控制和安全防范；可以在建筑物三个方向进行空间扩张。

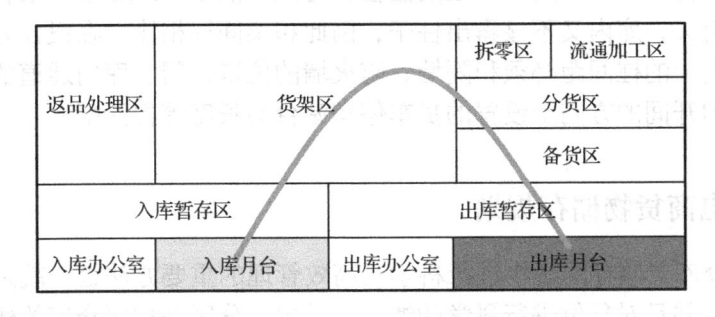

图 3-6　U 形动线布局

3.2.2.2　仓库系统的立体规划

跨境电商仓库的立体规划是指跨境电商仓库在立体空间上的布置，即仓库建筑高度的规划。仓库基建时,要满足库区各建筑物、库房和货场之间的装卸运输要求,以提高运作效率。

1. 库房、货场、站台标高布局

库房地坪标高与库区路面标高决定仓储机械化程度和叉车作业情况。库房地坪与路面之间的高差要适当,最多不超过 4%的纵向坡度,以利于提高机械作业的效率。许多仓库地坪与路面相差的高度是货车车厢底面到地面的高度(为 0.9m 左右),这样便于装卸货物。也有库房增设装卸货平台,平台高度与货车车厢高度基本一致,通过一个斜坡把平台与库房地面相连。此外,还有一种可升降站台,可根据需要调节高度,使站台与货车车厢高度一致。

2. 多层仓库平面布局原则

多层仓库平面布局除必须符合单层仓库布局原则要求外,还必须满足下列要求:①多层仓库最大占地面积、防火隔间面积、层数,根据储存物品类别和建筑耐火等级遵照现行建筑设计防火规范来确定。②一座多层库房占地面积小于 $300m^2$ 时,可设一个疏散楼梯;面积小于 $100m^2$ 的防火隔间,可设置一个门。③多层仓库建筑高度超过 24m 时,应按高层库房处理。④多层仓库存放物品时应遵守"上轻下重、周转快的物品分布在低层"的原则。

3. 地面承载力要求

地面承载力必须根据承载货物的种类或堆码高度具体来研究确定。通常,一般平房普通仓库 $1m^2$ 的地面承载力为 2.5~3t,其次是 3~3.5t,多层仓库层数加高后,地面承受负荷能力减少,1 层是 2.5~3t,2 层是 2~2.5t,3 层是 2~2.5t,4 层是 1.5~2t,5 层是 1~1.5t 甚至更小。地面承载力是由保管货物的质量、所使用的装卸机械的总质量、楼板骨架的跨度等因素所决定的。流通仓库的地面还必须要保证重型叉车作业的承载。

4. 立柱间隔要求

库房内的立柱是出入库作业的障碍,会导致效率低下,因而立柱应尽可能少。但当平房仓库梁的长度超过 25m 时,建立无柱仓库会有困难,则可设中间的梁间柱,使仓库成为有柱结构。但是,在开间方向上的壁柱,可以每隔 5~10m 设一根,由于这个距离仅和门的宽度有关,库内又不显露出柱子,因此和梁间柱相比,在设柱方面比较简单。但是在开间方向上的柱间距必须和隔墙、防火墙的位置,门、库内通道的位置,天花板的宽度或是库内开间的方向上设置的货车停车站台的长度等相匹配。

3.2.3 跨境电商货物储存规划

跨境电商仓库对储存的货物进行科学且高效管理的重要方法之一就是对库区进行分区、分类保管,并且对货位进行科学的编号。其中,分区是按照仓库的建筑、设备条件等因素,将库房划分为若干保管区域,以满足跨境电商货物的存储需要;分类则是根据商品的自然属性与销售特点,将其划分为若干大类,方便仓库人员分类集中保管。

3.2.3.1 跨境电商仓库的分区分类

1. 跨境电商仓库分区分类的原则

跨境电商仓库货物的分区分类储存依据"四一致"原则（见表3-3），把仓库划分为若干保管区域，把储存货物划分为若干类别，以便统一规划储存和保管。

表 3-3 跨境电商仓库分区分类原则

分区分类原则	具 体 要 求
货物的自然属性、性能应一致	在分区分类的仓储管理中，货物的自然属性和性能应该保持一致，性质互有影响或抵触的货物不能存放在一起
货物的养护措施应一致	在仓储管理中，考虑到不同类货物所要求的温度、湿度、光照度等养护条件不同，应该将货物分区分类存放，将保管要求条件相同的货物存放在一起
货物的作业手段应一致	在货物仓储的分区分类过程中，同一分区的货物在作业手段上需要保持一致，作业手段不同的货物不能存放在一起
货物的消防方法应一致	在货物仓储的分区分类过程中，需要考虑到存储货物消防方法的差异，注意消防灭火方法不同的货物不能存放在一起

2. 跨境电商仓库分区分类的方法

可采用下列四种方法进行分区分类。

（1）按货物种类和性质分区分类。

这是当前跨境电商仓库较多采用的一种方法。它是按商品的自然属性，把怕热、怕冷、怕潮、怕干、怕光、怕风等的货物分别归类，集中存放。例如分为干货区、冷藏区等。

（2）按不同货主分区分类。

这通常是综合性跨境电商仓库采用的方法。当仓库为几个订单量较多的货主服务时，为便于与货主工作的衔接，防止不同货主的货物混淆，便于货物存取，往往采用这种方式。在具体存放时，还应按货物种类和性能划分为若干货区，以保证货物储存安全。例如配货区里可按快递货主分为顺丰货区、圆通货区等。

（3）按货物危险性质分区分类。

这种方法主要适用于化学品、危险品的存放。储存时可根据货品易燃、易爆、有毒等性质的不同以及不同的灭火方法来分区分类。以这种方法存放时应注意不同性质的危险品之间相互引发危险的可能。

（4）按仓储作业特点分区分类。

对出入库频繁、笨重的货物，要安排在靠近库门处，不宜放在库房深处；易碎货物应避免与笨重货物存放在一起，以免在搬运时影响易碎货物的安全。

3.2.3.2 跨境电商仓库货架的布置

为了提高跨境电商仓库的运作效率，要根据所存储商品的特点，为其确定具体的位置。安排货物储存位置的方法可以概括为垂直式布局和倾斜式布局。

1. 垂直式布局

垂直式布局是指货垛或货架的排列与仓库的侧墙互相垂直或平行的布局。

（1）横列式布局。

横列式布局是指货垛或者货架的长度方向与仓库长度方向的侧墙互相垂直（见图3-7）。这种布局的优点是主通道长且宽，副通道短，整齐美观，便于物品的存取与查点，如果用于库房布局，还有利于通风和采光。其缺点是通道占用面积较多，仓库的面积利用率较低。

图 3-7 横列式布局示意图

（2）纵列式布局。

纵列式布局是指货垛或者货架的长度方向与仓库长度方向的侧墙平行（见图3-8）。这种布局的优点是可以根据跨境电商商品在库时间的不同和进出频率安排货位：在库时间短、进出频繁的商品放置在主通道两侧；在库时间长、进出不频繁的商品放置在仓库两侧。

（3）纵横交错式布局。

纵横交错式布局是指在同一保管场所内，将横列式布局和纵列式布局结合运用，综合两种布局的优点，是较为折中的布局方式（见图3-9）。

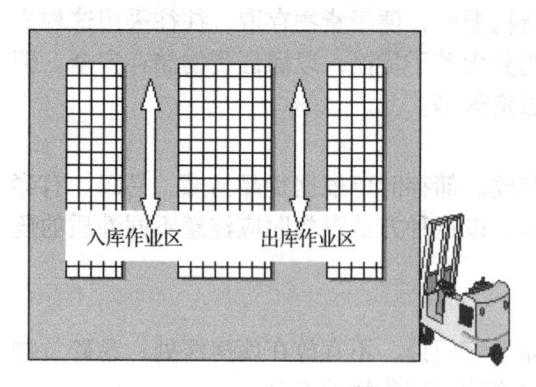

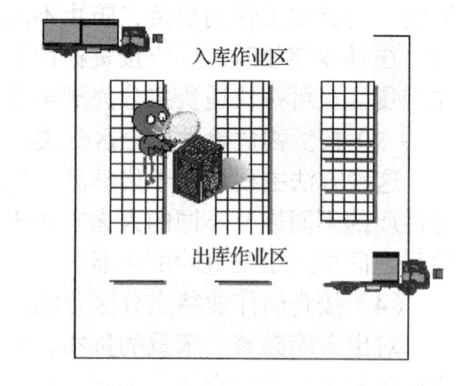

图 3-8 纵列式布局示意图　　　　图 3-9 纵横交错式布局示意图

2. 倾斜式布局

倾斜式布局是指货垛或货架与仓库侧墙或主通道成一定夹角。具体包括货垛倾斜式布局和通道倾斜式布局。

（1）货垛倾斜式布局。

货垛倾斜式布局是横列式布局的变形，它是为了便于叉车作业，缩小叉车的回转角度，提高作业效率而采用的布局形式（见图3-10）。

（2）通道倾斜式布局。

通道倾斜式布局是指针对仓库的通道斜穿保管区，把仓库划分为具有不同作业特点（如大量储存和少量储存）的保管区，进行综合利用。在这种布局形式下，仓库内形式复杂，货位和进出库路径较多（见图3-11）。

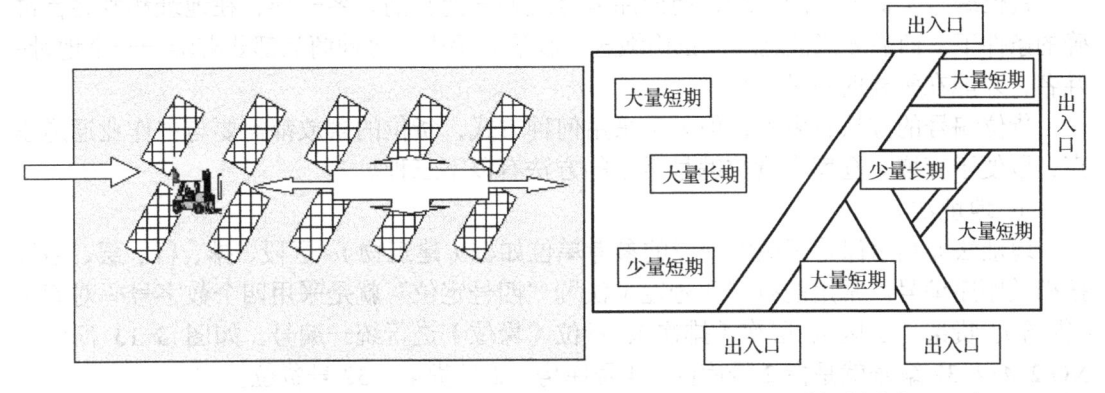

图3-10 货垛倾斜式布局示意图　　图3-11 通道倾斜式布局示意图

3.2.3.3 跨境电商仓库货位管理

货位管理为仓管人员提供了便捷的管理方式，从而能够加强跨境电商货物在仓库的具体位置的管理。货位单据分为出库货位分配单、入库货位分配单、货位调拨单、货位分布表。通过货位单据，可统计物流单据的货品的货位分布情况，查询关联的物流单据。同时，也可以通过所有物流单据查询货位单据，并且支持一个仓库中货位之间的调拨，统计货品在仓库中的具体位置。

1. 货位管理的步骤

进行货位管理的前提是：首先，仓库的操作系统要支持货位的管理；其次，要对仓库进行二维或者三维的重新规划，科学规划每个区域各个品类的存放位置，存放的品类数、单品数并合理制定库存；最后，做到品类管理，商品在不断引进的同时，应及时淘汰更新。货位管理可以根据ABC管理法进行分类，主力货品进行单品库位管理，非主力货品进行品类库位设定，依具体情况而定，详细步骤如图3-12所示。

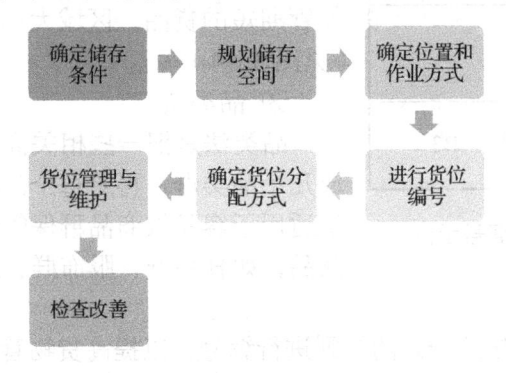

图3-12 货位管理的步骤

2. 货位编号与货物编号

（1）货位编号。

货位编号就是在分区分类的基础上，将仓库的库房、货场、货棚及货架等存放货物的场所，划分为若干货位，然后按照储存地点和位置的排列，采用统一标记编上顺序号码，并做出明显标志，以方便仓库作业的管理方法。

货位编号类似商品的住址，而商品编号就如同商品的姓名一样，在地址和姓名都准确的条件下，商品才能被迅速、正确地送到收信人手中。每种商品都要有唯一一个地址+姓名，才能在需要时被马上找到。

货位编号的方法有多种，但无论采用何种方式，货位的摆放都需要与主作业通道垂直，以便于存取。仓库中货位编号常用的方法有以下三种。

① 地址法。

地址法即利用保管区域中现成的参考单位如栋（建筑物）、区段、排、行、层、格等按相关顺序编号。常用的有"四号定位法"。"四号定位"就是采用四个数字号码对库房（货场）、货架（货区）、层次（排次）、货位（垛位）进行统一编号。如图 3-13 所示，NO.2-4-2-32 编号就是指 2 号库区、4 号库房、2 号货架、32 号货位。

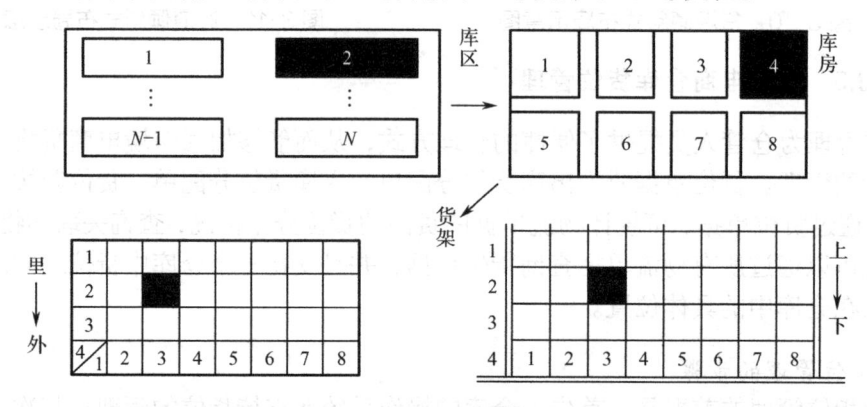

图 3-13 地址法货位编号示例

② 区段法。

区段法是把保管区分成几个区段，再对每个区段进行编码。这种方法适用于单位化货品和量大而保管期短的货品，区域大小根据物流量的大小而定（见图 3-14）。

③ 品类法。

品类法是把一些相关商品进行集合以后，区分成几个品类群，再对每个品类群进行编码。这种方法适用于容易按商品群保管的场所和品牌差距大的商品，如食品群、服饰群、五金群。

图 3-14 区段法货位编号示例

（2）货物编号。

进入仓库的货物要按照一定的规则进行编号，以提高货物管理的效率，增加货物管理的准确性。

数字法是指以阿拉伯数字为编号工具，按照商品的特点、流水方式等进行编号的一种方法。这种方法须有编号索引，否则将无法直接了解编号意义。例如，203-00023，表示罗技牌鼠标 23 个，前段代表货物名称（也可以反映出货物类别），后段代表货物数量。

字母法是指以英文字母为编号工具，按照各种方式进行编号的一种方法。例如，A 代表饮品；B 代表服装；C 代表日化等。

实际意义法即按照货物的名称、质量、尺寸、分区、储位、保存区等实际情况来编号的方法。例如，FO 24 20 15A5-20，其中 FO 表示食物，即食品类，24 20 15 表示包装尺寸是 24cm×20cm×15cm，A5 表示 A 区的第 5 排货架，20 表示有效期是 20 天。

3. 货位分配

（1）货位分配原则。

跨境电商仓库进行货位分配时，需要参照以下原则进行货位规划（见表 3-4）。

表 3-4　跨境电商仓库货位分配原则

原则	具体内容
以周转率为基础原则	按照跨境电商商品在仓库的周转率（或进出频率）来安排储位。跨境电商平台货物的销量越高、周转率越高、体积或质量越大，则应离库房出入口越近
产品相关性原则	跨境电商卖家的产品相关性越大，被同时订购的概率就越大，应尽可能放在相邻的位置，以缩短提取路程，减少拣货人员劳动量，同时也能简化清点的工作流程。商品相关性的大小可利用历史订单数据进行分析
商品同一性原则	该原则是指把同一商品尽量存放于同一保管位置。若同一商品储放于多个位置，会造成商品存取不便，对商品库存状态的掌握和盘点都比较困难
产品相容性原则	在众多的跨境电商产品中，相容性低的产品不可放置在一起，以免损害货物品质。例如，烟、香皂、茶不可放在一起
先进先出原则	为了确保跨境电商卖家的货物质量，避免货物存储时间超过保质期，应采取"先进先出"原则，这对于生命周期短的货物尤为重要

（2）货位分配策略。

针对跨境电商仓储环节的特点，货位分配策略包括定位存储、分类存储、随机存储、分类随机存储以及共享存储等。每一种分配策略并没有绝对的优势或劣势，应依据不同情况进行决策，适用范围也有所不同（见表 3-5）。

表 3-5　跨境电商仓库货位分配策略

货位分配策略		定义、优缺点及适用范围
定位存储策略	定义	每一储存货物都有固定储位，各种货物不能互用储位
	优点	①每种货物都有固定的储放位置，拣货人员容易熟悉各种货物的储位；②货物的储位可按周转率大小或出货频率来安排，以缩短出入库搬运距离；③可针对各种货物的特性做储位的安排调整，将不同货物特性间的相互影响减至最小
	缺点	储位必须按各种货物之最大在库量设计，因此存储区空间日常的使用效率较低
	适用范围	仓库空间大；多种、少量商品的储放
分类存储策略	定义	所有的储存货物（货品）按照一定的特性加以分类，每一类货都有固定存放的位置，而同属一类的不同货物又按一定的法则来指派储位

续表

货位分配策略		定义、优缺点及适用范围
分类存储策略	优点	①便于畅销品的存取,具有定位存放的各项优点;②各分类的储存区域可根据货物特性再做设计,有助于货物的储存管理
	缺点	储位必须按各项货物最大在库量设计,因此存储区空间平均使用效率低
	适用范围	①产品相关性程度大、经常被同时订购者;②周转率差别大者;③产品尺寸相差大者
随机存储策略	定义	每一个货物(货品)被指派储存的位置都是经由随机的过程产生的,而且可经常改变。在实际执行中,储存人员往往按习惯来储放,且通常按货物(货品)入库的时间顺序储放于靠近出入口的储位
	优点	只需按所有库存货物最大在库量设计即可,存储区空间的使用效率较高
	缺点	①货物的出入库管理及盘点工作的难度较大;②周转率高的货物可能被储放在离出入口较远的位置,增加了出入库的搬运距离;③具有相互影响特性的货物若相邻储放,会造成对货物的损伤或易发生危险
	适用范围	仓库空间有限,需尽量利用储存空间;种类少或体积较大的货物
分类随机存储策略	定义	每一类货物有固定存放位置,但在各类的储区内,每个储位的指派是随机的
	优点	既可吸收分类储放的部分优点,又可节省储位数量,提高储区利用率
	缺点	货物出入库管理及盘点工作的难度较高
	适用范围	分类随机储放兼具分类储放及随机储放的特色,需要的储存空间介于两者之间
共享存储策略	定义	根据各货物的进出仓库时间,使不同的货物共享相同储位的方式
	优点	所需的储存空间及搬运符合经济性要求
	缺点	在管理上较复杂
	适用范围	仓库空间有限,且商品的出入库时间相差较大

3.3 跨境电商仓储作业管理

跨境电商仓储作业管理是仓储管理工作的一个组成部分,主要是针对仓储作业中的入库、在库和出库作业进行管理(见图3-15)。

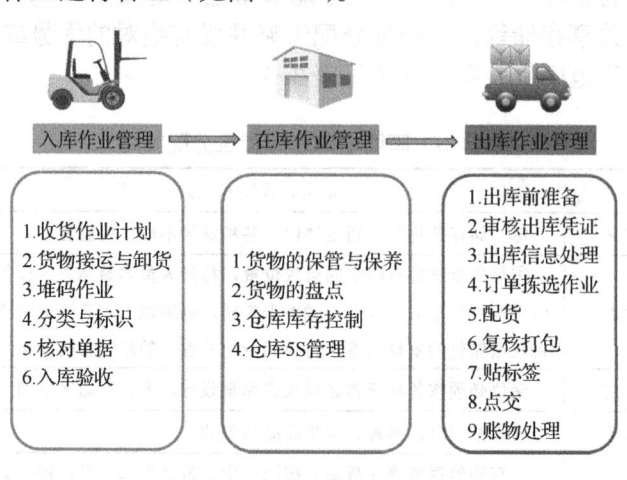

图 3-15 跨境电商仓储作业环节

3.3.1 跨境电商仓储入库作业管理

入库作业是仓储作业管理的组成部分之一，为了能够提高跨境电商仓库的运作效率并降低成本，企业需要对作业流程进行详细的分析，科学合理地计划、组织，以使跨境电商仓储系统达到整体最优。跨境电商仓储的入库作业流程大致相同，如图3-16所示。

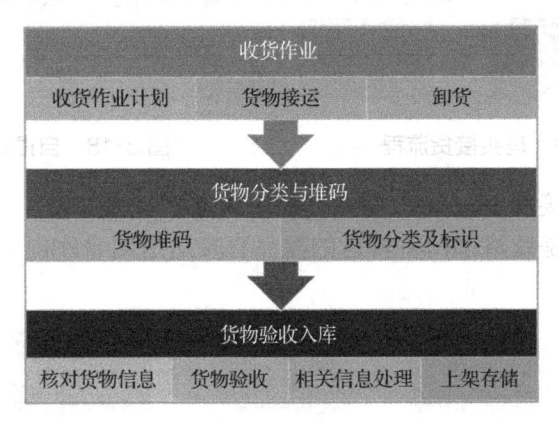

图 3-16　跨境电商仓储的入库作业流程

3.3.1.1 收货作业计划

制订跨境电商仓库收货作业计划时，其基础和依据是跨境电商平台的销售计划与实际的进货单据，以及供应商的送货规律、送货数量、送货方式，或仓库接货能力、运输能力及方式等。收货作业计划的制订必须依据订单所反映的信息，掌握货物到达的时间、品种、数量及到货方式，尽可能准确地预测出到货时间，以尽早做出卸货、储位、人力、物力等方面的计划和安排。收货作业计划的制订有利于保证整个入库流程的顺利进行，同时也有利于提高作业效率，降低作业成本。

3.3.1.2 货物接运与卸货

有些商品通过铁路、公路、水路等公共运输方式转运到达，需仓库从相应站港接运商品，对直接送达仓库的商品，必须及时组织卸货入库。

1. 货物接运

除少数货物由供应商直接送达仓库交货外，大部分货物需要经过铁路、公路、水路、航空等不同的运输方式转运。货物的接运方式主要有四种，包括铁路专用线接货、到车站及码头接货、自提货和送货上门。

（1）到车站、码头接货。

负责接货的仓库管理人员到车站、码头接货或提货，一般步骤如图3-17所示。

（2）自提货接货。

自提货是指负责接货的仓管人员到供货单位处提货、自行运回的接货方式，此时验货与提货是同时进行的。其步骤具体如图3-18所示。

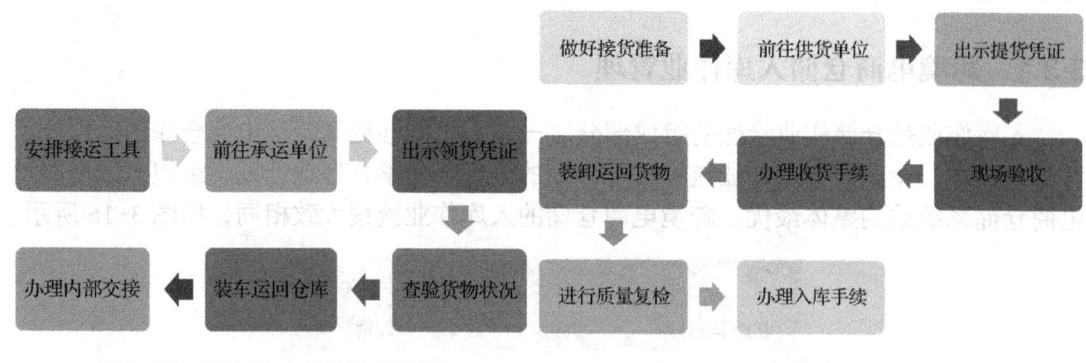

图 3-17　到车站、码头接货流程　　　　图 3-18　自提货接货作业流程

（3）铁路专用线接货。

铁路专用线接货是铁路部门将转运的物品直接运送到仓库内部专用线的一种接运方式（见图 3-19）。

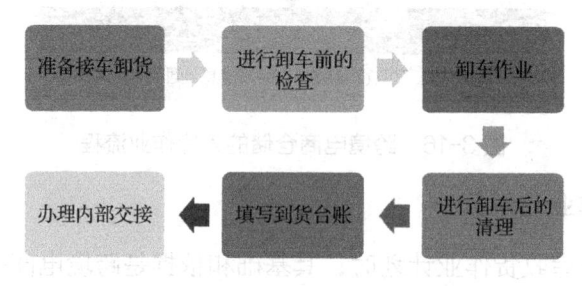

图 3-19　铁路专用线接货作业流程

（4）送货到库。

送货到库是指供货单位或其委托的承运单位将物品直接送达跨境电商仓库的一种供货方式。当货物到达后，接货人员及验收人员应直接与送货人员办理交接工作，当面验收并办理交接手续。若货物正常，接货人员应在送货回单上盖章表示货物收讫。如发现异常情况，需要与送货人员进行核实确认，并在送货单上详细注明并签章确认。

2. 卸货作业

办理完接运手续后，要进行卸货作业。卸货通常是指将货物由车辆搬至站台（或称平台、月台）的作业，是一项系统工程。影响卸货效率与质量的因素主要有装载方式、运输工具结构、装卸搬运工具、车辆与站台间的间隙、车厢底部与站台平台高度差等。

3.3.1.3　堆码作业

物品堆码是指根据商品的包装、外形、性质、特点、种类和数量，结合仓库储存条件、气候情况，以及储存时间的长短，将商品按一定的规律码成各种形状的货垛的作业。堆码的主要目的是便于对商品进行维护、查点等管理和提高仓库利用率。堆码直接影响商品保管的安全、清点数量的便利以及仓库容量的利用率。

（1）货垛"五距"要求。

货垛"五距"应符合安全规范要求。货垛的"五距"指的是垛距、墙距、柱距、顶距和灯距。货垛与货垛之间必要的距离被称为垛距，库房垛距一般为 0.3～0.5m。为了防止库房墙壁和货场围墙上的潮气对商品的影响，墙距一般不少于 0.5m。为了防止库房柱子的潮气影响货物，也为了保护仓库建筑物的安全，必须留有柱距。柱距一般为 0.1～0.3m。货垛堆放的最大高度与库房、货棚屋顶横梁间的距离被称为顶距，顶距能方便装卸搬运作业，能通风散热，有利于消防工作，有利于收发、查点。顶距一般为 0.5～0.9m，具体视情况而定。货垛与照明灯之间的必要距离被称为灯距，为了确保储存商品的安全，防止照明灯发出的热量引起附近商品燃烧而发生火灾，货垛必须留有足够的安全灯距。灯距按规定应有不少于 0.5m 的安全距离。

（2）堆码设计。

为了达到堆码的基本要求，必须根据保管场所的实际情况、物品本身的特点、装卸搬运条件和技术作业过程的要求，对物品堆垛进行总体设计。设计的内容包括货垛垛基、垛形参数、堆码方式以及货垛苫盖、货垛加固等。

3.3.1.4 分类与标识

在对商品进行初步清点的基础上，需按储放地点、货物标识进行分类并做出标记。分类是为了有条理地管理和存放货物，可按货物的特点，依据分类原则和方法（如货物的特性、形状等）对货物进行分类。

3.3.1.5 核对单据

入库商品通常应具备下列单据或相关信息：送货单，采购订单，采购进货通知，供应方开具的出仓单、发票、磅码单、发货明细表等；除此之外，有些商品还有随货同行的商品质量保证说明书、检疫合格证、装箱单等；对于由承运企业转运的货物，接运时还有运单，需审核运单，核对货物与单据的信息是否相符，以保证进库货物准确无误。

3.3.1.6 入库验收

入库验收是对即将入库的跨境电商商品按规定的程序和手续进行数量和质量的检验，这是保证库存质量第一个重要的工作环节。商品的检验方式有全检和抽检两种。全检主要针对重要的商品在批量到货或抽检发现问题时进行。对于大批量到货的商品、规格尺寸和包装整齐的商品，多采用抽检的方式进行检查。商品检验方式、抽检方案（如抽检样本大小、判断接受标准等）一般由供货方和接货方双方签订协议或在合同中明确规定。

商品验收是跨境电商仓储业务中的一个重要环节，包括数量验收、质量验收和包装验收三方面的内容，即验收复核货物数量是否与入库凭证相符、货物质量是否符合规定的要求、货物包装能否保证在储存和运输过程中货物的安全。

3.3.2 跨境电商仓储在库作业管理

在库作业管理是仓储与配送作业的核心环节，也是仓库货物能够快速进行出库作业的基础。货物在库养护是指仓库针对货物的特性，采取科学手段对货物进行保管，防止和延缓货物质量变化的行为。物流企业存储管理的主要任务就是能够针对不同货物的性质、状态，运用相应的养护方法，制定有针对性的养护措施，确保货物质量完好无损。

为了实现科学、高效且低成本的在库管理，跨境电商仓储在库作业管理主要包括：货物的保管与保养、货物的盘点、仓库库存控制、仓库 5S 管理等几个方面的内容。其中货物的盘点、库存控制两部分内容较多，在本书第 8 章中会详细介绍，本节只对货物的保管与保养和仓库 5S 管理的内容加以介绍。

3.3.2.1 跨境电商货物的保管与保养

1. 影响跨境电商库存商品存储质量的因素

影响库存商品存储质量的因素有温度、湿度、光照、大气、生物及微生物等。具体内容如表 3-6 所示。

表 3-6 影响跨境电商库存商品存储质量的因素

影响跨境电商库存商品存储质量的因素	具 体 内 容
温度	温度过高、过低或急剧变化，都会对某些商品产生不良影响，促使其产生各种变化。如易燃品、自燃品，温度过高容易引起燃烧；含有水分的物质，在低温下容易结冰失效；精密仪器仪表在温度急剧变化的情况下，其准确性会受到影响
湿度	大气湿度对库存商品的变化影响很大。大部分商品怕潮湿，但也有少部分商品怕过分潮湿或干燥，这会促使商品发生变化。如金属受潮后锈蚀，水泥受潮后结块硬化，木材、竹材及其制品在过于干燥的环境中，易开裂变形
光照	日光实际上是太阳辐射的电磁波，按其波长，可分为紫外线、可见光和红外线。紫外线能量最强，对商品的影响最大，如它可促使高分子材料老化、油脂酸败、着色物质褪色等。可见光与红外线能量较弱，它被物质吸收后变为热能，可加速商品发生物理和化学变化
大气	大气是由清洁空气、水汽、固体杂质等组成的。空气中的氧、二氧化碳、二氧化硫等，对商品都会产生不良影响，大气中的水汽会使湿度增大，大气中的固体杂质，特别是其中的烟尘对商品危害很大
生物及微生物	影响商品变化的生物，主要是指仓库害虫、白蚁、鸟类等，其中以虫蚀咬危害最大。微生物主要是霉菌、木腐菌、酵母菌、细菌等，如霉菌会使很多有机物质发霉，木霉菌会使木材、木制品腐朽

2. 跨境电商仓库温湿度的管理与控制

仓库外的自然气候经常变化，一天之中，凌晨时气温最低，到午后气温最高。一年之中较炎热的月份，内陆一般在 7 月，沿海出现在 8 月。最冷的月份，内陆一般在 1 月，沿海在 2 月。仓库内温、湿度变化规律和库外基本一致，但是，库外气温对库内的影响，存在一定的延迟，并且会有一定程度的减弱。因此，一般是库内温度变化落后于库外，夜间库内温度比库外高，白天库内温度比库外低。从气温变化的规律来分析，一般在夏季降低库房内温度的适宜时间是夜间 10 点以后至次日清晨 6 点。当然，降温时还要考虑商品特性、库房条件、气候等因素。

3.3.2.2 跨境电商仓库 5S 管理

5S 管理起源于日本，最早是在生产现场中对人员、机器、材料、方法等生产要素进行有效的管理，是日本企业独特的一种管理办法。5S 就是整理（Seiri）、整顿（Seiton）、清扫（Seiso）、清洁（Seiketsu）、素养（Shitsuke）五个项目，因日语的罗马拼音均以 "S" 开头，简称 "5S"。

对于跨境电商仓库来说，除以上的 5S 外，还有一个 "S" 也同样重要，就是安全（Safe）。安全仓储是一种物流企业的行为，是指在组织物流相关活动的过程中为避免发生人员伤害和财产损失，而采取相应的事故预防和控制措施。它能保证我们人身安全，保证生产经营活动得以顺利进行。因此，企业应该重视成员安全教育，每时每刻都有 "安全第一" 观念，所有的工作应建立在安全的前提下，防患于未然，其目的是建立起安全仓储的环境。

3.3.3 跨境电商仓储出库作业管理

3.3.3.1 跨境电商出库作业的含义

出库作业，也称发货作业，是仓库（或仓库）根据业务部门或存货单位开出的发货凭证（提货单、调拨单），按其所列货物名称、规格、型号、数量等项目，组织货物出库登账、配货、复核、包装、分发出库等一系列作业的总称。作为跨境电商仓储作业中的核心环节，须建立严格的商品出库和发运程序，严格遵循 "先进先出" 的原则尽量一次完成，防止出现差错。

3.3.3.2 跨境电商货物出库要求

一般货物出库要做到 "三不三核五检查"，跨境电商货物出库也不例外。"三不"，一是 "没接单据不翻账"，二是 "没经审单不备货"，三是 "没经复核不出库"；"三核"，即在发货时，一核凭证，二核账卡，三核实物；"五检查"，即对单据和实物要一查品名、二查规格、三查包装、四查件数、五查质量。

跨境电商仓储出货作业的管理要做到准确（出货的物品型号、数量、时间和客户要准确）、及时（实施准时制生产、按规定时间出货）、安全（确保出货作业及物品安全）、高效和低耗（追求出货作业效率高、成本低、服务质量好）。商品出库要求严格执行各项规章制度，提高服务质量，为用户创造便利条件，杜绝差错事故。

3.3.3.3 跨境电商出库作业流程

跨境电商货物出库作业的流程如图 3-20 所示。

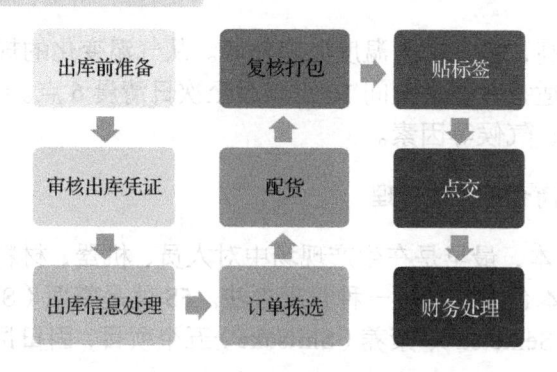

图 3-20　跨境电商货物出库作业流程

为保证出库工作顺利进行，防止出库工作出现失误、差错，在进行出库作业时必须严格履行规定的出库业务工作程序，使出库能够有序、高效进行。不同的企业针对不同的客户货物出库的程序略有不同，但区别不明显。

1. 出库前准备

一般情况下，跨境电商仓库调度人员在商品出库的前一天，接到送来的提货单后，应按去向、船名等分类整理，并复核提货单，及时正确地编制好有关班组的出库任务单，安排配车吨位、机械设备等，并分别送给机械班和保管员或收、发、理货员，以便做好出库准备工作。

2. 审核出库凭证

审核出库凭证的合法性、真实性，重点审核是否有财务专用章和负责人签章；手续是否齐全，内容是否完整；核对出库商品的品名、型号、规格、单价、数量；核对收货单位、到站、开户行和账号是否齐全和准确。

3. 出库信息处理

出库凭证经审核确实无误后，工作人员才可对出库凭证信息进行处理。

4. 订单拣选

订单拣选是依据跨境电商平台买家的订货要求或仓库的送货计划，根据仓库存储、拣货系统，运用人工、机械、半自动或全自动等方式进行订单的拣选。关于订单拣选方式及订单处理方式在第 8 章中会详细介绍。

5. 配货

对分拣出来的货物，根据用户或配送路线进行分类，集中放置在备货暂存区。为了作业方便，对零星货物进行配货，可使用大型容器收集或者堆装在托盘上，以免出货时遗漏。配货方式主要有人工和自动分拣机两种。

6. 复核打包

出货复核为了保证出库商品不出差错，在配好货后，企业相关人员应立即进行出货检查。将货品一个个点数并逐一核对出货单，进而查验出货物的数量、品质及状态情况。

打包出库商品包装主要分为个装、内装和外装三种类型。包装根据商品外形特点、质量和尺寸、摆放方式，选用适宜的包装材料，选用合适的外包装尺寸，兼顾物流尺寸模数，以便充分利用运输工具载重与体积方便装卸搬运。

7. 贴标签

贴标签也叫"刷唛头"，是指在货物的外包装上注明收货人和货物内容的信息标志。唛头能使发货人、承运人、监管人和收货人很快地辨明货物的归属、去向和包装内部货物的情况，避免混乱出错。把这些信息制作在外包装上的工作叫作刷唛。货物包装完后要刷唛，在货物外包装上写清收货单位、收货人、到站、本批货物的总包装件数、发货单位等。字迹要清晰，书写要准确。

8. 点交

点交是指逐项清点移交。所有的出库物品无论是单位自提要货，还是交付运输部门发送，发货人员必须向收货人或运输人员逐项清点移交，划清责任。

9. 账务处理

在点交后，跨境电商仓库的保管员应在出库单上填写实发数、发货日期等内容并签名。然后将出库单和有关证件及时交与货主，以便货主办理结算手续。保管员根据留存的一联出库凭证登记实物储存的细账，随发随记，日清月结，保证账面金额与实际库存和卡片相符。

复习思考题

一、单选题

1. 在跨境电商仓储规划中，对于短期中转存储的商品采用的分区分类方法是（　　）。
   A．按商品的种类和性质分类　　　　B．按不同卖家分区分类
   C．按货物流向分类　　　　　　　　D．按货物危险品性质分区分类
2. 跨境电商仓储在进行存储区规划时，以下哪种动线类型不能应对出入货高峰同时发生的情况？（　　）
   A．I形动线　　　B．S形动线　　　C．U形动线　　　D．L形动线
3. 跨境电商仓库货区布置中，通风和采光最好的布局是（　　）。
   A．横列式　　　　　　　　　　　　B．纵列式
   C．通道倾斜式　　　　　　　　　　D．货垛倾斜式
4. 下列对于跨境电商仓储货位及货位编码描述正确的是（　　）。
   A．所有货位必须有统一的空间大小　　B．货位的大小为一个托盘
   C．同一仓库内的货位编码可以共用　　D．货位与货位编码必须一一对应

二、简答题

1. 跨境电商仓库分区分类的方法有哪些？
2. 哪些因素会影响跨境电商的选址规划？
3. 跨境仓储的优化目标是什么？

三、论述题

请分析跨境电商仓储货位分配应该考虑哪些因素，具体包括哪些策略。

案例实训

某跨境电商仓库建筑面积为 10 000m²，地坪载荷为 2 000kg/m²，库房高 4m，现该库房收到入库通知单如表 3-7 所示。

表 3-7 入库通知单

入库时间：2019 年 2 月 3 日 13 时

入库编号	品名	包装规格（mm）	包装材料	单位毛重（kg）	包装标识限高（层）	入库总量（箱）
00110234	罐头	400×250×320	杨木	48	5	2 400

如果该批物品入库后就地码垛堆存，请计算出至少需要多大面积的储位？如果目标存储区域宽度限制为 5m，请计算计划堆成重叠堆码的平台货垛的长、宽、高各为多少？

第 4 章　跨境电商运输管理

本章重点

1. 理解跨境电商运输的概念及特征。
2. 熟悉跨境电商运输的方式。
3. 掌握口岸的定义与分类。
4. 掌握我国主要港口口岸及铁路公路口岸、空港口岸。

导入案例

华派国际物流公司提供某食品的跨境运输服务

深圳市华派国际货运代理有限公司是一家从事国外至香港、香港至大陆的国际货运代理公司。华派以国际快递、快件进口、香港进口、进口清关、国际空运、国际海运、一般贸易、进出口报关为主营服务，为客户提供门到门一条龙的国际货运、进出口清关服务。

1. 某食品公司香港进口代理公司流程

联系业务人员，双方洽谈，待某食品公司香港进口代理的价格等服务谈定（确认品名、货值、图片、尺寸、质量）；业务员接单，下单至操作部，根据客户需求准备安排国外取件，或客户送货到香港分公司，验收货物，理货并做报关单；交业务部审核，根据业务部反馈信息调整装车上货；货到深圳通知客户，可以提货或派送至指定地点；货到付款，可现金，可转账。

2. 某食品公司从国外空运给中国华派物流公司，由香港快件进口的优势

（1）手续简单：无须单证、批文，只需提供详细的货物资料。

（2）货物安全：正规快件报关进口，专车运输。

（3）速度快捷：当天收货，2～3天可到深圳（大货、集装箱均可以快速清关，价格优惠低廉）。

（4）通关简捷：公司报关人员有多年报关经验，熟知海关法律法规，有较好的海关关系，确保货物安全、顺利、快速通关。

（5）总成本低：包税包费，按公斤数或货值计价。每公斤的计价中，包括运费、税费及手续费等全部费用，货物的安全有保障，可协议按货值全保。

3. 某食品进口的具体操作流程

国外→香港→深圳→全国派送

（1）货物接收：香港接收国外快递货物，香港本地提货，包括香港机场/码头提货，私仓库提货。

（2）专车运输：提供香港至大陆进口报关/清关及运输服务，门到门包税进口运输服务。

（3）全国派送：全国各地货物派送物流服务。

华派国际物流公司还可代理红酒类进口报关、纺织品类进口报关、家电类进口报关、化妆品类进口报关、食品类进口报关、电子元件类进口报关、机器设备进口报关、机械配件进口报关、化工类进口报关等业务。

4.1 跨境电商运输概述

4.1.1 跨境电商运输的概念及特征

跨境电子商务的发展离不开跨境运输的作用，跨境电子商务的每笔交易都离不开运输这一环节，从某种程度上来说，跨境电子商务的发展促进了跨境运输的迅速发展，然而由于跨境电商运输自身的各种因素，导致其发展跟不上电子商务的步伐，因此，如何寻求一个比较完善的物流运输方式是当下跨境电商运输面临的问题。

4.1.1.1 跨境电商运输的概念

跨境电商运输，通俗地说就是使商品能够在不同的国家之间进行流通，达到把商品从一个国家运输到另一个国家的目的。

跨境电商的诞生，也引发了物流运输方式的变动。跨境电商不同于以往的国际贸易，它拥有自己很多得天独厚的优势，但也拥有明显的缺点。一是运输环节冗长；二是整个运输涉及的部门较多；三是与国外客户沟通比与国内客户要复杂得多。此时，跨境电商物流从之前的国内电商物流中剥离开来，成为独特的物流方式。各大跨境电商平台从抢卖家、争买家的阶段进入了提升跨境电商物流服务质量的阶段。

在跨境电商物流系统中，运输是最重要的一个环节，它将生产者、中间商、购买者紧密联结在一起，而运输环节也随着交寄主体的不同，以不间断的形式实现着物联网、资金网和信息网的运行，中间的所有运输环节都涉及物流决策，决策将导致整个贸易成功或是失败。这个决策不仅与物流商有关系，还受到了技术、经济、政府导向、消费者偏好等多方面的影响，是一个复杂系统。通过梳理跨境电商的模式，将运输环节放置于整个贸易流程中联结起来看，可以更好地理解决策者面临的背景、诉求，解析决策者依据运输活动建立起的各种关系，为持续优化系统打下坚实的基础。

4.1.1.2 跨境电商运输的特征

1. 中国邮政是主渠道运营商

由于万国邮联和中国政府的相关规定,加上邮政的普遍性服务的特点,在物流运输商中,目前,仅有中国邮政的邮件可以通达全球160多个国家和地区。

2. 环节要求多

较国内电商多出了海关过关、质量检疫等环节,而各个国家的物品进出口要求皆不同。

3. 运输方式严格

由于国内航空运输的特殊性,像3C类等电子产品只能寻找其他运输方式。

4. 附加服务需求大

由于运输全程的时间较长,因此运输过程中对电子信息、客户咨询查询等的附加服务需求较大。

4.1.2 跨境电商运输的作用

运输环节是跨境物流过程中最重要的部分,肩负所有货物及时、安全地被运送到海外目的国这一重要责任,其一级指标总结为运输可靠性、可追溯性、有效性三个方面。其中"运输可靠性"主要是指在承诺时间内将没有问题的货物送至无误的地点和正确的客户手中,主要可以从运输完成率、货物完好率两个二级指标进行衡量;"可追溯性"是指货物在运输过程中,能准确查询到货物的物流信息;"运输有效性"可以按情况划分,分为正常货物运输和意外货物运输。

在国际贸易中,进出口商品在空间的流通范围极广,没有运输,要进行国际间的商品交换是不可能的。商品成交以后,只有通过运输,按照约定的时间、地点和条件把商品交付给对方,贸易的全过程才算最后完成。相较于国内运输,国际运输涉及更多的环节,线长面广,需要承担更高的风险。国际物流的整个运输过程涉及的运输方式有海、陆、空、管道以及多式联运等,并且还要面对选择合适的运输路线和对运输活动进行合理、有效管理。变化多端的运输方式、多样的运输工具、各国之间的运输关系等,这些都暗含较多的可变因素,增加了运输的风险系数,会对国际物流的运输效率产生重要影响。跨境电商运输是物的国际间物理性运动,这种运动改变了物的空间状态,跨境电商运输承担了改变空间状态的主要任务。

4.2 跨境电商运输方式

4.2.1 国际公路运输

国际公路运输是主要使用汽车、也使用其他车辆(如畜力车)在公路上进行国际货物运输的一种方式。公路运输主要承担近距离、小批量的货运,水运、铁路运输难以到达地区的长途、大批量货运,以及铁路、水运优势难以发挥的短途运输。由于公路运输有很强的灵活性,近年来,在有铁路、水运的地区,较长距离的大批量运输也开始使用公路运输。公路运输的主要优点是灵活性强,公路建设期短,投资较低,易于因地制宜,对收到站的设施要求不高。它可以采取"门到门"的运输形式,即从发货者门口直到收货者门口,而不需转运或反复装卸搬运。公路运输也可作为其他运输方式的衔接手段。公路运输的经济半径,一般在200千米以内。

在跨境电商活动中,国际公路运输主要在陆路相接的国家之间使用。例如,已修建完成的中缅高速公路成为中缅两国之间的跨境电商物流运输的主要通道。

4.2.2 国际铁路运输

国际铁路运输是使用国际铁路运输专列运送国际货物的一种运输方式。铁路运输主要承担长距离、大批量的货运。在没有水运条件的地区,大批量货物的运输主要依靠铁路运输,它是在干线运输中起主力运输作用的运输方式。

在国际货物运输中,铁路运输是仅次于海洋运输的主要运输方式。海洋运输的进出口货物,也大多是靠铁路运输进行货物的集中和分散的。铁路运输具备多种优势,一般不受气候条件的影响,可保障全年的正常运输,而且运量较大,速度较快,有高度的连续性,运转过程中发生风险的可能性也较小。它的主要缺点是灵活性差,只能在固定线路上实现运输,需要其他运输手段的配合和衔接。另外,铁路运输的经济里程一般在200千米以上。

4.2.3 国际海运

国际海运属于水路运输的一种,是使用船舶运送货物的一种运输方式,是在国际货物运输中运用最广泛的运输方式。目前,海运量在国际货物运输总量中占80%以上。海洋运输之所以被广泛采用,是因为它与其他国际货物运输方式相比,主要有下列明显的优点。

第一,运输量大。国际货物运输是在全世界范围内进行的商品交换,地理位置和地理条件决定了海上货物运输是国际货物运输的主要手段。随着船舶向大型化发展,国际海运的载运能力远远大于火车、汽车和飞机,成为运输能力最大的运输工具。

第二,通过能力大。海上运输利用天然航道四通八达的优势,打破火车、汽车受轨道和道路的限制,因而其通过能力要优于其他各种运输方式。如果因政治、经济、军事等条件的变化,还可随时改变航线驶往有利于装卸的目的港。

第三,运费低。船舶的航道多为天然构成,加上船舶运量大、港口设备一般均为政府修建、船舶经久耐用且节省燃料等特点,使得货物的单位运输成本相对低廉。

第四,对货物的适应性强。海上货物运输基本上适应绝大多数货物的运输,如石油井台、火车、机车车辆等超重大货物,其他运输方式无法装运的,船舶一般都可以装运。

但是,在跨境电商物流运输中,海上运输也有其劣势。第一,运输的速度较慢。由于商船的体积大、水流的阻力大,加之装卸时间长等各种因素的影响,其货物的运输速度比其他运输方式慢,例如,大型的集装箱船的速度在36~52km/h。第二,风险较大。

船舶在海上航行时受自然气候和季节的影响较大，海洋环境复杂，气象多变，遇险的可能性比公路及铁路运输要大。同时，国际海运还存在着社会风险，如战争、罢工、贸易禁运等。为减少损失，企业应为海上运输的货物、船舶购买保险。

4.2.4 国际航空运输

国际航空运输是使用飞机或其他航空器进行国际货物运输的一种方式。航空运输的单位成本很高，因此，主要适合运载的货物有两类：一类是价值高、运费承担能力较强的货物，如贵重设备的零部件、高档商品等；另一类是紧急需要的物资，如救灾抢险物资、易贬值或时效性要求较高的物资，如商业文件、手机、计算机以及疫苗等。

航空运输的主要优点是速度快，不受地形的限制。在火车、汽车都达不到的国家和地区也可依靠航空运输，因而有其重要意义。在 B2C 跨境电商物流运输中，航空运输是非常重要且普遍的一种运输方式。

4.3 我国跨境电商物流运输口岸

4.3.1 口岸的定义与分类

与国家边界、边境关系密切的口岸，是近年来学界关注的研究区域和对象，但关于口岸的起源、定义、分类和功能仍有歧义。口岸的定义有多种，如有人认为口岸，即一国供人员、货物和交通工具出入国境的港口、机场、车站、通道等，也有人认为"口岸是指经国家批准，供中外籍人员、货物、交通工具和国际包裹邮件出入国（关）境的港口、机场、边境铁（公）路车站、通道等"。对于口岸的分类，则五花八门，不能统一，如边境口岸、沿海口岸、特区口岸、通商口岸；对于口岸的功能，则多以贸易、商业论之。因此有必要对口岸的起源、定义、分类和功能进行深入研究，以便为口岸通关功能的发挥提供准确的理论依据。

4.3.1.1 口岸的定义

关于口岸的定义，尽管众说纷纭，但我们仍然能够从目前海陆口岸的特点中总结口岸的不同之处，然后再定义。

口岸是双方或多方国家在边境或内部交通便利之处设立的供民众、货物通行的官方通道，它由边界、界碑、国门、海关等象征国家主权的建筑和边检机构、边检通道、边防哨所、边贸市场等组成。

4.3.1.2 口岸的分类

口岸分类的标准不同，因此按不同标准的口岸分类如下。

第一种分类：按批准开放的权限可划分为一类口岸和二类口岸。

一类口岸是指国务院批准开放的口岸。比如新疆维吾尔自治区在 2017 年以前有 18 个口岸，均为一类口岸，有些是国务院批准开放的，有些则是新疆维吾尔自治区批准开放的。现在随着阿克苏、和田、伊犁、塔城机场的投入使用，更多的航空口岸得以开放，口岸的数量不断上升。

二类口岸是指由省级人民政府批准开放并管理的口岸。由于由省或自治区一级批准开放的口岸也必须上报国务院批准，因此现在许多二类口岸也上升为一类口岸。比如中蒙乌力吉口岸，以前是由内蒙古自治区批准开放的口岸，现在则已经上升成为一类口岸；广西的里火口岸也是由广西壮族自治区批准开放的二类口岸，2017年6月，国务院正式批复峒中口岸（含里火通道）升格为国家一类口岸。随着二类口岸上升为一类口岸的数量增多，这种分类也逐渐淡出。

第二种分类：按出入口岸的交通运输方式可划分为水运口岸、铁路口岸、公路口岸和航空口岸。

水运口岸是国家在江河湖海沿岸开设的供货物和人员进出国境及船舶往来挂靠的通道。比如黑龙江省共有经国家批准的一类口岸25个，其中水运口岸15个，它们分别是同江、抚远、饶河、萝北、嘉荫、逊克、孙吴、黑河、呼玛和漠河等。

铁路口岸、公路口岸是国家在陆地上开设的供货物和人员进出口岸及陆上交通工具停站的通道。例如，甘肃和新疆维吾尔自治区的所有铁路公路口岸因深居内陆都是铁路和公路口岸。

航空口岸是国家在开辟有国际航线的机场上开设的供货物和人员进出口岸及航空器起降的通道。现在中国多数省会城市都是航空口岸所在地，边疆省区的航空口岸也一般设在地区级城市，如西藏的日喀则、新疆的喀什和塔城。

以上分类在现实中均有使用，但从口岸进出口方便角度来说，按进出国家依靠的交通工具将口岸分为航空、水运、铁路和公路口岸更实用。

4.3.2 我国的主要港口口岸

4.3.2.1 上海港

上海港是中国上海市的港口，位于中国大陆海岸线中部、长江入海口处，前通中国南北沿海和世界大洋，后贯长江流域和江浙皖内河、太湖流域，依江临海，以上海市为依托、长江流域为后盾，经济腹地广阔，全国有31个省/自治区/直辖市有货物经过上海港装卸或换装转口。港口经营业务主要包括装卸、仓储、物流、船舶拖带、引航、外轮代理、外轮理货、海铁联运、中转服务以及水路客运服务等。2021年，上海港货物吞吐量达53 920.8吨，集装箱吞吐量突破4 700万标准箱，同比增长8%，已连续12年位居全球第一。上海港集装箱吞吐量的增长，与跨境贸易营商环境的不断优化息息相关。

4.3.2.2 宁波港

宁波港由北仑港区、镇海港区、宁波港区、大榭港区、穿山港区组成，是一个集内河港、河口港和海港于一体的多功能、综合性的现代化深水大港。现有生产性泊位191个，其中万吨级以上深水泊位39个，最大的有25万吨级原油码头，20万吨级（可兼靠30万吨船）的卸矿码头，第六代国际集装箱专用泊位以及5万吨级液体化工专用泊位。已与世界上100多个国家和地区的600多个港口通航。宁波港主要经营进口铁矿砂、内外贸集装箱、原油成品油、液体化工产品、煤炭以及其他散杂货装卸、储存、中转业务。

4.3.2.3 天津港

天津港位于中国天津市滨海新区，地处渤海湾西端，背靠雄安新区，辐射东北、华北、西北等内陆腹地，连接东北亚与中西亚，是京津冀的海上门户，是中蒙俄经济走廊的东部起点、新亚欧大陆桥的重要节点、21世纪海上丝绸之路的战略支点。天津港由北疆港区、南疆港区、东疆港区、临港经济区南部区域、南港港区东部区域5个港区组成。2021年，天津港集装箱吞吐量突破1 000万标准箱，达1 002.8万标准箱，同比增长20%以上。天津港集装箱吞吐量创历史最高水平。

4.3.2.4 广州港

广州港地处我国外向型经济最活跃的珠江三角洲地区中心。港区分为虎门港区、新沙港区、黄埔港区和广州内港港区。广州港国际海运通达80多个国家和地区的300多个港口，并与国内100多个港口通航，是中国华南地区最大的对外贸易口岸，主要从事石油、煤炭、粮食、化肥、钢材、矿石、集装箱等货物装卸（包括码头、锚地过驳）仓储、货物保税业务以及国内外货物代理和船舶代理；代办中转、代理客运；国内外船舶进出港引航、水路货物和旅客运输、物流服务等。

4.3.2.5 青岛港

青岛港是国家特大型港口，由青岛老港区、黄岛油港区、前湾新港区三大港区组成。港口拥有码头15座，泊位73个，主要从事集装箱、煤炭、原油、铁矿、粮食等各类进出口货物的装卸服务和国际国内客运服务，与世界上130多个国家和地区的450多个港口有贸易往来，是太平洋西海岸重要的国际贸易口岸和海上运输枢纽。

4.3.2.6 秦皇岛港

位于渤海岸的秦皇岛港，是我国北方的一座天然良港。其主要营运货种有煤炭、石油、粮食、化肥、矿石等。秦皇岛港以能源输出闻名于世，主要把来自祖国内陆山西、陕西、内蒙古、宁夏、河北等地的煤炭输往华东、华南等地及美洲、欧洲、亚洲等国家和地区，年输出煤炭占全国煤炭输出总量的50%以上，是我国北煤南运的主要通道。全港目前拥有全国最大的自动化煤炭装卸码头和设备较为先进的原油、杂货与集装箱码头，共有泊位58个，其中生产性泊位37个。

4.3.2.7 大连港

大连港位居西北太平洋的中枢，是转运远东、南亚、北美、欧洲地区货物最便捷的港口。港口拥有集装箱、原油、成品油、粮食、煤炭、散矿、化工产品、客货滚装等80多个现代化专业泊位，海上运输已开辟到日本、东南亚、欧洲等国际集装箱航线共8条。

4.3.2.8 深圳港

深圳港位于广东省珠江三角洲南部，珠江入海口伶仃洋东岸，毗邻香港，是华南地区优良的天然港湾。深圳港口的直接腹地为深圳市、惠州市、东莞市和珠江三角洲的部分地区。货物以集装箱为主，兼营化肥、粮食、饲料、糖、钢材、水泥、木材、砂石、石油、煤炭、矿石等件杂货物的运输业务。

4.3.2.9 舟山港

舟山港位于浙江省舟山群岛舟山市，背靠经济发达的长江三角洲，是江浙和长江流域诸省的海上门户。港口具有丰富的深水岸线资源和优越的建港自然条件，全港有定海、沈家门、老塘山、高亭、衢山、泗礁、绿华山、洋山8个港区，共有生产性泊位352个，其中，万吨级以上11个。港口与日本、韩国、新加坡、马来西亚、美国、俄罗斯及中东地区均有贸易运输往来。舟山港是上海国际航运中心和上海-宁波-舟山组合港的主要组成部分，港口开发是舟山未来最具潜力和竞争力的产业。

4.3.2.10 营口港

营口港是全国重要的综合性主枢纽港，是中国东北地区最大的货物运输港，也是东北地区及内蒙古东部、辽东湾经济区的核心港口。营口港拥有包括集装箱、汽车、煤炭、粮食、矿石、钢材、大件设备、成品油及液体化工品、原油等9类货种专用码头，其中矿石码头、原油码头分别为30万吨级，集装箱码头可靠泊第五代集装箱船。其主要作业货种有铁矿石、钢材、煤炭、粮食、非矿、成品油及化工产品、化肥、原油、内贸商品汽车、集装箱等。2021年，营口港集装箱吞吐量为521万标准箱，全国排名第十位。

4.3.3 我国边境铁路及公路口岸

满洲里口岸是我国东北和内蒙古地区通往俄罗斯联邦和欧洲各国的重要交通枢纽，有铁路、公路与俄罗斯联邦赤塔洲后贝加尔斯克区相通。素有"亚欧大陆桥"上的口岸之称。此港口国际贸易、地方贸易、边境贸易、转口贸易的吞吐能力均居全国内陆口岸之首。

二连浩特公路、铁路口岸是中国与蒙古、独联体及东欧各国进行经济贸易的窗口，是一座新兴的内陆口岸。主要功能是国际铁路联运和口岸业务。因其铁路轨距不同，需要进行换装。

绥芬河铁路、公路口岸地处绥芬河市境内。绥芬河市东面与俄罗斯联邦波格拉尼奇内接壤，南、西、北三面与东宁市相连。绥芬河有一条铁路和三条公路与俄罗斯相连，铁路与俄方格罗迭科沃站相接，是黑龙江省最大的陆运口岸。

阿拉山口铁路陆运口岸是新疆维吾尔自治区四大重点建设口岸之一，位于博尔塔拉自治州博乐市的北部边境。阿拉山口口岸是在北疆铁路建成并在阿拉山口与哈萨克斯坦土西铁路支线接轨后新设立的铁路口岸。

以上四个国境站均担负着过境集装箱和国际联运货物换装或交接的繁重任务，是我国主要的国境站，也是较早对外开放的铁路口岸。这些站不仅是中国与独联体各国、蒙古国进行经济贸易的重要门户，也是中国通往欧洲各国的咽喉要冲。

凭祥铁路、公路陆运口岸位于广西南部中越边境线上，距边境公路近 8 千米，距越南谅山仅 18 千米，距南宁市 250 千米。越南一方的对应口岸为同登，距河内市 200 千米。凭祥铁路口岸于 1955 年开通，开始办理中越铁路联运。

瑞丽公路陆运口岸地处云南省。瑞丽的南、西、北三面和缅甸的木姐、南坎相接，三市鼎足而立，构成"两国三城"的边境口岸特色。目前，瑞丽公路陆运口岸是中国和缅甸边境最大的人员、货物出入口岸通道。年出入车辆 20 万次，人员 200 万人次以上，进出口商品约 2 500 种。

霍尔果斯公路运输口岸是中国与哈萨克斯坦之间历史最悠久的口岸之一，是目前新疆西进中亚最大的公路口岸，也是新疆重点建设的四大口岸之一。1992 年，中哈两国政府同意该口岸向第三国开放，使其具有国际大通道的地位和作用。

图珲铁路口岸是中俄图们至马哈林诺口岸铁路的中国境内部分。图珲铁路地处中俄朝三国交界的三角地带，是联合国开发计划署规划的图们江地区开发的重要基础设施，是吉林省唯一的对俄铁路通道。

4.3.4 我国主要空港口岸

航空口岸又称空港口岸，指国家在开辟有国际航线的机场上开设的供人员和货物出入国（口）境及航空器起降的通道。

我国的主要空港口岸有：北京首都国际机场、上海虹桥国际机场、上海浦东国际机场、广州白云国际机场、香港国际机场、武汉天河国际机场等。

2018 年，长沙临空经济示范区发展研讨会在湖南长沙召开。会上，中国城市发展研究会空港城市发展委员会、复旦大学国际空港城市研究中心联合发布了我国首部《中国空港经济区（空港城市）发展蓝皮书（2018）》。该书对一年来中国空港经济区（空港城市）发展的成效、问题、趋势等进行了全景式的分析和研究，旨在为各级政府和空港经济区发展提供参考，对临空产业项目投资建设提出趋势性意见。

复习思考题

一、选择题

1. 下列说法正确的是（　　）。
   A. 多式联运是一种先进的运输方式
   B. 多式联运是一种高级的运输组织形式
   C. 和传统运输一样，多式联运是一种单一的运输方式
   D. 多式联运经营人仅对其承运的区段运输负责
2. 以下不属于多式联运的是（　　）。
   A. 海陆联运　　B. 海空联运　　C. 陆空联运　　D. 海海联运

3. 管道运输的特点（　　）。
   A. 运输时间短　　　　　　　　B. 具有广泛性
   C. 机动灵活　　　　　　　　　D. 永远是单方向的运输
4. 宜短途运输的方式是（　　）。
   A. 铁路运输　　B. 海洋运输　　C. 大陆桥运输　　D. 公路运输
5. （　　）运输可以及时地提供"门到门"的联合运输服务。
   A. 公路运输　　B. 铁路运输　　C. 水路运输　　　D. 航空运输
6. 运输就是使用运输工具对物品进行运送的活动，实现物流的（　　）效用。
   A. 时间　　　　B. 空间　　　　C. 经济　　　　　D. 直接

二、名词解释

1. 跨境电商运输　　2. 口岸　　3. 多式联运

三、简答题

1. 跨境电商运输方式的分类是什么？
2. 请通过收集相关资料，阐述口岸对于跨境电商运输的作用，我国的主要边境口岸有哪些。
3. 请说说跨境电商运输方式选择的主观因素有哪些。
4. 我国主要港口口岸有哪些？
5. 跨境电商运输方式有哪几种模式？
6. 请简述跨境电商运输的特征有哪些。

案例实训

沃尔玛降低运输成本的学问

沃尔玛是世界上最大的商业零售企业，在物流运营过程中，尽可能降低成本是其经营之道。沃尔玛有时采用空运，有时采用船运，还有一些货品采用卡车运输。在中国，沃尔玛多采用公路运输，所以，如何降低卡车运输成本，是沃尔玛物流管理面临的一个重要问题。对此，沃尔玛主要采取以下措施：

（1）沃尔玛使用尽可能大的卡车，大约有16m加长的货柜那么长，比普通集装箱运输卡车更长或更高。公司员工把卡车装得非常满，商品从车厢的底部一直装到最上部，这样非常有助于节约成本。

（2）沃尔玛的车辆都是自有的，司机也是公司的员工。沃尔玛的车队大约有5 000名非司机员工，还有3 700多名司机，车队每周每次运输可达7 000～8 000km。公司的管理者知道，卡车运输是比较危险的，有可能会出交通事故。因此，对于运输车队来说，保证安全是节约成本最重要的环节。沃尔玛的口号是："安全第一，礼貌第一"，而不是"速度第一"。在运输过程中，卡车司机们都非常遵守交通规则。公司会派专人定期在运输途中对车队进行调查，如果发现司机违章驾驶，就会向公司报告，以便进行惩处。公司领导认为，卡车不出事故，就是在节省管理成本，沃尔玛运输车队曾创下了300万千米无事故的纪录。

（3）沃尔玛采用全球定位系统对车辆进行定位，因此在任何时候，调度中心都知道这些车辆在什么地方，离商店有多远，还需要多长时间到达超市，这种估算可以精确到小时。沃尔玛借助信息技术手段，极大地提高了物流系统的效率，降低了运营成本。

（4）沃尔玛连锁商场物流部门的员工实行24小时轮流工作，无论白天还是晚上，都能为卡车及时卸货。沃尔玛的车队利用夜间运输，实现了当日下午集货，夜间进行异地运输，翌日上午送货上门，保证在15~18小时内完成整个运输过程，这是沃尔玛在速度上取得优势的重要保证。

（5）沃尔玛的运输车队把商品运到商场后，商场物流部门的员工将之全部卸下，无须对每个商品进行逐一检查，这样就节省了很多时间和精力，加快了沃尔玛物流的循环过程，从而降低了成本。当然，这里有一个非常重要的先决条件，就是沃尔玛的物流系统能够确保商场收到的货物与发货单完全一致。

（6）沃尔玛的运输成本比供应商的低，因此厂商也常利用沃尔玛的卡车来运输，从而实现了把产品从工厂直接运送到商场，大大节省了商品流通过程中的仓储成本和转运成本。沃尔玛的配送中心能把上述措施有机地整合在一起，进行最经济合理的安排。希望我国的本土企业能从中得到启发，在我国创造出沃尔玛的奇迹来。

问题：

1. 沃尔玛公司为什么要使用尽可能大的卡车来运输商品？这是为了实现运输的规模经济还是距离经济？

2. "沃尔玛的车辆都是自有的，司机也是公司的员工。"你认为自营物流和物流外包，哪种更有利？为什么？

3. 你是怎样理解"保证安全是节约成本最重要的环节"这句话的？

4. 商场物流部门无须对每个商品进行逐一检查，就能确保商场收到的货物与发货单完全一致的前提是什么？

5. 厂商将产品从工厂直接运送到沃尔玛的商场，这是何种配送模式？有何好处？

第 5 章 跨境电商物流配送管理

本章重点

1. 理解跨境电商物流配送的特征。
2. 熟悉海外跨境电商物流配送的作业流程。
3. 掌握跨境电商物流配送的线路规划。
4. 掌握跨境电商物流配送的业务模式。

导入案例

近年来，跨境电商以开放、多维、立体的多边经贸合作模式拓宽了企业进入国际市场的路径，跨境电商有效降低了产品价格，使消费者拥有更大的选择自由，不再受地域限制。此外，与之相关联的物流配送、电子支付、电子认证、IT 服务、网络营销等都作为现代服务业兴起繁荣，它们所具备的得天独厚的优势，大大促进了跨境电商的高速发展。一些跨境电商平台展现出自己的特色和特点，在跨境电商的洪流中脱颖而出。

1. 阿里巴巴

阿里巴巴平台有三个跨境网购业务——淘宝全球购、天猫国际和一淘网。淘宝全球购的商户主要是一些中小代购商，天猫国际则引进 140 多家海外店铺和数千个海外品牌，全部商品海外直邮，并且提供本地退换货服务。一淘网则推出海淘代购业务，通过整合国际物流和支付链，为国内消费者提供一站式海淘服务。阿里巴巴在进口购物方面采取海外直邮、集货直邮、保税三种模式。

立志为中国消费者扮演好全球买手角色的阿里巴巴，又开创了跨境电商领域的新模式。阿里巴巴和荷兰、韩国、泰国等国合作，在平台上开设国家馆，共同促进两国产业跨境电商的进程。在阿里巴巴的跨境电商策略里，力图通过聚划算渠道的爆发力，把消费者的需求激发出来，用短平快的速度推广并不断尝试新的品类和模式，然后再大规模引进，以便把运营的成本降下来，进入常态化的运营。

2. 亚马逊

亚马逊中国推出"海外购·闪购"模式，依托保税区和自贸区的创新模式，主打自营进口爆款，这也是亚马逊在华跨境电商战略从 1.0 时代跨入 2.0 时代的开端。亚马逊推出三项升级举措，即"一号通中美""一车载全球""一卡刷世界"，以实现与本地网购无差别的海外购物体验，包括各种方便的本地化支付方式、本地客户服务以及本地退货政策。亚马逊中国的海外购包括三种模式：直邮、直采和闪购。此外，"海外购"将进一步拓展选品覆盖国家，包括欧洲国家和日本等。同时，也将针对中国用户推出"黑色星期五"海外购物节。

3. 京东全球购

京东全球购采用 B2C 和 B2B2C 的自营模式以及 POP 商家入驻的平台模式两种模式，提供定制化的配套服务。其中，自营模式是由京东自主采购，由保税区内专业服务商提供支持；平台模式则是通过跨境电商模式引入海外品牌商品，销售的主体直接就是海外的公司。京东与法国、韩国、俄罗斯等开通"国家馆"的跨境电商业务，保证境外产品、物流配送和营销推广的官方资源支持。

京东通过主打全品类、高品质产品，"品质为低价护航"，"微信朋友圈营销玩起来"，全平台生态链联动出击等策略，试图将"黑色星期五"打造成由京东全球购引领的跨境电商狂欢购物节。京东具备很强的供应链整合能力以及强大的物流配送体系，在正品与低价方面都有保障，从而为塑造用户口碑创造了基础条件。京东全球购在移动端还拥有微信和 QQ 的渠道及流量入口，但其整体优势并未显现。

4. 小红书

小红书主要包括两个板块：海外购物分享社区以及跨境电商福利社。

（1）海外购物分享社区。小红书是从社区起家，海外购物分享社区已经成为小红书的特征。它通过口碑营销形成一个由真实用户口碑分享的社区，在结构化数据下选品，并通过积累了几百上千万用户的行为数据保证采购来的商品是深受用户推崇和信赖的。

（2）跨境电商福利社。小红书福利社采用 B2C 自营模式，它直接与海外品牌商或大型贸易商合作，通过保税仓和海外直邮的方式发货给用户，缩短了用户与商品之间的距离，大批量同时运货也能节省跨境运费、摊薄成本，从而降低了消费者为买一件商品实际付出的价格。

小红书的优势是在市场仍旧空缺、又有市场需求的大环境下，把更重分享、更重交流的跨境电商带上了社交因素。

5. 洋码头

洋码头是一家面向中国消费者的跨境电商第三方交易平台。该平台上的卖家可以分为两类，C2C 的个人买手模式和 M2C 的商户模式。洋码头通过平台模式整合供应链，提供直邮+报关清关服务，帮助国外的零售产业跟中国消费者对接，实现"直销、直购、直邮"，洋码头 PC 端和移动端的产品和运营模式有明显的区分：

PC 端——B2C 限时闪购，库存量单位（Stock Keeping Unit，SKU）全部由海外零售商提供，零售商家的供应链及服务体系相对更加完善，更适合喜好一站式购物的用户。

移动端——C2C 实时直播。洋码头移动 App "扫货神器"，主要由个人买手实时直播海外打折商品，呈献给买家的是不断更新的 SKU。

洋码头作为跨境电商的先行者，面对阿里、亚马逊等大电商平台的挤压，还需要在海外供应商、产品体验、用户体验以及物流方面下足功夫。

5.1 跨境电商物流配送概述

5.1.1 跨境电商物流配送的内涵

跨境电商行业的发展和不断扩容带动了物流业的发展，一个好的跨境电商企业往往离不开好的跨境电商物流配送服务。

跨境电子商务物流配送是指跨境物流配送企业采用网络化的计算机技术和现代化的硬件设备、软件系统及先进的管理手段，针对跨境客户的需求，根据用户的订货要求，进行一系列分类、编码、整理、配货等理货工作，并按照约定的时间和地点将确定数量和规格要求的商品传递给用户的活动及过程。

近年来，随着电子信息技术的飞速发展，跨境电商在企业生产经营活动中的应用越来越普及，这也为物流配送活动向着高效化、虚拟化和低成本化方向发展创造了良好的外部环境，为传统物流配送向更为先进的跨境电商物流配送演进提供了可能。

5.1.2 跨境电商物流配送的特征

5.1.2.1 虚拟性

跨境电商物流配送的虚拟性来源于网络的虚拟性。通过借助现代计算机技术，配送活动已由过去的实体空间拓展到了虚拟网络空间。通过虚拟配送，找到实体配送中存在的不合理现象，从而进行组合优化，最终使实体配送过程达到效率最高、费用最少、距离最短、时间最少的目标。

5.1.2.2 实时性

实时性不仅有助于辅助决策，让决策者获得高效的决策信息支持，而且可以实现对配送过程的实时管理。配送要素数字化、代码化之后，可以最大限度地减少各方之间的信息不对称，有效地缩小配送活动过程中的运作不确定性与环节间的衔接不确定性，从而打破以往配送途中的"失控"状态，做到全程的"监控配送"。

5.1.2.3 个性化

个性化配送是跨境电商物流配送的重要特性之一。跨境电商物流配送的个性化体现为"配"的个性化和"送"的个性化。"配"的个性化主要指配送企业在流通节点（配送中心）根据客户的指令对配送对象进行个性化流通加工，从而增加产品的附加价值；"送"的个性化主要是指依据客户要求的配送习惯、喜好的配送方式为每一位客户制订量体裁衣式的配送方案。

5.1.2.4 增值性

除了传统的分拣、备货、配货、加工、包装、送货等作业，跨境电商物流配送的功能还向上游延伸到市场调研与预测、采购以及订单处理，向下延伸到物流咨询、物流方案的选择和规划、库存控制决策、物流教育与培训等附加功能，可为客户提供具有更多增值性的物流服务。

5.2 跨境电商物流配送作业管理

5.2.1 跨境电商物流配送作业流程

5.2.1.1 货物入库

（1）物流配送中心根据客户的入库指令视仓储情况做相应的入库受理。

（2）按所签的合同进行货物受理并根据给货物分配的库区库位打印出入库单。

（3）货物正式入库前要进行货物验收，主要是对要入库的货物进行核对处理，并对所入库货物进行统一编号（包括合同号、批号、入库日期等）。

（4）进行库位分配，主要是对事先没有预分配的货物进行库位自动或人工安排处理，并产生货物库位清单。

（5）库存管理主要是对货物在仓库中的一些动态变化信息进行统计查询等工作。

（6）货物在仓库中，物流公司还会进行批号管理、盘存处理、内驳处理和库存的优化等工作，做到更有效的管理仓库。

5.2.1.2 运输配送

（1）物流配送中心根据客户的发货指令视库存情况做相应的配送处理。

（2）根据配送计划，系统自动地进行车辆、人员的出库处理。

（3）根据选好的因素由专人负责货物的调配处理，可分自动配货和人工配货，更高效地利用物流公司的资源。

（4）根据系统的安排结果按实际情况进行人工调整。

（5）在安排好后，系统将根据货物所放地点（库位）情况按物流公司自己设定的优化原则打印出拣货清单。

（6）承运人凭拣货清单到仓库提货，仓库做相应的出库处理。

（7）装车完毕后，根据所送客户数打印出相应的送货单。

（8）车辆运输途中可通过 GPS 车辆定位系统随时监控，并及时沟通信息。

（9）在货物到达目的地后，经收货方确认后，运输人员凭回单向物流配送中心确认。

（10）产生所有需要的统计分析数据和财务结算数据，并产生应收款与应付款。

5.2.1.3 配送的主要操作

1. 备货

备货是配送的准备工作和基础工作。备货工作包括筹集货源、订货、采购、集货、进货及相关的质量检查、结算、交接等。

配送的优势之一，就是可以集中用户的需求进行一定规模的备货。备货是决定配送成败的初期工作，如果备货成本太高，将会大大降低配送的效益。

2. 储存

配送中的储存有储备及暂存两种形态。

（1）储备。

配送储备是按一定时期的配送经营要求，形成的对配送的资源保证。这种类型的储备数量较大，储备结构也较完善，视货源及到货情况，可以有计划地确定周转储备及保险储备结构及数量。配送的储备保证有时在配送中心附近单独设库解决。

（2）暂存。

储存形态的另一种形式是暂存，是具体执行配送时，按分拣配货要求，在理货场地所做的少量储存准备。由于总体储存效益取决于储存总量，所以，这部分暂存数量只会对工作方便与否造成影响，而不会影响储存的总效益，因而在数量控制上并不严格。

还有另一种形式的暂存，即在分拣、配货之后形成的发送货载的暂存，这个暂存主要是调节配货与送货的节奏，暂存时间不长。

3. 配装

在单个用户配送数量不能达到车辆的有效载运负荷时，就存在一个如何集中不同用户的货物，进行搭配装载以充分利用运能、运力的问题，这就需要配装。与一般送货不同，通过配装可以大大提高送货水平并降低送货成本，所以配装也是配送系统中有现代特点的功能要素，是现代配送不同于传统送货之处。

5.2.2 跨境电商物流配送作业装车配载

1. 目的

跨境电商物流配送作业装车配载的目的是保证货物安全、完好、准确、高效运输。

2. 责任

（1）仓库操作员工负责测量货物的质量、体积数据，严格按照装车原则进行装车，装车过程中杜绝野蛮装卸。

（2）客服专员负责装车清单的制作，装车信息的系统录入，始发港和目的港之间的联络和沟通等。

（3）客服专员负责将客户要求传达给始发港和目的港的操作人员。

（4）营运主管负责监控装车，确保装车标准按照装车作业标准流程推行。

3. 范围

跨境电商物流配送作业装车配载适用于长途干线运输装车和短途配送装车业务，以及临时外租车辆运输业务。

4. 操作流程

（1）货物准备。

所有货物按照提货单号打印标签，粘贴标签到货物外箱统一的位置，确保标签信息准确清晰；客户货物包装箱为销售包装不能粘贴标签的，可以粘贴在封箱胶带的位置，或者使用客户的标签作为识别标签，但需要在系统上面给予注明，便于识别和分拣。

（2）装车前准备。

仓库检查统计每票货物的体积和质量，确保整车货物不超载，合理配载做到装载率最大化，目标是货物体积之和要达到车厢水容积的88%；客服专员在装车清单上清晰地体现货物在车厢中的位置安排，根据卸货顺序和目的港配送顺序反向装车，也就是最后卸车的货物最先装车；客服专员做好系统信息录入，确保不漏票，做到每票信息都能够清楚地录入系统中；始发港客服与目的港客服做好信息沟通，确保每票业务的客户需求能够准确传达到始发港和目的港的每个操作员工。

（3）装车原则。

① 同一送货地点的货物相邻装载；同一票的货物相邻装载。

② 严格按照"重不压轻、大不压小、曲不压直"的原则进行码放。

③ 在装载过程中，货物外箱指示箭头的方向为正向向上的方向，没有箭头的外箱以箱体文字或者自有标签文字方向作为正向向上方向，严禁货物倒置和侧向码放；有禁止倾斜角度要求的货物，严格按照外箱指示操作，禁止超过要求的倾斜角度；带有水平测试标识的货物要严格在水平方向操作，禁止任何角度的倾斜；同排不同层之间的货物要交叉层叠码放，不同排之间的货物如果是相同的货物要错位码放，如果是不同外箱尺寸的货物要形成层间落差码放；或者在纸箱货物上面加码其他货物，中间要增加木板，以均匀分散压力保护下层产品不受破损；在不违反以上装车原则的情况下，重货尽量放到车前部或中部，轻货置后码放；托盘货和散货混装，托盘货和散货不同排之间交错码放；大件商品，如油桶、设备与纸箱货物在同一部车中配载，油桶和设备之间的底部要钉木块加以固定，避免大小货物随车晃动产生破损；如果不能装满车，货物要阶梯下降式码放，且不同排间要交错层高码放。

④ 装车后，封箱门，锁封号，拍照留存。

⑤ 装车后，客服专员要在装车一小时之内在系统中做好装车清单，务必做到完整清晰，装车清单信息要与装入车中的货物信息完全一致，原则上不允许同一票货物散装在不同的车上，如果非要如此也要保证落货能够在装车清单中体现出来；发车时间和预计到达时间及时录入系统。

⑥ 外租车辆作为长途干线车辆管理时，应复印司机身份证、驾驶证、车辆行驶证；拓印发动机号留存；司机站在车头，露出车牌号，进行拍照；车头车尾拍照留存。

跨境电商配送主要有国际快递、国际小包、专线物流、海外仓等模式。每种物流配送的方式各有优缺点。目前跨境电子商务的主要模式是B2C，所以，跨境电商物流配送大多采用的方式是国际快递与国际小包。B2B是未来跨境电子商务的主流方向，与之呼应的是采用海外仓这种模式，通过自建或租赁海外仓库，为国内的跨境电商企业提供仓储、配送和售后的一系列服务。电商企业的规模不同，对物流配送模式选择也是不一样的。选择合适的物流配送策略对促进跨境电子商务有着很好的促进作用。

5.2.3 跨境电商物流配送路线规划

5.2.3.1 配送中心的选址

（1）求出新仓库的初始坐标，如表5-1所示。

表 5-1 新仓库的初始坐标值

客户	Xi	Yi	Qi	Ri	QiRi	QiRiXi	QiRiYi
A	3	1	1.5	0.05	0.075	0.225	0.075
B	9	2	0.8	0.05	0.04	0.36	0.08
C	15	3	1.2	0.05	0.06	0.9	0.18
D	13.5	6	0.9	0.05	0.045	0.607 5	0.27
E	15	10	1.4	0.05	0.07	1.05	0.7
F	12	11	1.5	0.05	0.075	0.9	0.825
G	6	10	2.0	0.05	0.1	0.6	1
H	1.5	8	1.8	0.05	0.09	0.135	0.72
I	4.5	4	1.2	0.05	0.06	0.27	0.24
J	9	7	1.5	0.05	0.075	0.675	0.525
				合计	0.69	5.722 5	4.615

初始坐标为：$X = 5.722\,5/0.69 = 8.293$　　$Y = 4.615/0.69 = 6.688$

（2）计算各节点与初始坐标的距离 D_i 和初始运输总成本，如表 5-2 所示。

表 5-2 各节点与初始坐标的距离 D_i 和初始运输总成本

客户	Xi	Yi	Qi	Ri	Di	QiRiDi
A	3	1	1.5	0.05	7.771	0.583
B	9	2	0.8	0.05	4.741	0.189
C	15	3	1.2	0.05	7.654	0.459
D	13.5	6	0.9	0.05	5.252	0.236
E	15	10	1.4	0.05	7.479	0.524
F	12	11	1.5	0.05	5.686	0.426
G	6	10	2.0	0.05	4.028	0.403
H	1.5	8	1.8	0.05	6.919	0.623
I	4.5	4	1.2	0.05	4.65	0.279
J	9	7	1.5	0.05	0.772	0.058
					合计	3.781

（3）进行一次迭代修正，如表 5-3 所示。

表 5-3 一次迭代修正的值

客户	Xi	Yi	Qi	Ri	Di	QiRi/Di	QiRiXi/Di	QiRiYi/Di
A	3	1	1.5	0.05	7.771	0.010	0.028	0.010
B	9	2	0.8	0.05	4.741	0.008	0.076	0.017
C	15	3	1.2	0.05	7.654	0.008	0.118	0.024
D	13.5	6	0.9	0.05	5.252	0.009	0.116	0.051
E	15	10	1.4	0.05	7.479	0.009	0.140	0.094
F	12	11	1.5	0.05	5.686	0.013	0.158	0.145
G	6	10	2.0	0.05	4.028	0.024	0.149	0.248

续表

客户	Xi	Yi	Qi	Ri	Di	QiRi/Di	QiRiXi/Di	QiRiYi/Di
H	1.5	8	1.8	0.05	6.919	0.013	0.019	0.104
I	4.5	4	1.2	0.05	4.65	0.013	0.058	0.052
J	9	7	1.5	0.05	0.772	0.097	0.874	0.679
					合计	0.205	1.737	1.424

一次迭代后的新坐标：$X'=1.737/0.205=8.479$　　$Y'=1.424/0.205=6.949$

（4）计算一次迭代后，各节点与新坐标的距离和新的总运输成本，如表5-4所示。

表5-4　一次迭代修正后各节点与新坐标的距离和运输总成本的值

客户	Yi	Qi	Ri	Di	QiRiDi
A	1	1.5	0.05	8.088	0.607
B	2	0.8	0.05	4.977	0.199
C	3	1.2	0.05	7.623	0.457
D	6	0.9	0.05	5.109	0.229
E	10	1.4	0.05	7.199	0.504
F	11	1.5	0.05	5.367	0.403
G	10	2.0	0.05	3.931	0.393
H	8	1.8	0.05	7.058	0.635
I	4	1.2	0.05	4.953	0.297
J	7	1.5	0.05	0.523	0.039
				合计	3.764

表5-5　新仓库的最优选址坐标

迭代次数	X	Y	总成本
0	8.293	6.688	3.781
1	8.479	6.949	3.764

一次迭代后，新仓库的最优选址坐标为（8.479,6.949）。

5.2.3.2　核心竞争力

（1）跨境电商物流企业在信息平台的基础上使用条形码技术、全球卫星定位系统（GPS）、物流采购管理和企业资源管理等物流管理软件，并对其实施无缝链接和有效整合，可以充分满足客户日益增长的信息化需求。

（2）提供增值服务。通过信息平台的建设，实现信息共享，提供强大的商品信息，使客户能及时有效地了解产品的动态。

（3）通过信息管理平台和库存管理系统进行单品管理，以及时了解货物的动态，例如，货物当前的状况、销售情况、库存情况和资金（货款）到位情况，以方便做出有效的决策。

5.2.3.3 配送作业方案

公司的运作流程是：供应商将商品的价格标签和 EAN 条形码（统一产品码）贴好，运到配送中心；配送中心根据每个商店的需要，对商品就地筛选，重新打包，从"配区"运到"送区"采用一种商流、物流一体化的配送模式。这种配送模式对于行为主体来说，由于其能直接组织货源及商品销售，因而配送活动中能够形成资源优势，扩大业务范围和服务对象，同时也便于向客户提供特殊的物流服务，如配套供应物资等，从而满足客户的不同需求。这种配送模式是一种能全面发挥专业流通企业功能的物流形式。

同时，公司也采用集中型配送网络，集中型配送网络具有管理费用少、安全库存降低、用户提前期长，运输成本中外向运输成本相对高一些，因为配送中心离用户的距离与分散型系统相比要远一些，但内向运输成本相对会低一些。

1. 拟定配送计划流程

在售前必须制作配送计划，这是配送省时化、省力化的主要因素。

首先，必须明确配送方案解决的目的及其实施的范围。其次，要合理定位配送区域。对客户所在地的具体位置做一个统计，并将其进行区域上的整体划分。将每一客户纳入不同的基本配送区域之中，作为下一步决策的基本参考。由于企业客户分布不集中，送货地点分散，加之物流网络覆盖范围有限，很难合理经济地组织送货。因此，应根据客户特征，合理定位配送区域，同时对不同的配送区域可采取差别性的配送服务政策。对客户相对集中的城市，因订货比较集中，应及时组织送货，做到高效准确；而对于偏远地区，送货期限可酌情延长。同时，确定每一个目标的配送模式时间。例如，确定每一个目标是采用商店配送，还是采用配送中心配送；是采用单品种大批量配送，还是采用多品种少批量配送；是采用定时配送，定量配送，定时定量配送，定时定线配送，还是即时配送；是采用共同配送，还是可加工配送等其他配送模式。

2. 选择配送方法

选择配送方法主要包括 3 个方面的内容：

（1）确定配货作业方法。

配货是配送工作的第一步，需要根据各个用户的需求情况，首先确定需要配送货物的种类和数量，其次在配送中心将所需货物挑选出来，即所谓的分拣。

（2）确定车辆配送方法。

由于配送作业本身的特点，配送工作所需车辆一般为汽车，由于需配的货物的质量、体积及包装形式各异，在配装货物时，既要考虑车辆的载重量，又要考虑车辆的容积，使车辆的载重和容积都得到有效的利用，这样就可以节省运力，减少配送的 t·km 数，从而降低配送费用。

具体车辆配装时则要根据需配送货物的具体情况以及车辆情况，主要是依靠经验或简单的计算公式选择最佳方案。

（3）确定配送路线。

配送路线合理与否对配送速度、成本、效益影响很大，因此，采用科学合理的方法来确定配送活动是非常重要的一项工作。

一是确定目标。目标的选择是根据配送的具体要求、配送中心的实力及客观条件来定的。

二是确定配送路线的约束条件。应满足所有收货人对货物品种、规格、数量的要求；满足收货人对货物发到时间范围内的要求；在允许通行的时间内进行配送；各配送路线的货物量不得超过车辆容积和载重的限制，应在配送中心现有的运力允许的范围内。

3. 分析配送成本

（1）配送成本费用的构成。

一是配送运输费。其包括车辆费用和营运间接费用。

二是分拣人工费用。其主要包括：分拣人工费用、分拣设备费用。

三是配装费用。其主要包括：配装材料费用、配装辅助费用、配装人工费用。

四是流通加工费用。其主要包括：流通加工设备费用、流通加工材料费用、流通加工过程中从事加工活动的管理人员、工人及有关人员工资、奖金等费用总和。

（2）配送成本费用的计算。

配送成本费用的核算是多环节的核算，是各个配送环节或活动成本费用的集成。因此，对每个环节都应当计算各成本对象的总成本，即配送成本=配送运输成本+分拣成本+配装成本+流通加工成本。

一是配送运输成本的计算。配送运输成本是指配送车辆在完成货物配送货物过程中所发生的各种车辆费用和配送间接费用。

1）车辆费用。其包括：工资、职工福利费、燃料费用、轮胎费用、修理费用、大修费用、折旧费用、养路费用、公路运输管理费用、行车事故损失及其他费用。

2）配送间接费用。其是指配送运输管理部门为管理和组织配送运输所发生的各项管理费用和业务费用。

二是分拣成本的核算。

三是配装成本的核算。

四是流通加工的核算。

4. 制定配送作业流程

配送作业流程如图 5-1 所示。

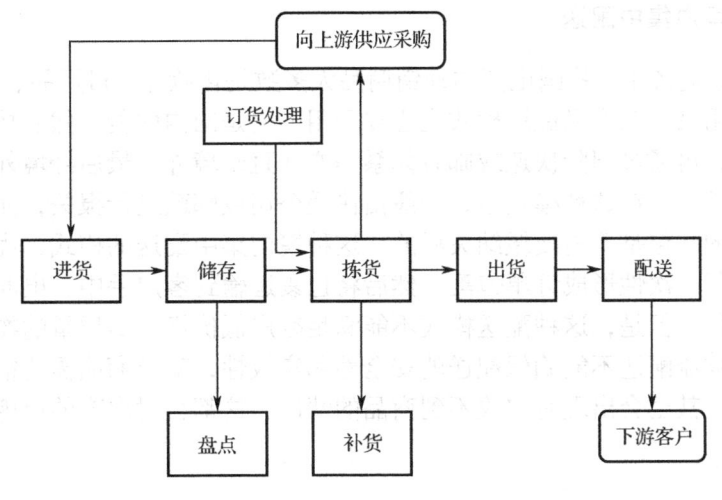

图 5-1 配送作业流程

5. 售后服务

（1）交易结束及时联系。

产品成交后卖家应主动和买家联系，避免成交的买家由于没有及时联系而流失。

例如，商品成交以后，卖家可以撰写一封成交确认邮件发送给买家，可以运用更人性化的语言，加入自己的信息。

（2）优惠政策。

在店铺内制定出相应的优惠政策，比如可以让买家享受新品 8 折优惠等。

定期回访顾客，用打电话或者电子邮件的方式关心客户，与他们建立起良好的关系，同时也可以从他们那里得到很好的意见和建议。

（3）公正合理地处理投诉。

处理客户投诉是倾听他们的不满、不断纠正卖家自己的失误、维护卖家信誉的补救方法，运用得当，不仅可以增进和巩固与客户的关系，甚至还可以促进销售的增长。

处理问题要分清责任，对于是因为自身原因造成顾客不便或者损失的，要给予赔偿或者退换，若是因为其他原因造成顾客不满的，要及时对顾客进行解释，并帮助其解决问题，对于确实是因为顾客自身原因造成的，要耐心地给予答复。

6. 总结

出色地完成一项具体的配送业务，必须依赖一个良好的配送方案以及公司的配送和管理能力，因此制订一个合理的配送方案是完成配送任务的关键，任何一项配送任务都可以根据所制订的方案选择正确的路线、合适的车辆，以最低的成本、准时安全地将客户所需货物送达目的地。

5.3 跨境电商物流配送业务模式

5.3.1 跨境电商出口物流配送

5.3.1.1 境内集中配送

在跨境电子商务中，我国电商的外销商品大多数是化妆品、日用品、3C 产品以及服装服饰等个人用品。在商品配送模式上主要采用的先是国内配货，然后按照买主形成一定的商品单元，再通过国际快递或邮政体系等方式直邮境外，最后经境外合作者，把包裹送到客户的手中。在这种模式下，一般由快递公司或邮政进行报关，而在一定的标准下，个人用品的邮包是不需要缴纳关税的。这种境内集中配送的模式，优点是能够在境内按照客户配货一次性形成订单包裹，然后将包裹运输到客户手中，电商不必在境外提前储备大量存货。但是，这种配送模式不能满足客户低价格、高质量的物流服务需要。同时，低价的物流配送不能确保配送的安全性和实效性，部分商品需要很长的时间才能到达客户手中，甚至会出现客户收不到商品的情况，这都会对电商的口碑造成一定的负面影响。

5.3.1.2 境外分散配送

境外分散配送模式适合规模较大的电商，它在境外的目标市场租赁或建立仓库，预估销售情况，并提前通过海运等价格较低的运输方式，将货物批量运到境外仓库。当电商收到客户订单后，直接由距离客户最近的境外仓库拣选订单，然后进行配送并运输到买家的手中。这种物流配送模式提高了跨境物流的可操作性，且物流配送的准确性、实效性以及售后服务也得到了很好的保障，极大地改善了客户的体验。同时，这种物流配送模式还有效地节约了电子商务的物流成本。然而，境外分散配送模式在库存管理和资金上具有较大的压力，如果对销售情况预测得不够准确，就会导致滞销风险或形成世界性库存。

5.3.1.3 亚马逊的物流配送模式

1. 在配送模式的选择上采取外包的方式

在电子商务中，亚马逊将其国内的配送业务委托给美国邮政和 UPS，将国际物流委托给国际海运公司等专业物流公司，自己则集中精力去发展主营和核心业务。这样可以减少投资，降低经营风险，又能充分利用专业物流公司的优势，节约物流成本。

2. 将库存控制在最低水平，实行零库存运转

亚马逊通过与供应商建立良好的合作关系，实现了对库存的有效控制。亚马逊公司的库存图书很少，维持库存的只有 200 种最受欢迎的畅销书。一般情况下，亚马逊是在顾客买书下了订单后，才从出版商那里进货。购书者以信用卡向亚马逊公司支付书款，而亚马逊在图书售出 46 天后才向出版商付款，这就使得它的资金周转比传统书店要顺畅得多。由于保持了低库存，亚马逊的库存周转速度很快。

3. 降低退货比率

虽然亚马逊经营的商品种类很多，但由于对商品品种选择适当，价格合理，商品质量和配送服务等能满足顾客需要，所以保持了很低的退货比率。极低的退货比率不仅减少了企业的退货成本，也保持了较高的顾客服务水平并使其能够取得良好的商业信誉。

4. 为邮局发送商品提供便利，减少送货成本

在送货中，亚马逊采取一种被称之为"邮政注入"的方法减少送货成本。所谓"邮政注入"，就是使用自己的货车或由独立的承运人将整卡车的订购商品从亚马逊的仓库送到当地邮局的库房，再由邮局向顾客送货。这样就可以免除邮局对商品的处理程序和步骤，为邮局发送商品提供了便利条件，也为自己节省了资金。据一家与亚马逊合作的送货公司估计,亚马逊靠此种"邮政注入"方式节省的资金相当于头等邮件普通价格的5%～17%，十分可观。

5. 根据不同商品类别建立不同的配送中心，提高配送中心作业效率

亚马逊的配送中心按商品类别设立，不同的商品由不同的配送中心进行配送。这样做有利于提高配送中心的专业化作业程度，使作业组织简单化、规范化，既能提高配送中心作业的效率，又可降低配送中心的管理和运转费用。

6. 采取"组合包装"技术，扩大运输批量

当顾客在亚马逊的网站上确认订单后，就可以立即看到亚马逊销售系统针对顾客所订商品是否有现货，以及选择的发运方式、估计的发货日期和送货日期等信息。如前所述，亚马逊根据商品类别建立不同配送中心，从位于美国不同地点的不同的配送中心发出。同时，由于亚马逊的配送中心只保持少量的库存，所以在接到顾客订货后，亚马逊需要查询配送中心的库存，如果配送中心没有现货，就要向供应商订货，因此会造成同一张订单上商品有的可以立即发货，有的则需要等待。为了节省顾客等待的时间，亚马逊建议顾客在订货时不要将需要等待的商品和有现货的商品放在同一张订单中。这样在发运时，承运人就可以将来自不同顾客、相同类别、配送中心也有现货的商品配装在同一货车内发运，从而缩短顾客订货后的等待时间，也扩大了运输批量，提高了运输效率，降低了运输成本。亚马逊的发货条款非常完善，在其网站上，顾客可以得到以下信息：拍卖商品的发运、送货时间的估算、免费的超级节约发运、店内拣货、需要特殊装卸和搬运的商品，包装物的回收、发运的特殊要求、发运费率、发运限制、订货跟踪，等等。

亚马逊物流配送当前常用的方式有 3 种：亚马逊 FBA 发货、第三方海外仓和自发货。

1. 亚马逊 FBA 发货

很多亚马逊卖家会优先选择亚马逊提供物流配送业务（Fulfillment by Amazon，FBA）发货，不仅是因为 FBA 物流发货速度快，客户较为信任，更主要的是亚马逊 FBA 能提升排名，而且如果碰到买家因物流原因给的差评，亚马逊会帮忙删除。当然，亚马逊 FBA 的缺点是整体费用会偏高，过程操作烦琐，需要卖家清关，买家退货率易上升，从而增加压货成本。如果卖家选择的是美国 FBA，退货地址只能支持美国。

2. 第三方海外仓

第三方海外仓与亚马逊 FBA 相比，费用较低，能缩短物流时效，利于开拓当地市场。需要注意的是第三方海外仓的库存压力较大，有积压风险，管理水平也参差不齐。

3. 自发货

自发货的优点就是操作灵活性较高，仓储费用也比较低，可以减少压货成本。然而，其在 Listing 上的曝光没有亚马逊 FBA 给得多，买家也比较容易因为物流而给差评。同时，自发货也没有 Prime 标志，难以引起 Prime 会员的关注。

自发货分为 3 个类别：邮政、快递和专线。邮政小包虽然质量受到限制，但是价格会便宜一些；快递虽然价格偏高，但是能快速到达，时效性较强；至于专线物流，不仅高效，而且安全，好评率也比较高。卖家要根据自己销售产品的特性、买家对时效的要求程度、所在地、物流预算和淡旺季来灵活选择适合自己的自发货方式。

5.3.2　跨境电商进口物流配送

跨境电商是指不同国家或地区之间的交易双方以互联网为平台实现交易的一种电子商务，它是电子商务发展中较为高级的一种形式。随着跨境电子商务的高速发展，其物流配送问题逐渐成为人们关注的焦点，电子商务物流配送能力的强弱，直接影响跨境电子商务的发展速度和规模。韩国、日本、欧洲、美国、俄罗斯为我国跨境电商进口货物的主要来源国，而东南亚、乌兹别克斯坦、中东国家、俄罗斯和远东地区是我国跨境电商出口货物的主要目的地国家和地区。

5.3.2.1 跨境电商进口物流配送的现状

1. 组织与采购境外资源

在我国境外网购中，大多是护肤美妆、服饰、电子产品、保健品以及婴幼儿食品等消费品。在境外资源的组织与采购中，境外零售商和品牌商具有较大的货源优势。当前我国境内电商一般从三个渠道获取货源：一是直接获得品牌商授权；二是由海外供应商提供合作平台；三是派人在境外市场进行采购。目前多数境外化妆品、母婴用品类的品牌供应商大多采用的是提供合作平台的模式，而纸尿裤以及奶粉类的电商往往采取派人到境外市场集货的采购方式。

2. 跨境运输和配送

目前，在跨境运输及配送模式中，比较具有代表性的是境外仓库的集中配送以及境内保税区配送两种。境外仓库的集中配送主要指的是境内外的电商通过境外仓库，再经由国内邮政、物流公司或国际航空等方式直接将货物送达境内的客户手中。根据资料显示，我国每年约有价值 10 亿元的奢侈品和 8 亿罐奶粉通过国际快递直邮或转运方式进入境内。境内保税区配送指的是电商提前把境外的商品储备到境内保税区，当电商接到客户的订单后，可从保税区仓库拣选配货，再经快递公司送到客户的手中。目前，我国已在重庆、广州、郑州、宁波、杭州以及上海 6 个城市试行此种模式。

5.3.2.2 第三方物流模式运用于进口跨境电子商务实践的必要性

跨境电子商务模式得以全面展开的根本前提在于物流渠道的畅通，跨境电子商务必须依靠完整与健全的物流配送方式，才能实现配送商品以及交换物流信息的目标。跨境电子商务必须在虚拟电商平台的支撑下，运用电商虚拟化网络平台来交换电子商务信息，最大化地实现电商网络平台安全运行效益。因此，物流配送环节对于跨境电商业务的顺利实施具有重要意义，跨境电商企业务必确保选择具有相应资质的物流配送企业，整合跨境电商领域的物流信息资源。

近年来，跨境电商与第三方物流之间的联系程度日益加深，很多跨境电商企业在进行物流配送平台的选择时，都倾向于选择第三方物流。在物流企业的全面介入下，电商产品的配送过程将会得到全面的监管，能够充分依靠虚拟网络来增大监管跨境电商物流的力度。作为跨境电商企业以及负责实施物流配送的第三方企业之间应当保持紧密的沟通，通过实施物流配送中的信息化运作方式来保障物流配送的安全性，以有效地满足跨境电商需求。

由此可见，第三方物流的基本职能在于运输电商企业的产品，通过实施专门的物流配送保障措施来打造安全的物流配送流程，实时监管物流配送的各个运行阶段。在此过程中，第三方的物流配送企业必须做到充分沟通，跨境电商企业运用云平台以及其他的信息化方式来增强沟通力度，整合跨境电商现有的物流配送资源。第三方物流模式由于具备以上的物流成本节约以及物流安全保障功能，因此，目前已经得到跨境电商企业的全面认可。

复习思考题

一、选择题

1. 配送的主要经济活动是（　　）。
   A. 备货　　　　B. 送货　　　　C. 配装　　　　D. 分拣
2. 配送与一般送货的不同之处在于（　　）。
   A. 分拣　　　　B. 配装　　　　C. 配货　　　　D. 流通加工
3. 若干相关联或相类似的企业由于共同的物流需求，在充分发掘利用各企业现有物流资源的基础上，联合创建的配送组织形式是（　　）。
   A. 共同配送模式　　　　　　　　B. 市场配送模式
   C. 合作配送模式　　　　　　　　D. 综合配送模式
4. 你认为下列有关配送的理解中，（　　）是正确的。
   A. 配送实质就是送货，和一般送货没有区别
   B. 配送要完全遵守"按用户要求"，只有这样才能做到配送的合理化
   C. 配送是物流中一种特殊的、综合的活动形式，与商流是没有关系的
   D. 配送是"配"和"送"的有机结合，为追求整个配送的优势，分拣、配货等工作是必不可少的
5. 请问关于配送的功能，下列四个选项中，（　　）是错误的。
   A. 有益于物流运动实现合理化
   B. 有利于合理配置资源
   C. 只要做好配和送，不需要开发什么新技术
   D. 可以降低物流成本，可以促进生产快速发展
6. 沃尔玛在美国本土的配送中心是典型的（　　）配送中心。
   A. 以制造商为主体的配送中心　　B. 以批发商为主体的配送中心
   C. 以零售业为主体的配送中心　　D. 以仓库运输业为主体的配送中心
7. 杭州娃哈哈集团给市内各饮用水供应点配送饮用水，此种配送形式被称为（　　）。
   A. 共同配送　　　　　　　　　　B. 定量配送
   C. 定时配送　　　　　　　　　　D. 生产企业配送
8. 配送是物流活动的一种综合形式，是"配"与"送"的有机结合，可为客户提供（　　）服务。
   A. 联合运输　　B. 装卸搬运　　C. 门到门　　　D. 专业运输

二、名词解释

1. 跨境电商配送　　2. 境外分散配送

三、论述题

1. 请阐述配送的主要操作包含哪些流程。
2. 请简述进口跨境电商物流配送的现状。

3. 请简述跨境电商物流配送的特征。
4. 请简述亚马逊物流配送当前常用的方式有哪 3 种。
5. 请绘制一份跨境电商配送作业流程图。
6. 请论述跨境电商物流配送作业装车配载流程。

案例实训

UPS 是一家大型的国际快递公司，它除自身拥有几百架货物运输飞机之外，还租用了几百架货物运输飞机，每天运输量达 1 000 多件。UPS 在全世界建立了 10 多个航空运输的中转中心，在 200 多个国家和地区建立了几万个快递中心。UPS 公司的员工达几十万人，年营业额可达几百亿美元，在世界快递公司中享有较高的声誉。UPS 公司是从事信函、文件及包裹快速传递业务的公司。它在世界各国和地区均取得了航空进出权。在中国，它建立了许多快递中心。UPS 公司充分利用高科技手段，做到了迅速安全、物流服务内容广泛。

1. 为什么说 UPS 是一家国际物流企业？它与一般运输物流企业有什么不同？
2. UPS 在各地开设快递业务与当地的地理环境、风俗习惯、消费观念、收入是否有关？
3. UPS 是否需要建立许多仓库？

第 6 章　跨境电商物流信息与技术管理

🔊 **本章重点**

1. 了解跨境电商物流信息技术与应用。
2. 熟悉几种常见的跨境电商物流信息技术。
3. 掌握 RFID、GIS、GPS 等技术在跨境电商物流中的应用。
4. 重点掌握人工智能技术在跨境电商物流各环节的应用。

👩 **导入案例**

物流科技赋能海外仓

近年来，我国物流业在互联网经济的推动下迅速发展起来，然而成本的攀升速度已超过效率的提升速度（见图 6-1 和图 6-2），与美国等发达国家相比，差距较为明显，对于物流业来说亟待解决的问题是如何能够做到"降本增效"。人工智能技术及相关软硬件产品的加入能够在运输、仓储、配送、客服等各个物流环节中有效降低物流企业的人力成本，提高人员及设备的工作效率，这些技术的开发和应用，同样能够为全球跨境电商提供物流服务，尤其是对跨境电商物流中重要的组成部分——海外仓。有了各类型科技的赋能，海外仓在未来的发展中必然能够提升物流效率，在降低自身成本的同时还能够帮助客户企业节省成本和商品的流通时间。

智能仓储属于高度集成化的综合系统，一般包含立体货架、有轨巷道堆垛机、出入库输送系统、信息识别系统、自动控制系统、计算机监控系统、计算机管理系统以及其他辅助设备组成的智能化系统等。因此在智能仓储中，商品的入库、存取、拣选、分拣、包装、出库等一系列流程中都有各种类型物流设备的参与，同时需要物联网、云计算、大数据、人工智能、RFID 等技术的支撑。从目前来看，人工智能在智能仓储系统中的应用还不够成熟，仍以货物体积测算、电子面单识别、物流设备调度、视觉引导、视觉监控等多种类型的点状应用散布于整个系统的各个环节当中。

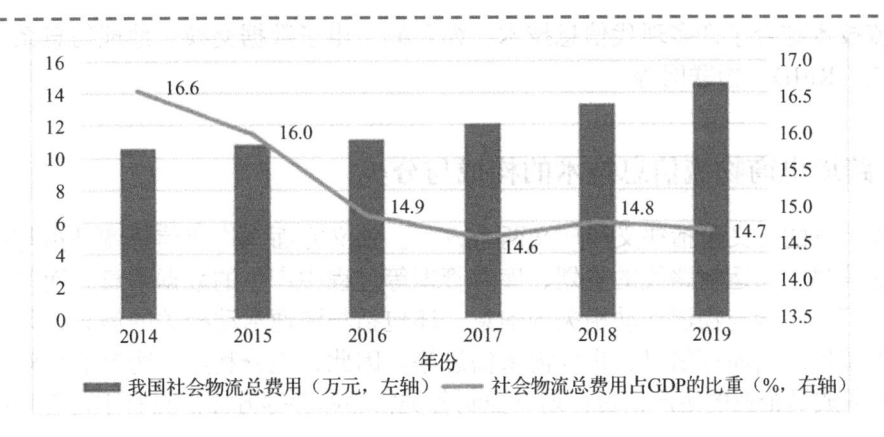

图 6-1 2014—2019 年中国社会物流总费用及占 GDP 的比重情况

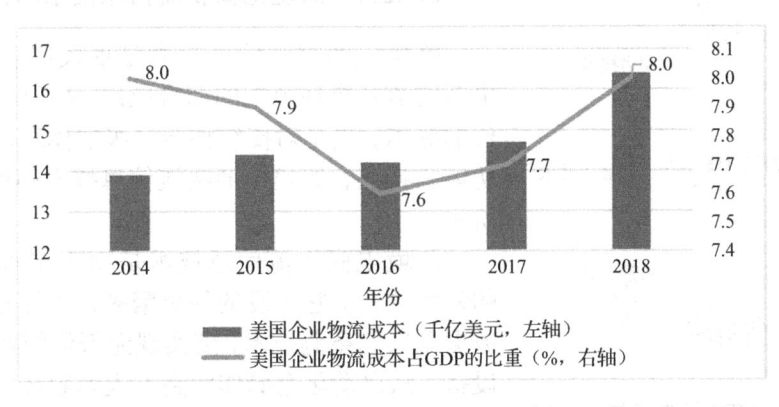

图 6-2 2014—2018 年美国企业物流成本及占 GDP 的比重情况

思考：科技发展对于跨境电商物流行业的影响有哪些？

6.1　跨境电商物流信息技术概述

跨境电商物流活动离不开相关信息技术的支持，除广泛运用的通信技术以外，还包括了电子标签技术、EDI 技术、GPS 技术、物联网技术、大数据及云计算等技术，本节将从物流信息技术的发展、构成与作用进行介绍。

6.1.1　跨境电商物流信息技术的发展

跨境电商的发展不仅给物流带来了新的发展机遇，而且也使现代物流具备了信息化、网络化、智能化、柔性化、虚拟化等一系列新特点。跨境电商物流技术是指与跨境电商物流要素活动有关的所有专业技术的总称，可以包括各种操作方法、管理技能等，如物品包装技术、物品标识技术、流通加工技术、报关技术、多式联运技术等；物流技术还包括物流规划、物流设计、物流策略、物流评价等；当计算机网络技术的应用普及后，物流技术综合了许多现代信息技术，如条码、电子数据交换、地理信息系统、全球定位系统、RFID、物联网等。

6.1.2 跨境电商物流信息技术的构成与分类

物流信息的含义包括狭义和广义两个方面。狭义方面，物流信息就是指与物流各环节有关的信息，如运输路线的规划、库存管理等过程中产生的数据信息。而广义方面，物流信息不仅包含与物流活动相关的信息，还包括与流通活动相关的信息，如商品交易信息、上游供应商库存信息、市场需求信息等。因此，充分利用好物流信息对制订整个供应链上各成员企业的生产销售计划、控制各类物品库存等方面都具有不可替代的优势。

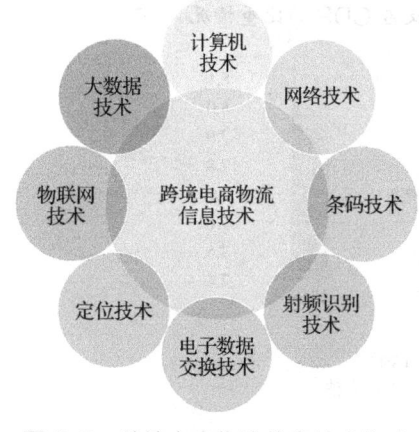

6.1.2.1 跨境电商物流信息技术的构成

跨境电商物流信息技术是现代信息技术在跨境电商物流各个环节中的综合应用，是现代物流更新换代的标志，更是对传统物流升级的体现。根据物流的功能与特点，跨境电商物流信息技术的构成如图6-3所示。

跨境电商物流信息技术是物流技术中发展最快的领域之一。它涉及的种类繁多，并且分工细化，从数据采集的条码技术，到实现无纸化作业的各类终端设备，从自动化仓储作业到无人驾驶技术，都充分展现了物流信息技术在跨境电商物流领域的重要地位。

图6-3 跨境电商物流信息技术构成

6.1.2.2 跨境电商物流信息技术的分类

由于跨境电商物流信息技术的应用广泛，涉及的物流环节较多，因此分类较为繁杂，如图6-4所示。

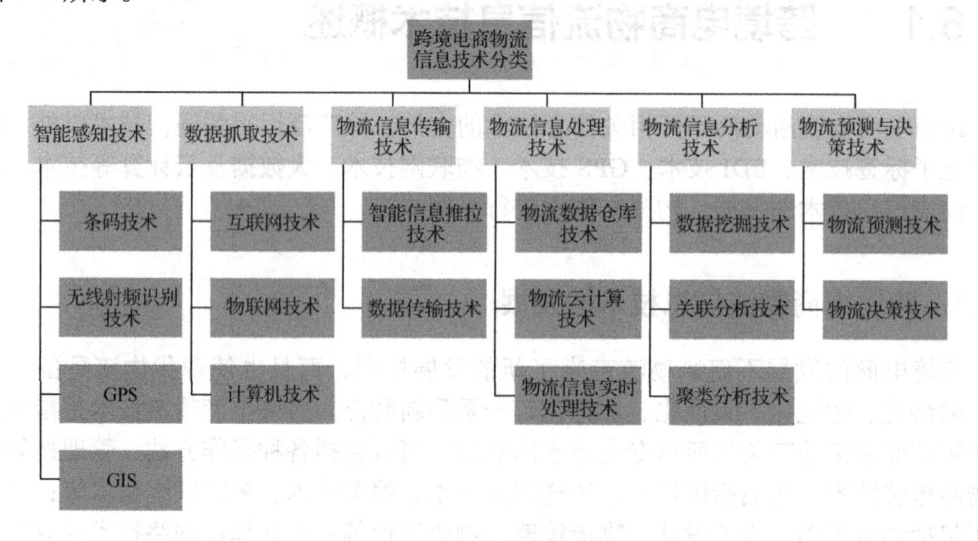

图6-4 跨境电商物流信息技术的分类

6.1.3 跨境电商物流信息技术的作用

跨境电商物流信息技术存在于物流活动的各个环节和流程中，其先进程度直接影响跨境电商交易的运作效率。跨境电商物流信息技术的作用主要表现在以下几个方面。

6.1.3.1 跨境电商物流信息技术能有效提高跨境电商的物流效率

跨境电商物流信息技术的优势之一就是能最大限度地简化物流业务流程，提高物流作业的效率。例如，交易双方可以通过电子商务技术，对物流活动进行模拟、决策和控制，从而选择最佳方式、方法和作业程序进行物流作业活动，提高作业的质量和效率。

6.1.3.2 跨境电商物流信息技术是降低电子商务物流成本的重要途径

先进的、合理的跨境电商物流信息技术不仅可以有效地提高电子商务物流的效率，而且也可以有效地降低跨境电商物流费用。这主要是由于先进的、合理的跨境电商物流信息技术的应用不仅可以有效地使物流资源得到合理的运用，也可以有效减少物流作业过程中的货物损失。

6.1.3.3 跨境电商物流信息技术可以辅助提高顾客的满意度

跨境电商物流信息技术的应用不仅能够提高跨境电商物流效率，降低物流费用，而且可以帮助卖家提高买家的满意度，密切与客户的关系。跨境电商物流信息技术的应用，快速响应系统的建立，可以使企业能够及时地根据客户的需要，将货物保质保量、迅速地送到客户指定的地点。

6.1.3.4 跨境电商物流信息技术的应用有利于实现物流的系统化和标准化

有效应用先进合理的跨境电商物流信息技术，有利于实现物流的系统化和标准化，有利于企业开拓市场，扩大经营规模，增加收益。

6.2 常见跨境电商物流信息技术与应用

6.2.1 自动识别技术与应用

自动识别技术是将信息数据自动识读、自动输入计算机的重要方法和手段，它是以计算机技术和通信技术为基础的综合性科学技术。近几十年以来，自动识别技术在全球范围内得到了迅猛发展，目前已形成一个包括条码、磁识别、光学字符识别、射频识别、生物识别及图像识别等集计算机、光、机电、通信技术为一体的高新技术学科。在当前比较流行的物流研究中，基础数据的自动识别与实时采集更是物流管理信息系统（Logistics Management Information System，LMIS）的存在基础，物流过程比其他任何环节更接近于现实的"物"，物流产生的实时数据比其他任何工况都要密集，数据量都要大。

按照国际自动识别技术的分类标准，自动识别技术可以有两种分类方法：一种是按照采集技术进行分类，其前提是需要被识别物体具有特定的识别特征载体（如标签等，仅光学字符识别例外），可以分为光存储器、磁存储器和电存储器三种；另一种是按照特征提取技术进行分类，其前提是根据被识别物体的本身的行为特征来完成数据的自动采集，可以分为静态特征、动态特征和属性特征。常见的自动识别技术包括条码识别技术、生物识别技术、图像识别技术、磁卡识别技术、射频识别技术、IC卡识别技术等。

在常见的自动识别技术中，生物识别技术包括声音识别技术和视觉识别技术以及射频识别技术，具体将在本章第6.3节中介绍。在本节中主要介绍自动识别技术中应用最广泛的条码识别技术。

6.2.1.1 条码识别技术介绍

条码起源于20世纪40年代，应用于70年代，普及于80年代。条码识别技术是在计算机应用和实践中产生并发展起来的广泛应用于商业、邮政、图书管理、仓储、工业生产过程控制、交通等领域的一种自动识别技术，具有输入速度快、准确度高、成本低、可靠性强等优点，在当今的自动识别技术中占有重要的地位。

1. 条码识别技术的概念

条码识别技术是指利用光电转换设备对条形码进行识别的技术。条形码是一组由宽条、窄条和空白排列而成的序列，这个序列可表示一定的数字和字母代码。条形码可印刷在纸面和其他物品上，因此可方便地供光电转换设备再现这些数字、字母信息，从而供计算机读取。条码识别技术主要由扫描阅读、光电转换和译码输出到计算机三大部分组成。在邮政业务中，条码识别技术已被用于信函分拣、挂号函件处理、特快专递自动跟踪、包裹处理等工作。

2. 条码识别技术的分类

常见的条码识别技术分为一维条码识别技术和二维条码识别技术。

一维条码即指条码条和空的排列规则，常用的一维条码的码制包括EAN码、39码、交叉25码、UPC码、128码、93码、ISBN码，以及库德巴码等（见图6-5）。一维条码识别技术是在计算机应用和实践中产生并发展起来的，广泛应用于工业生产过程控制、商业、邮政、图书管理、仓储、交通等领域的一种自动识别技术，具有输入速度快、准确度高、成本低、可靠性强等优点，在当今的自动识别技术中占有重要的地位。通常对于每一种物品来说，它的编码是唯一的。普通的一维条码，还要通过数据库建立条码与商品信息的对应关系，当条码的数据传到计算机上时，由计算机上的应用程序对数据进行操作和处理。因此，普通的一维条码在使用过程中仅作为识别信息，它的意义是通过在计算机系统的数据库中提取相应的信息而实现的。

二维条码是用某种特定的几何图形按一定规律用平面（二维方向上）分布的黑白相间的图形记录数据符号信息的。它不仅可以作为"物品"的标识，还能够对"物品"进行描述。二维条码起源于日本，原本是Denso Wave公司为了追踪汽车零部件而设计的一种条码。二维条码相比一维条码而言具有不可替代的优势，例如，二维条码信息容量更大、编码范围更广、保密和防伪性更高、纠错能力更强。常见的二维条码的码制包括 PDF417 码、Maxi Code 码、QR 码、Data Matrix 码、Code49 码等（见图 6-6）。

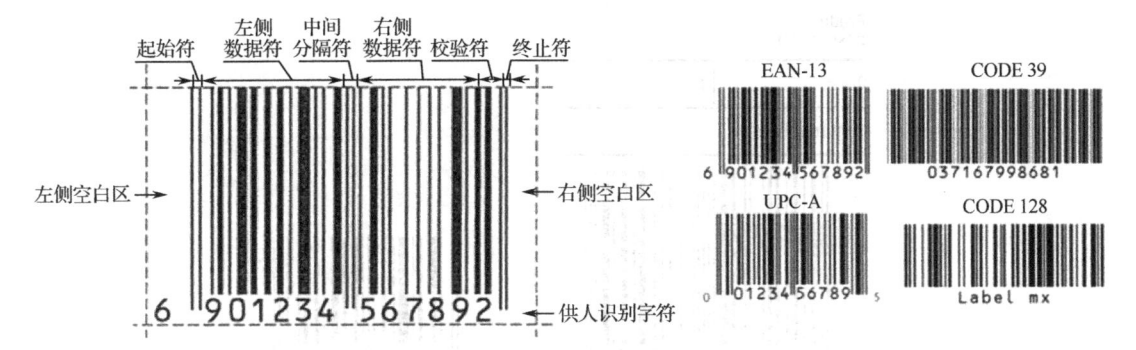

图 6-5　一维条码示意图

图 6-6　二维条码示意图

3. 常见物流条码的码制

国际上公认的用于物流领域的条码码制主要有三种，包括 EAN-13 条码、ITF14 条码和 UCC/EAN-128 条码。在选用条码时，要根据货物的不同和商品包装的不同，采用不同的码制。单个大件商品，如电视、电冰箱、洗衣机等的包装箱往往采用 EAN-13 条码。储运包装箱常常采用 ITF-14 条码或 UCC/EAN-128 条码。包装箱内可以是单商品，也可以是不同的商品或多件商品的小包装。

（1）EAN-13 条码。

EAN 条码是按照国际物品编码协会统一规定的规则编制的一种商品条码，分为标准版（EAN-13）码和缩短版（EAN-8）码两种。EAN-13 码通常被用于日常消费商品，而 EAN-8 码主要被用于一些较小包装的商品，如图 6-7 所示。

（2）ITF-14 条码。

ITF-14 条码，又称交叉 25 条码，主要被用于运输包装，是在印刷条件较差、不允许印刷 EAN-13 和 UPC-A 条码时应选用的一种条码。ITF-14 条码是一种连续型、有定长、具有自校验功能,并且条、空都表示信息的双向条码。它由矩形保护框、左侧空白区、条码字符、右侧空白区组成,如图6-8所示。

图6-7 EAN条码

图6-8 ITF-14条码示意图

ITF-14条码通常被用于标识储运单元。储运单元是指为便于搬运、仓储、订货、运输等,由消费单元(通过零售渠道直接销售给终端用户的商品包装单元)组成的商品包装单元。ITF-14条码对印刷精度要求不高,比较适合直接印刷(热转换或喷墨)于表面不够光滑、受力后尺寸易变形的包装材料,如瓦楞纸纤维板上。

(3)UCC/EAN-128条码。

UCC/EAN-128条码是一种连续型、非定长条码,能更多地标识贸易单元中需要表示的信息,如产品批号、数量、规格、生产日期、有效期、交货地等。UCC/EAN-128条码由应用标识符和数据两部分组成,每个应用标识符由2~4位数字组成。条码应用标识的数据长度取决于应用标识符。条码应用标识采用UCC/EAN-128码来表示,并且多个条码应用标识可由一个条码符号表示(见图6-9)。UCC/EAN-128条码由双字符起始符号、数据符、校验符、终止符以及左、右侧空白区组成。UCC/EAN-128条码是使信息伴随货物流动的全面、系统、通用的重要商业手段。

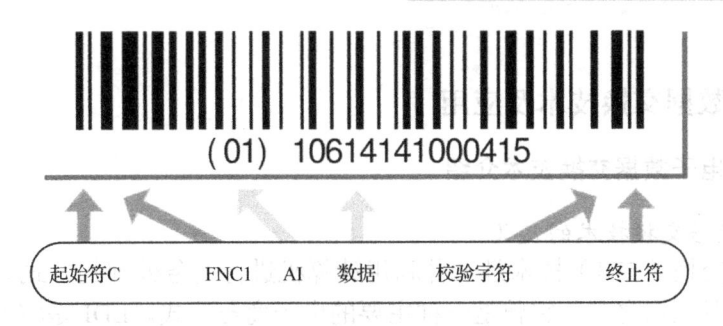

第 6 章　跨境电商物流信息与技术管理

```
(01)  10614141000415
```

起始符C　　FNC1　　AI　　数据　　校验字符　　终止符

图 6-9　UCC/EAN-128 条码

6.2.1.2　条码识别技术在跨境电商物流中的应用

1. 跨境电商支付手段

近几年，国内涌现大量诸如支付宝、财付通、京东钱包等移动支付软件，而这些软件基本都有二维码扫描功能。根据中国信息网发布的《2020 年中国移动支付行业分析报告》指出：从全球移动支付发展的情况来看，2019 年全球移动支付交易值达到 1.08 万亿美元，而在可预见的未来，全球移动支付市场仍将维持复合增速持续增长。阿里巴巴旗下的"速卖通"跨境电商平台将国内的"双十一"购物狂欢节促销活动搬到国外，打出"扫一扫二维码，在线付款，即有机会获得免单、全球包邮"等促销标语，二维码技术应用的普及给跨境电商交易创造了更快捷、更便利的支付环境。

2. 物流单据信息的储存与读取

条码识别技术在跨境电商物流单据方面的应用主要分为两种，邮政小包使用的是挂号条码和快递面单原号。挂号条码是指邮政小包所使用的跟踪号，分为粘贴和打印两种情况。一般我们个人去邮局寄国际挂号小包就会用到粘贴的挂号条码，而我们通过部分后台系统与邮局直接对接的货代公司发货时，则可以生成打印的挂号条码。而快递面单上的参考单号不能直接用来查询跟踪信息，所以我们在填写发运单号时在货代公司从快递公司拿到最终跟踪号之后，再把跟踪号和客户填写的快递面单对应起来，最后告诉客户最终的跟踪号，这个转换的过程就叫"转单号"。转单号并不是一个特定意义的单号，而是一个辗转生成跟踪号的行为，与转单号对应的是直接生成跟踪号。快递面单上的条码可以作为参考单号在快递公司网站上进行跟踪查询，同时快递面单作为发货底单，是一种发货证明，可以在必要时提供给平台作为证据。

3. 进行跨境电商供应链管理

通过对条码的识别，企业可以随时了解有关物品在供应链上的位置，并且及时做出反应。当今在欧美等国家兴起的 ECR、QR、CRP 等供应链管理策略，都离不开条码技术的支持。条码技术是实现销售时点信息系统（Point of sale，POS）、EDI、电子商务和供应链管理的技术基础。

4. 跨境电商海外仓管理

通过对条码的识别，能够及时掌握商品的出入库信息、库存变化、补货时机及数量，并且可以根据条码储存的信息将商品按一定标准进行分类管理，在提高仓储管理效率的同时降低物流成本，消除无效劳动。

6.2.2 电子数据交换技术及应用

6.2.2.1 电子数据交换技术介绍

1. 电子数据交换技术的定义

电子数据交换（EDI）技术是一种利用计算机进行商务处理的方式。在基于互联网的电子商务普及应用之前，它曾是一种主要的电子商务模式。EDI 是将贸易、运输、保险、银行和海关等行业的信息，用一种国际公认的标准格式，形成结构化的事务处理的报文数据格式，通过计算机通信网络，使各有关部门、公司与企业之间进行数据交换与处理，并完成以贸易为中心的全部业务过程。EDI 包括买卖双方数据交换、企业内部数据交换等。

2. 电子数据交换技术的产生与发展

随着科学技术的突飞猛进（见图 6-10），社会经济日新月异，特别是自 20 世纪 80 年代以来，在新技术革命浪潮的猛烈冲击下，一场高技术竞争席卷世界，使人类社会的一切领域正在飞速地发生改变着面貌。国际贸易空前活跃，市场竞争愈演愈烈。

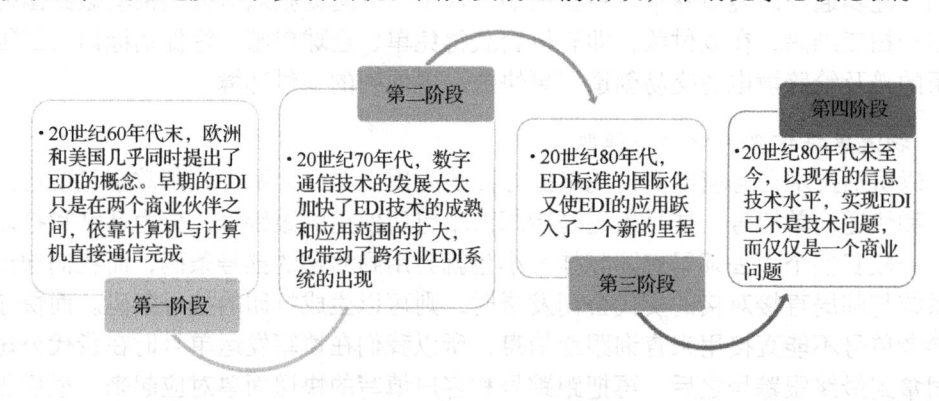

- **第一阶段**：20世纪60年代末，欧洲和美国几乎同时提出了EDI的概念。早期的EDI只是在两个商业伙伴之间，依靠计算机与计算机直接通信完成
- **第二阶段**：20世纪70年代，数字通信技术的发展大大加快了EDI技术的成熟和应用范围的扩大，也带动了跨行业EDI系统的出现
- **第三阶段**：20世纪80年代，EDI标准的国际化又使EDI的应用跃入了一个新的里程
- **第四阶段**：20世纪80年代末至今，以现有的信息技术水平，实现EDI已不是技术问题，而仅仅是一个商业问题

图 6-10 EDI 技术的发展阶段

正是在这样的背景下，以计算机应用、通信网络和数据标准化为基础的 EDI 应运而生。EDI 一经出现便显示出强大的生命力，迅速地在世界主要工业发达国家和地区得到广泛的应用。由于 EDI 具有高速、精确、远程和巨量的技术性能，因此 EDI 的兴起标志着一场全新的、全球性的商业革命的开始。国外专家深刻地指出："能否开发和推动 EDI 计划，将决定对外贸易方面的兴衰和存亡。"

3. 电子数据交换技术的分类

EDI 技术的分类及功能见表 6-1。

表 6-1 EDI 技术的分类及功能

EDI 分类	功　能
贸易数据互换系统（Trade Data Interchange）	最知名的 EDI 系统，用电子数据文件来传输订单、发货票和各类通知

续表

EDI 分类	功 能
电子金融汇兑系统（Electronic Fund Transfer）	在银行和其他组织之间实行电子费用汇兑，并同订货系统联系起来，形成一个自动化水平更高的系统
交互式应答系统（Interactive Query Response）	它可被应用在旅行社或航空公司作为机票预定系统。这种 EDI 在应用时要询问到达某一目的地的航班，要求显示航班的时间、票价或其他信息，然后根据旅客的要求确定所要的航班，打印机票
带有图形资料自动传输的 EDI（如 CAD）	最常见的是计算机辅助设计（Computer Aided Design，CAD）图形的自动传输。例如，设计公司要完成一个厂房的平面布置图，将其平面布置图传给厂房的主人，请主人提出修改意见。一旦该设计被认可，系统将自动输出订单，发出购买建筑材料的报告，并在收到这些建筑材料后，自动开出收据

4．电子数据交换技术的功能

（1）企业流程重组和一体化管理。

EDI 作为电子商务应用的典范，无论是在技术上还是在管理上，都为目前电子商务的发展奠定了基础。在 EDI 的应用中，企业之间不再相互独立，而是通过一种自动业务处理的方式相互联系起来，并因此减少了供应商之间的多层环节，降低了企业的营销成本，提高了生产能力和经营效率。企业的经营过程被大大简化，企业内部的应用系统直接同贸易伙伴的应用系统连接在一起，形成跨越企业边界的重组过程，要求企业重新在 EDI 条件下进行定位，进一步预示整个管理结构、系统、经营过程以及同客户、供应商之间关系的深刻变化。

（2）降低与贸易事务处理相关的费用。

使用 EDI 可以消除传统计算机人工输入的错误，并且在很大程度上减少了诸如分类、汇总、配套处理及协调、邮寄之类的烦琐工作。EDI 也能够消除用于支持企业之间传递业务信息所采用的各种原材料和设备，可以节省各种原材料的物理空间。此外，将 BPR 和 EDI 结合在一起会给企业节约更多的潜在成本。

（3）提高信息交换和处理的效率。

EDI 传输事务信息比书面报文更加准确完整，同时在传输之前还经过翻译程序的严格检查。利用 EDI 可以省去邮寄，并缩短贸易事务处理所需的时间。

（4）缩短业务循环周期。

如果接收方在接收 EDI 订单事务上能够做到快速、准确和完整，那么商品的提货、装运等就可以快速实现，这样发送方能够更快地接收到商品和单据；同时，这将使接收方能够更快地授权银行等金融机构进行付款，以及发送方（如卖方）能够更快地收到付款。如果企业和公司能够收到比书面发票更快的电子发票，就可以及时核对收到的发票，授权支付，并在折扣期内付款。这对贸易伙伴双方都有利，付款方因获得折扣而满意，收款方也能更早地收到款项。此外，由于缩短了发放订单和收到订单之间的日期间隔，企业可以降低库存数量。

（5）增进贸易伙伴间的联系。

虽然对贸易一方来说存在某个 EDI 伙伴单方面提出使用某种标准、某种贸易规程等要求，但在多数情况下，贸易伙伴就如何建立 EDI 及何时建立 EDI 需要进行更为广泛的合作，并且对最终使用的应用程序达成一致的意见。

（6）改善企业内部的信息流程。

在 EDI 中，以电子形式接收的贸易事务数据不仅更加精确完善，同时数据可以依次通过不同的应用程序进行处理，从而改善数据流程。例如，接收 EDI 购买订单，提高了处理速度和订单录入的准确性，而接收电子发票可以使发票核对和调整处理实现自动化。通过传输和接收 EDI 标准格式的电子事务数据或报文，企业可以自动地提取控制信息，建立一个 EDI 活动数据库，信息可以按照某种方式存储，并在需要时允许其他人通过预定方式随机访问。

6.2.2.2 电子数据交换技术在跨境电商物流中的应用

跨境电商企业需要处理报关、退税、商检、订单等一系列交易问题，这其中就涉及 EDI 技术的使用。现代物流中所有的电子数据交换主要是应用于单证的传递、货物送达的确认等，应用电子数据交换传输的单证种类有托单、运单、对账单、采购订单、发票、到货通知单、交货确认单。EDI 接收通过从客户 EDI 系统传来的托单、合同等信息，从银行 EDI 系统送来的信用证信息，向海关发送报关单信息，向供应商 EDI 系统发送采购订单信息等，从而实现贸易伙伴之间的信息传输。

利用 EDI 技术搭建信息平台，将运输企业（铁路、水运、航空、公路运输企业等）、货主（生产者、贸易商、批发商、销售商等）、海关、商检、金融企业、仓储企业、报关企业以及承运业主有机联系在一起，支持与电商平台的订单信息交互，支持与企业三方系统数据的对接，支持与海关、商检系统对接，支持与企业财务管理及 OA 系统的对接。

6.2.3 GIS、GPS 技术与应用

6.2.3.1 GIS、GPS 技术介绍

1. GIS、GPS 的含义

（1）GIS。

地理信息系统（Geographic Information System，GIS）是以地理空间数据为基础，采用地理模型分析方法，适时地提供多种空间的和动态的地理信息，能对各种地理空间信息息进行收集、存储、分析和可视化表达，是一种为地理研究和地理决策服务的计算机技术系统。

GIS 的基本功能是将表格型数据（无论它来自数据库、电子表格文件，还是直接输入得到）转换为地理图形显示，然后对显示结果进行浏览、操作和分析。其显示范围可以从洲际地图到非常详细的街区地图。显示对象包括人口、销售情况、运输路线以及其他内容。

GIS 技术包括数据库管理、图形图像处理、地理信息处理多方面的基础技术，在计算机软件和硬件的支持下，运用系统工程和信息科学的理论，科学管理和综合分析具有空间内涵的地理数据，为各行业提供规划、管理、研究、决策等方面的解决方案。

（2）GPS。

全球定位系统（Global Positioning System，GPS）是一个中距离圆形轨道卫星导航

系统。它可以为地球表面绝大部分（98%）地区提供准确的定位、测速和高精度的时间标准。

2. GIS、GPS 的特点

GIS 具有以下三个方面的特征：①具有采集、管理、分析和输出多种地理空间信息的能力，具有空间性和动态性；②以地理研究和地理决策为目的，以地理模型方法为手段，具有区域空间分析、多要素综合分析和动态预测能力，能够产生高层次的地理信息；③由计算机系统支持进行空间地理数据管理，并由计算机程序模拟常规的或专门的地理分析方法，作用于空间数据，产生有用信息，完成人类难以完成的任务。

GPS 具有以下六个方面的特征：第一，全天候，不受任何天气的影响；第二，全球覆盖（高达 98%）；第三，三维定点定速定时高精度；第四，快速、省时、高效率；第五，应用广泛、多功能；第六，可移动定位。

3. GIS、GPS 技术在物流行业的功能

GIS 技术在物流行业的功能如表 6-2 所示。

表 6-2　GIS 技术在物流行业的功能

	功　能	具　体　内　容
GIS	车辆路线模型	用于解决一个起始点、多个终点的货物运输中，如何降低物流作业费用，并保证服务质量的问题；包括决定使用多少辆车，每辆车的行驶路线等
	网络物流模型	用于解决寻求最有效的分配货物路径问题，也就是物流网点布局问题
	分配集合模型	可以根据各个要素的相似点把同一层上的所有或部分要素分为几个组，用以解决确定服务范围和销售市场范围内的问题等
	设施定位模型	用于确定一个或多个设施的位置。在物流系统中，仓库和运输线共同组成了物流网络，仓库处于网络的节点上，节点决定着线路如何根据供求的实际需要并结合经济效益等原则，在既定区域内设立多少个仓库，每个仓库的位置，每个仓库的规模，以及仓库之间的物流关系等，运用此模型均能使问题很容易地得到解决

GPS 技术在物流行业的功能如表 6-3 所示。

表 6-3　GPS 技术在物流行业的功能

	功　能	具　体　内　容
GPS	用于汽车自定位、跟踪调度	车辆导航将成为未来全球卫星定位系统应用的主要领域之一。我国已有数十家公司在开发和销售车载导航系统
	用于铁路运输管理	我国铁路开发的基于 GPS 的计算机管理信息系统，可以通过 GPS 和计算机网络实时收集全路列车、机车、车辆、集装箱及所运货物的动态信息，可实现列车、货物追踪管理
	用于军事物流	全球卫星定位系统首先是为军事目的而建立的，在军事物流中，如后勤装备的保障等方面，其应用相当普遍

6.2.3.2 GIS、GPS 技术在跨境电商物流中的应用

1. GIS 技术在跨境电商物流中的应用

跨境电商离不开传统物流，GIS 使传统流通企业在运作方式、技术、管理水平和经营理念上发生了根本性变化，使物流表现出许多新的特点，如信息化、自动化、网络化、智能化、柔性化。将 GIS 引入跨境电商下的物流管理中，符合 GIS 和电子商务的特点，也符合物流业的发展需求。GIS 强大的数据管理功能，它所存储的信息不仅包括以往的属性和特征，还具有统一的地理定位信息。因此，能将各种信息进行复合和分解，形成空间和时间上连续分布的综合信息，支持各种分析和决策，这是其他信息系统所不具备的优势。

（1）规划多种交通路线以备选择。

在跨境电商的物流管理中，涉及物质实体的空间转移，运输和仓储占总成本的 70%以上，因此交通运输方式及路线的选择问题直接影响物流成本，这正是 GIS 数据管理的强项。在基于 GIS 的物流分析中，对于网络中最优路径的选择首先要确定影响最优路径选择的因素，如经验时间、几何距离、道路质量、拥挤程度等，可采用层次分析法，确定每条道路的权值。物流分析中的路径可以分为三种情况：①两个特定地点之间的最佳路径；②一个地点到任意点之间，以及从一个地点到多个地点之间的车辆数量以及行驶路线选择；③网络中从多个地点运往多个地点的最优路径选择配对。

对于前两种情况，可以采用经典的 Dijkstra 算法来实现。对于第三种情况，可以采用管理运筹学的运输模型结合 Dijkstra 算法实现，可以选用 Floyd 算法或是根据著名的旅行商问题的解法求解。在求得最优路径的基础上，再根据现有车辆运行情况可确定车辆调配计划。

（2）物流节点的选址。

对于供应商、配送中心、分销商和用户而言，需求和供给这两方面都存在着空间分布上的差异，此外供应商和分销商的服务范围和销售市场范围也具有不同的空间分布形式，因此物流设施的布局是电子商务下物流管理所必然面临的问题，其合理程度直接影响利润获取的多少。机构设施地理位置的选择包括位置的评价和优化。评价是对于现有设施的空间位置分布模式的评价，而优化是对于最佳位置的搜寻和确定。地理位置的合理布局实质上就是在距离最小化和利润最大化两者之间寻求平衡点。

（3）车辆运输动态管理。

在物流领域，GPS 与 GIS 技术能够相辅相成、广泛地应用于各个环节，如用于汽车的定位、跟踪、调度，这样能极大地避免物流的延迟和错误运输的现象，货主可以随时对货物进行全过程的跟踪与定位管理，此外，还能掌握空中交通以及铁路运输中有关货物的动态信息，由此增强供应链的透明度和控制能力，提高整个物流系统的效益和客户服务的水平。GIS 能接收 GPS 数据，并将它们显示在电子地图上，这在很大程度上能帮助企业动态地进行物流管理。

2. GPS 技术在跨境电商物流中的应用

GPS 在跨境电商物流领域可应用于汽车自定位、跟踪调度以及铁路、船舶运输等方面的管理。

（1）在汽车自定位、跟踪调度方面的应用。

利用 GPS 的计算机管理信息系统，可以通过 GPS 和计算机网络实时收集全路汽车所运货物的动态信息，可实现汽车、货物追踪管理，并及时进行汽车的调度管理。据丰田汽车公司的统计和预测，日本公司在利用全球定位系统开发车载导航系统后，日本车载导航系统的市场在 1995—2000 年平均每年增长 35%以上，全世界在车辆导航上的投资将平均每年增长 60.8%，因此，车辆导航将成为未来全球定位系统应用的主要领域之一。

（2）在铁路、船舶运输方面的管理。

随着"一带一路"倡议的提出，中国与沿线国家和地区的经济贸易量大幅增长，而对于商品的可视化管理成为消费者和供应商的关注重点。利用 GPS 的计算机管理信息系统，可以通过 GPS 和计算机网络实时收集全航线的列车、船只、车辆、集装箱及所运货物的动态信息，从而实现各类运输工具货物的追踪管理。只要知道某货车的种类、型号，就可以从互联网上运行着的几十万辆货车中找到该货车，还能得知这辆货车现在何处运行或停在何处，以及所有的车载货物发货信息。全球跟踪定位技术可大大提高其路网能力及其运营的透明度，为货主和消费者提供更高质量的服务。

6.2.4　物联网技术与应用

6.2.4.1　物联网技术介绍

1．物联网技术的含义

物联网（Internet of Things，IoT）的概念是在 1999 年提出的，它的定义指把所有物品通过射频识别等信息传感设备与互联网连接起来，实现智能化识别和管理。物联网通过智能感知、识别技术与普适计算在网络的融合中被广泛应用，被称为继计算机、互联网之后世界信息产业发展的第三次浪潮。物联网被视为互联网的应用拓展，应用创新是物联网发展的核心，以用户体验为核心的创新 2.0 是物联网发展的灵魂。

2．物联网技术的支撑

如图 6-11 所示，射频识别（Radio Frequency Identification，RFID）是电子标签，属于智能卡的一类，RFID 技术在物联网中主要起到"使能"（Enable）的作用。

传感网指借助各种传感器，探测和集成包括温度、湿度、压力、速度等物质现象的网络。

通过移动通信对设备进行有效控制（Machine to Machine，M2M）强调的是在商业活动中通过移动通信技术和设备的应用变革既有商务模式或创造出新商务模式，是机器设备间的自动通信。从狭义上说，M2M 只代表机器和机器之间的通信。目前，人们提到 M2M 的时候，更多的是指非 IT 机器设备通过移动通信网络与其他设备或 IT 系统的通信。放眼未来，人们认为 M2M 的范

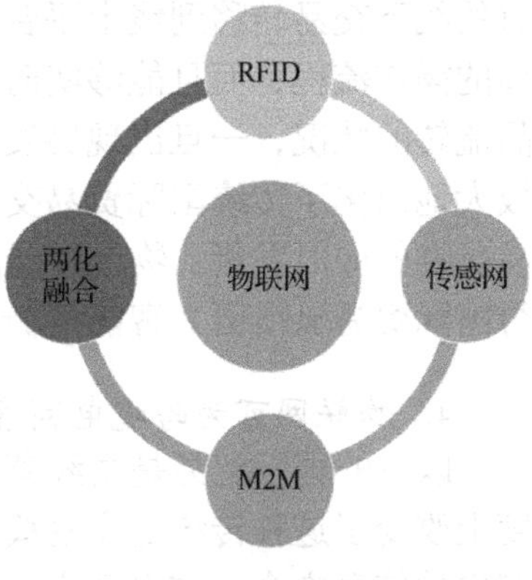

图 6-11　物联网技术的支撑

围不应拘泥于此,而是应该扩展到人对机器、机器对人、移动网络对机器之间的连接与通信。

3. 物联网在物流产业的应用

物流领域是物联网相关技术最有现实意义的应用领域之一。物联网的建设会进一步提升物流智能化、信息化和自动化水平。推动物流功能整合,对物流服务各环节运作将产生积极影响。

6.2.4.2 物联网技术在跨境电商物流中的应用

国际电子商务的崛起为物联网技术提供了广阔的应用领域和市场机会。特别是物联网技术的智能识别定位追踪监控和管理功能,对于有效克服跨境电商发展中的诸多难题,助推跨境电商的深化普及与长远发展将发挥重要作用。

1. 物联网可提升产业供应链的跨境配套能力

利用物联网技术,结合国际贸易的运作特点,可以缩短贸易货物的供应链,继而快速地实现国际贸易的商品流转。近年来,重庆在国家相关部委扶持下,仅用 3 年时间便将惠普、宏碁、华硕、思科、方正等品牌电脑生产商引入当地,促进了当地经济蓬勃发展。

2. 物联网可有力拓展电商的贸易范围

借助物联网技术,商品产地概况、商品集散分布、贸易优惠条款等都可以方便地被查询与获取,可有力拓宽国际贸易电子商务交易的范围。2011 年 3 月,为提高义乌小商品批发市场的信息化水平,拓展电子商务和服务领域,义乌国际商贸城便推出了小商品二维信息码,将义乌的小商品批发产业悄然带入物联网时代。截至 2020 年,义乌小商品批发市场已成为国际性的小商品流通和信息展示中心,被联合国、世界银行与摩根士丹利等权威机构称为"全球最大的小商品批发市场"。未来,物联网国际电子商务交易平台的对外贸产品种类还将增加,外贸范围也将继续扩大。

3. 物联网可有效提高跨境电商结算的安全性

实现了电子商务化的交易运作之后,国际贸易越来越多地利用网络技术来简化商品交易流程、提升商品交易效率。而通过在电子商务之中运用物联网技术,不仅可以将原有的线下交易转移到线上平台,仅需要贸易双方的信息指令交换,就可完成原先复杂烦琐的操作流程,而且能够实时监控商品贸易的整个交易过程,便于参与双方及时掌握商品流转的状况,一旦出现突发问题,也可以据此迅速做出合理的判断并加以解决。这就极大地简化了传统国际贸易交易的既定流程步骤,以更为快捷有效的动态机制,确保贸易货物的即时发货、物流配送、价款交易等流程,大大缩短了贸易交易的使用时间,使得国际贸易显得更为智能便捷。

4. 物联网可为跨境电商客户提供信息安全保障

以往的国际贸易是由经营者与消费者面对面地进行,而电子商务的出现则在一定程度上改变了这种传统的交易模式。然而此种交易模式具有一定的开放性,不能有效确保客户的信息安全。在电子商务交易兴起之后,国际贸易也迅速实现了电算化,在添加物联网技术的支持之后,将之前烦琐的商品物流、价款给付、债务清偿等操作流程,全部转移到物联网平台之上。参与贸易的双方能够更为简便地查询对方的商品物流、价款给付、债务清偿等内容，而不必再指派专人进行询问、记录，同时参与群体也可以通过设置账号密码，使得自身拥有查询修改的权限，并有选择地屏蔽一部分不能公开查看的贸易交易内容，以使客户群体的核心商业机密不被泄露。

6.3 人工智能技术在跨境电商物流中的应用

物流业的核心痛点决定了该行业最迫切的需求即"降本增效"，物流企业的自动化、信息化转型升级都是为实现降本增效目的而做出的努力。人工智能技术产品的加入能够进一步推动物流业向"智慧物流"发展，更大限度地降低人工成本、提升经营效率。对于人工智能行业而言，随着技术的不断迭代，人工智能不再是高悬于天上的空中楼阁，"商业落地"已成为人工智能企业发展到当前阶段鲜明的主题词。从落地难度及发展前景来看，业务流程清晰、应用场景独立、市场空间巨大的物流业无疑是人工智能落地的绝佳选择。

本节中的"人工智能+物流"（AI+物流，见图 6-12）指的是基于人工智能技术（机器学习、深度学习、计算机视觉、自动驾驶等）的软硬件产品及服务（无人卡车、无人机/无人车、智能调度系统等）在物流活动各环节（运输、仓储、配送等）中的应用。"人工智能+物流"是物流科技的新形态，本节对"人工智能+物流"的介绍主要集中在跨境电商物流活动中的运输、仓储、配送这三个环节中。

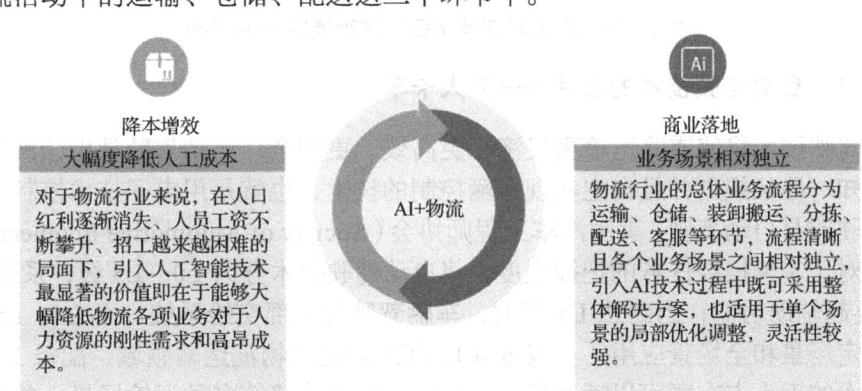

降本增效
大幅度降低人工成本
对于物流行业来说，在人口红利逐渐消失、人员工资不断攀升、招工越来越困难的局面下，引入人工智能技术最显著的价值即在于能够大幅降低物流各项业务对于人力资源的刚性需求和高昂成本。

AI+物流

商业落地
业务场景相对独立
物流行业的总体业务流程分为运输、仓储、装卸搬运、分拣、配送、客服等环节，流程清晰且各个业务场景之间相对独立，引入AI技术过程中既可采用整体解决方案，也适用于单个场景的局部优化调整，灵活性较强。

图 6-12 人工智能技术与物流行业的契合

6.3.1 人工智能技术在跨境电商运输中的应用

人工智能在跨境电商运输中的应用方向集中在无人卡车和运输车辆管理两个方面。运输是物流产业链条的核心环节，也是物流成本构成的重要内容，运输费用在跨境电商物流总费用中的占比始终在 **50%** 以上。由于运输环境及运输设备存在复杂性，现阶段人工智能在物流运输中的应用尚处于起步阶段。目前国内人工智能在跨境电商物流运输环节的应用主要集中于公路干线运输，主要有两大方向：一种是以自动驾驶技术为核心的无人卡车；另一种是基于计算机视觉与AIoT（人工智能物联网）[=AI（人工智能）+IoT

（物联网）]的产品技术，它为运输车辆管理系统提供实时感知功能。人工智能赋能跨境电商物流运输的最终形态必将是由无人卡车替代人工驾驶卡车，尽管近两年自动驾驶在卡车研发生产领域进展顺利，无人卡车在港区、园区等相对封闭的场景中已经开始进入试运行阶段，但与实际运营的距离尚远。未来数年内，人工智能在物流运输中的商业化价值主要体现在车辆状态监测、驾驶行为监控等功能。据相关数据显示，2019年国内人工智能+物流运输的市场规模为6.1亿元，预计到2025年超过30亿元（见图6-13）。

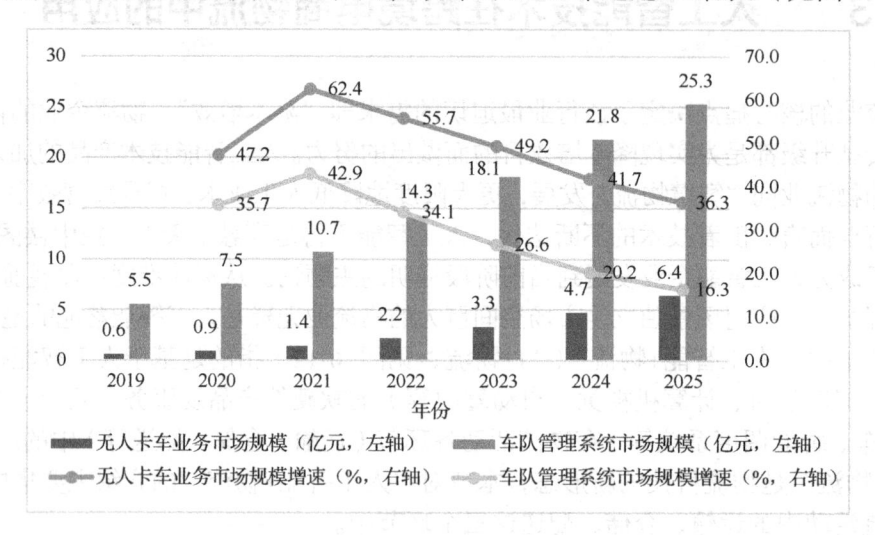

图 6-13　人工智能技术在运输市场的规模预测

6.3.1.1　自动驾驶技术的应用——无人卡车

自动驾驶技术将使道路运输更经济、更高效、更安全。自动驾驶是指让汽车自身拥有环境感知、路径规划并且自主实现车辆控制的技术，也就是用电子技术控制汽车进行的仿人驾驶或是自动驾驶。美国汽车工程师协会（Society of Automotive Engineers，SAE）根据系统对于车辆操控任务的把控程度，将自动驾驶技术分为L0~L5级，系统在L1~L3级主要起辅助功能；当到达L4级时，车辆驾驶将全部交给系统，而L4、L5级的区别在于特定场景和全场景应用（见表6-4）。在跨境电商物流运输领域，配备L4级别自动驾驶技术的无人卡车既可以满足港口、园区、高速公路等多种运输场景，并在人力资源、能源费用、设备损耗、保险费用等多个层面大幅降低运输整体成本。根据国家统计局数据显示，2018年国内重型载货汽车已超过700万辆，自动驾驶技术一旦进入商业化应用阶段，其市场空间及所能创造的价值都将达到数千亿元以上。

表 6-4　自动驾驶技术不同级别在跨境电商物流运输中的应用

自动驾驶级别	划分标准	车辆控制	环境感知	跨境电商物流领域的应用分析
L1/L2	在特定驾驶模式下，单/多项驾驶辅助系统通过获取行车环境信息对车辆横向或纵向驾驶动作进行操控，但驾驶员需要负责对除此以外的动态驾驶任务	人+车	多人感知	自动驾驶技术的应用可以减少甚至替代卡车司机、降低人力成本

续表

自动驾驶级别	划分标准	车辆控制	环境感知	跨境电商物流领域的应用分析
L3	在特定的驾驶模式下,系统负责执行车辆全部动态驾驶任务,驾驶员需要在特殊情况发生时,适时对系统提出的干预请求进行回应	车	人+车	自动驾驶技术结合动力传动控制系统和跟车行驶系统,减少单位油耗
L4	在特定驾驶模式下,系统负责执行车辆全部动态驾驶任务,即使驾驶员在特殊情况发生时未能对系统提出的干预请求做出回应也是如此	车	车	提高车辆运行的安全性,有效降低运输的交通事故率,节省保费成本
L5	系统负责完成全天候全路况的动态驾驶任务,系统可由驾驶员进行管理	车	车	

在跨境电商物流领域,港口、物流园区、高速公路等道路运输主要场景的封闭性较高,运输路线相对较为固定,测试数据的获取与积累也更容易。从商业化的进程来看,以图森未来为代表的 L4 级别自动驾驶卡车已经率先进入试运营阶段,无人卡车的商业化的步伐正在逐渐推进,但这只是无人卡车在物流运输中的初步尝试,目前仍然存在技术稳定性有待验证、可测试路段较少、国内甩挂运输份额较小等诸多问题还未解决,无人卡车距离大规模商业化应用尚待时日。

6.3.1.2 基于计算机视觉技术与 AIoT 技术的应用——运输车辆管理系统

目前,国内人工智能赋能物流运输的主要形式是基于计算机视觉技术与 AIoT 技术,在车队管理系统中实现车辆行驶状况、司机驾驶行为、货物装载情况的实时感知功能,使系统在车辆出现行程延误、线路异常和司机危险行为(疲劳、看手机、超速、车道偏离等)时进行风险报警、干预和取证判责,并最终达到提升车队管理效率、减少运输安全事故的目的。与无人卡车的"替代性"功效不同,车队管理系统中所应用的计算机视觉技术是对原有物联网功能的补充与拓展,但依然是以辅助者的角度来帮助司机和车队管理者,其感知设备是后装形式的车载终端,决策来自系统平台,对车辆的控制和动作执行要通过司机手动完成(见图 6-14)。因此就现阶段而言,融入人工智能技术的车队管理系统在适用性和商业化程度上领先于无人卡车。

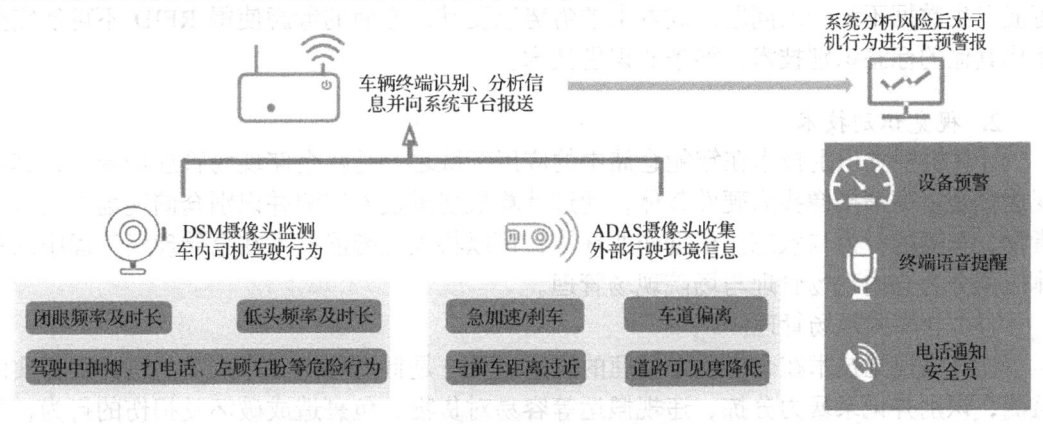

图 6-14 AI 技术在车队管理系统中的应用案例

6.3.2 人工智能技术在跨境电商仓储中的应用

6.3.2.1 入库识别技术

1. RFID

RFID 是一种现代通信技术，该技术在 20 世纪 90 年代兴起，由于其可以通过远距离无线射频进行数据识别而不需要进行实际接触，因此被广泛应用于企业生产及社会生活。

在仓储管理商业化发展的过程中，RFID 技术运用到物流仓储管理中来是由美国的大型零售商沃尔玛集团率先开始的。早在 2003 年，沃尔玛集团就开始对其供货商提供 RFID 标签，同时引进 RFID 系统对所有零售商品进行分类，其便捷的商品提取、商品定位、商品确认为沃尔玛在其后 10 年内的突飞猛进、获得零售集团老大的位置奠定了坚实的基础。正是基于 RFID 系统的使用，沃尔玛在物流仓储过程中的成本被大大降低，同时沃尔玛集团在零售商品存储中的信息化、机械化、自动化、准时化水平也提升了。从商品的生产加工、运输、储存到入库管理、在库管理、出库管理，集团的水平都得到了显著提升，并且在此基础上从集团内部到外部管理呈现了良性循环。

在传统物流仓储管理中，通常采用将物资运送至指定位置后进行具体方位地点记录，再通过人工的方式对物资的具体信息进行记录，最后以信息汇总的方式来完成初步的物资入库。在这种管理方式下，未能对仓储仓库的空间利用进行提前规划，而产品的信息一般是通过传统的记录或者是条形码的方式，都不能够完全确保产品信息的准确性和完整性。入库前未对物资运输方式及物流运输路径等进行合理规划，入库后查验方式落后，记录信息过程的时间成本过大，而错误率高。针对以上传统入库流程中的问题，在物流仓储管理流程中引入 RFID 后可以对入库流程进行革命化改进，在提升管理效率的同时降低固定成本。

然而，RFID 也有其自身的缺点，例如，相对于传统的条形码技术，电子标签成本较高，不适合对每一种产品都贴上电子标签，对多个电子标签进行读取的时候可能发生标签冲突，多个读写器读写同一个电子标签时也可能发生标签冲突。标签冲突是指读写器同时读取多个标签处理时，有可能产生冲突的问题，同时多个读写器读写同一个标签有可能发生数据不统一的问题。成本上的劣势以及其他方面的考虑使得 RFID 不可能完全替代其他的标签识别技术，如条码识别技术。

2. 视觉识别技术

计算机视觉识别技术在智能仓储中的应用领域之一是在仓储现场管理场景中，其实现途径是以高清摄像头为硬件载体，通过计算机视觉技术监测并识别仓储现场中人员、货物、车辆的行为与状态。根据作业环境，可以将人工智能技术在仓储现场管理中的具体应用分为仓内现场管理与场院现场管理。

（1）仓库内现场管理。

计算机视觉技术在仓内现场管理的应用场景一是针对仓内工作人员的行为进行实时监测，识别并记录暴力分拣、违规搬运等容易对货物、包裹造成破坏及损伤的行为，采集相关行为实施人员的信息;二是监测仓内流转的货物、包裹的外观情况,识别并判断包裹的破损情况,对存在明显破损的包裹进行预警上报。在仓内现场管理中引入计算机视觉技术,能够起到监督与规范员工行为、降低货物破损与丢失概率、减少理赔成本等作用(见图 6-15)。

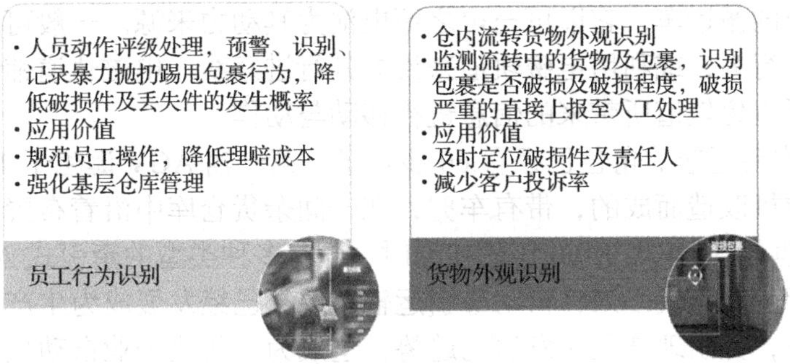

图 6-15 视觉识别技术在入库环节的应用

(2)场院现场管理。

场院现场管理中的主要管理对象是各类运输车辆,视觉识别技术在场院现场管理系统中的作用即监测、分析车辆从进入物流园区或中转场院到离开的全过程,核心应用是车牌识别及车辆装载率识别。车牌识别在日常生活中已相当普及,但由于运输车辆的车体较大、车牌位置不定且经常出现脏污遮挡,因此场院管理场景对车牌定位、字符分割和光学字符识别算法的要求更高;装载率识别是通过装卸口或装卸月台设置的摄像头获取车厢现有货物空间及剩余空间,从而计算分析过程装载率与即刻装载率。在场院现场管理中引入计算机视觉技术,能够持续采集场院内车辆信息,为管理系统提供车辆装载率、车辆调度、运力监测和场地人员能效等基础数据,优化运力成本(见图 6-16)。

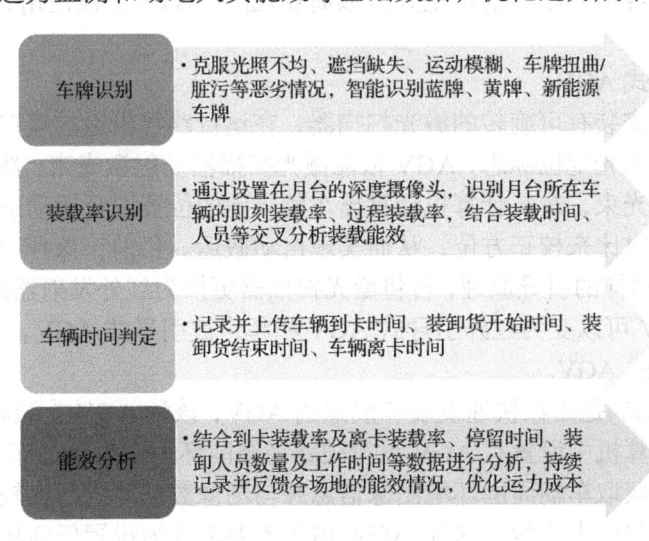

图 6-16 视觉识别技术在仓库外现场管理的应用

6.3.2.2 货物搬运技术

1. AGV

无人搬运车（Automated Guided Vehicle，AGV）指装备有电磁或光学等自动导引装置、能够沿规定的导引路径行驶、具有安全保护以及各种移载功能的运输车、工业应用中不需要驾驶员的搬运车，它以可充电之蓄电池为其动力来源。一般可通过电脑来控制其行进路线以及行为，或利用电磁轨道来设立其行进路线，电磁轨道铺设在地板上，无人搬运车则依循电磁轨道所带来的信息进行移动与动作。

AGV 扮演物料运输的角色已经有 60 多年了。第一辆 AGV 诞生于 1953 年，它是由一辆牵引式拖拉机改造而成的，带有车兜，在一间杂货仓库中沿着布置在空中的导线运输货物。到 20 世纪 50 年代末 60 年代初期时，已有多种类型的牵引式 AGV 用于工厂和仓库。从 20 世纪 80 年代以来，自动导引运输车系统已经发展成为生产物流系统中最大的专业分支之一，并出现产业化发展的趋势，这成为现代化企业自动化装备不可缺少的重要组成部分。在欧、美等发达国家，它发展最为迅速，应用最为广泛；在亚洲的日本和韩国，也得到迅猛的发展和应用，尤其是在日本，AGV 的产品规格、品种、技术水平、装备数量及自动化程度等方面技术较为丰富，已经达到标准化、系列化、流水线生产的程度。在我国，随着物流系统的迅速发展，AGV 的应用范围也在不断扩大。

根据 AGV 自动行驶过程中的导航方式，将 AGV 分为以下几种类型。

（1）电磁感应引导式 AGV。

该种 AGV 一般在地面上，沿预先设定的行驶路径埋设电线，当高频电流流经导线时，导线周围产生电磁场，AGV 上左右对称安装有两个电磁感应器，它们所接收的电磁信号的强度差异可以反映 AGV 偏离路径的程度。AGV 的自动控制系统根据这种偏差来控制车辆的转向，连续的动态闭环控制能够保证 AGV 对设定路径的稳定自动跟踪。这种电磁感应引导式导航方法目前在绝大多数商业化的 AGVS 上被使用，尤其适用于大中型的 AGV。

（2）激光引导式 AGV。

该种 AGV 上安装有可旋转的激光扫描器，在运行路径沿途的墙壁或支柱上安装有高反光性反射板的激光定位标志，AGV 依靠激光扫描器发射激光束，然后接受由四周定位标志反射回的激光束，车载计算机计算出车辆当前的位置以及运动的方向，通过和内置的数字地图进行对比来校正方位，从而实现自动搬运。目前，该种 AGV 的应用越来越普遍。并且依据同样的引导原理，若将激光扫描器更换为红外发射器或超声波发射器，则激光引导式 AGV 可以变为红外引导式 AGV 和超声波引导式 AGV。

（3）视觉引导式 AGV。

视觉引导式 AGV 是正在快速发展和成熟的 AGV，该种 AGV 上装有 CCD 摄像机和传感器，在车载计算机中设置有 AGV 欲行驶路径周围环境图像数据库。AGV 在行驶过程中，摄像机动态获取车辆周围环境图像信息并与图像数据库进行比较，从而确定当前位置并对下一步行驶做出决策。这种 AGV 由于不要求人为设置任何物理路径，因此在理论上具有最佳的引导柔性，随着计算机图像采集、储存和处理技术的飞速发展，该种 AGV 的实用性将越来越强。

2. AMR

在仓储环境下的各类智能设备中，AMR 是发展速度较快的领域之一。自主移动机器人（Automatic Mobile Robot，AMR）在仓储环境中一般被用于搬运与拣货，与传统 AGV 不同的是，AMR 的运行不需要地面二维码、磁条等预设装置，而是依靠 SLAM 系统定位导航。如果把 AGV 比作仓内轨道交通，那么 AMR 可以被视为"类自动驾驶"机器人。在灵活性与适应性方面，AMR 不仅可以与仓储环境进行交互，一旦仓内布局发生变化，AMR 还能够迅速重新构建地图，节省重新部署环境的时间与成本。AMR 采用的导航方式主要有激光 SLAM 与视觉 SLAM（VSLAM）两种，激光 SLAM 起步较早，但成本高且应用场景有限。而随着人工智能算法与算力的不断进步，基于计算机视觉的 VSLAM 快速发展起来。视觉导航 AMR 通过 VSLAM 系统能够实现地图构建、自主定位、环境感知，具备自主路径规划、智能避障、智能跟随等能力。

尽管 AMR 具备柔性部署、自主灵活等优势，但 AMR 产品技术门槛较高，国内能够实现量产且推动项目落地的企业相对较少，AMR 市场尚处于起步阶段，还需要一段市场验证时间。而随着落地项目带来的数据积累以及算法的不断优化打磨，AMR 将会逐步得到更为广泛的应用，其市场发展前景极为可观。2019 年国内仓储 AMR 的市场规模为 6.8 亿元。未来，AMR 市场规模将以高速增长状态迅速扩张。预计到 2025 年，国内仓储 AMR 的市场规模可能超过 40 亿元（见图 6-17）。

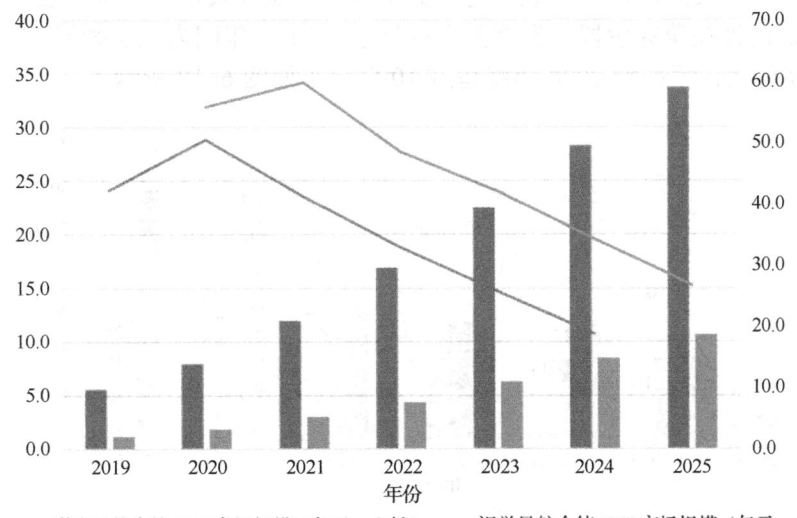

图 6-17　2019—2025 年中国仓储 AMR 市场规模的预测情况

以上介绍的 AGV 和 AMR 都属于仓储管理中的自主搬运设备，两者各有特点和优势，分析如表 6-5 所示。

表 6-5　AGV、激光导航 AMR 与视觉导航 AMR 的对比

设备类型	预设装置	主传感器	环境信息获取	路径规划及避障方式
AGV	地面需铺设磁导轨或二维码	红外传感器	探测前方是否有障碍物	按照预设路径运行，如遇障碍物则停止运行直至障碍物消失

续表

设备类型	预设装置	主传感器	环境信息获取	路径规划及避障方式
激光导航 AMR	无	激光雷达	点云	在 SLAM 系统构建的地图信息基础上，从出发点至到达点之间自主选取行进路径，在传感器感知到障碍物后主动避让或重新更换路径
视觉导航 AMR	无	摄像头	海量的、富于冗余的纹理信息	

6.3.3 人工智能技术在跨境电商配送中的应用

配送是跨境电商物流过程的最后环节，也是跨境物流链条上人力资源投入最多的环节。以国内快递业为例，全国快递员数量在 2019 年就已突破 320 万。对于旨在降低人力成本和提高人力效能的人工智能而言，配送领域的应用前景相当广阔，且场景清晰明确。从"替代人工"角度来看，配送中的人工智能核心应用集中于无人配送领域，实现形式是无人配送车与配送无人机；从"辅助管理"角度来看，人工智能主要应用在即时配送领域的订单分配系统中，可为系统提供订单数量预估、订单实时匹配、订单路径规划等功能。人工智能在跨境电商物流配送领域的施展空间极大，但受限于技术稳定度不足、各国各地区配送行业发展不均衡、成本与收益不匹配、监管政策严格等因素，无人配送在商业落地层面尚处在萌芽阶段。据相关数据显示，2019 年国内人工智能+物流配送的市场规模为 1.9 亿元，预计到 2024 年将超过 10 亿元（如图 6-18 所示）。

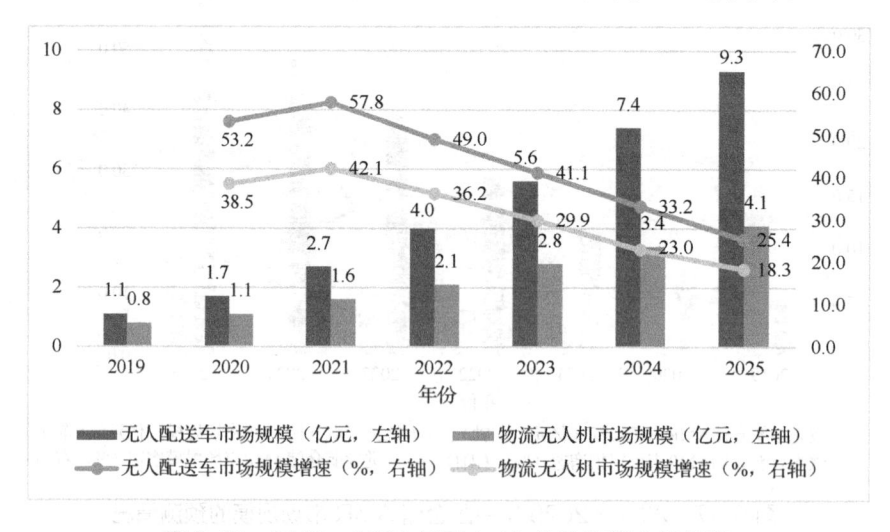

图 6-18　2019—2025 年国内 AI+物流配送市场规模

6.3.3.1 无人配送车

无人配送车是应用在快递快运配送与即时物流配送中低速自动驾驶的无人车，其核心技术架构与汽车自动驾驶系统基本一致，都是由环境感知、车辆定位、路径规划决策、车辆控制、车辆执行等模块组成的。由于无人配送车的运行环境里有大量的非机动车与行人，路面复杂程度要高于机动车道，因此对于超声波雷达、广角摄像头等近距离传感器的依赖度更高，环境感知算法的侧重点与汽车、卡车等机动车自动驾驶系统也有所不同。

然而，在人口、车辆密集的城市环境中，无人配送车无疑是比无人驾驶乘用车更加适合自动驾驶技术落地的载体。首先，无人配送车的体积小、车速低，出现事故的风险与造成人身伤害甚至死亡的概率较低；其次，无人配送的场景非常多元，落地初期可以选择边界相对清晰、环境相对简单、对新技术接受度较高的高科技园区、高等院校等配送场景，在技术成熟度提升和政策支持的前提下逐步向写字楼、小区等复杂环境扩张，以为自动驾驶算法的迭代与进化积累大量的数据资源。

6.3.3.2 配送无人机

无人驾驶飞机简称"无人机"，是利用无线电遥控设备和自备程序控制装置操纵的不载人飞机。无人机起源于军事领域，早期的发展驱动力是为了减少飞行员伤亡以及应对极端情况，近年来消费级无人机市场也迅速崛起。最早将无人机引入物流领域的是亚马逊在 2013 年提出的 Prime Air 业务，国内以顺丰、京东为代表的快递、电商巨头也纷纷跟进，推出物流无人机战略。人工智能技术在配送无人机领域的应用原理与自动驾驶基本相同，其主要区别有两点：第一，无人机搭载的传感器种类更为繁杂，环境感知算法对数据融合技术的要求更高；第二，无人机配送中可选择的路径明显多于车辆，路径上的海拔、地貌、气候等客观约束条件都会对无人机的配送行为产生影响，此外，出于安全考虑，路径规划还需要尽量避开人群聚集区与关键设施，因此配送无人机的路径规划算法更加复杂。

2015 年至今，快递、电商巨头以及无人机产品技术供应商们通过大量的试验与测试不断打磨提升物流无人机的技术稳定度、探索科学的运营模式。根据国内的人口密度、居住条件、政策限制等现实条件，配送无人机目前较为可行的应用场景在于偏远山区配送、医药资源紧急配送、应急保障物资配送等。而随着国内外物流巨头对物流无人机的运营模式开始进行不断的探索，跨境电商物流领域在实现无人机配送服务方面又更进了一步。

复习思考题

一、选择题

1. （　　）是在计算机互联网的基础上，利用 RFID、无线数据通信等技术，构造一个覆盖世界上万事万物的"Internet of Things"。
  A．互联网　　　　B．大数据　　　　C．物联网　　　　D．云计算
2. 电子数据交换（EDI）技术在跨境电商物流中的应用不包括（　　）。
  A．应用于跨境物流单证的传递　　　　B．货物送达的确认
  C．与电商平台的订单信息交互　　　　D．用于汽车自定位、跟踪调度
3. 下列（　　）不属于无人卡车自动驾驶系统架构。
  A．感知层　　　　B．决策层　　　　C．职能层　　　　D．执行层

二、名词解释

1. 视觉识别技术

2. AGV

三、简答题

1. 自动驾驶技术在跨境电商物流中的应用有哪些？
2. 条码识别技术的分类包括哪些？

案例实训

请按步骤完成以下任务。
1. 搜集从事跨境电商物流信息技术开发和应用的代表性企业。
2. 在该企业中搜集各类信息技术的实际应用案例，并阐述其功能。
3. 将 2 中的内容制作成课件的形式并在课堂予以展示。

第 7 章　跨境电商物流通关

> **本章重点**
>
> 1. 理解报关的概念及分类。
> 2. 掌握跨境电商出口报关的基本程序。
> 3. 掌握跨境电商出口报关单各栏目的填制规范。
> 4. 了解跨境电商出口退（免）税政策。
> 5. 熟悉跨境电商目的国（地区）海关扣关原因及应对方法。
> 6. 掌握关税的特征及分类。

> **导入案例**
>
> **宁波海关助力跨境电商出口企业加速"卖全球"业务**
>
> 自 2020 年 7 月 1 日中华人民共和国海关总署启动跨境电商 B2B 出口监管试点以来，截至 2020 年 8 月 31 日，宁波海关共监管跨境电商 B2B 出口货物货值 1.38 亿元，其中，跨境电商 B2B 直接出口（监管代码为：9710）货值为 359.51 万元，跨境电商出口海外仓（监管代码为：9810）货物货值为 1.34 亿元。主要商品为智能升降台、家居家具、户外用品、健身器材、园林工具等，被出口至美国、日本、英国、德国、法国、比利时、波兰、乌克兰等 10 余个国家和地区。
>
> "在新冠肺炎疫情期间，我们的传统出口订单受到了较大影响，依靠跨境电商 B2B 模式下的海外仓订单大幅增长，在很大程度上弥补了传统订单下滑造成的经济损失，也给我们海外仓业务的发展壮大带来了好机会。"作为宁波首批跨境电商出口海外仓业务试点企业，宁波捷时进出口有限公司出口业务主管钟央对跨境电商 B2B 业务新模式运行情况表示满意，他说："跨境电商 B2B 出口新政采用企业一次登记、一点接入、简化申报、便利通关、优先查验等针对性的监管便利措施，给 B2B 出口企业更多专属的政策支持，让我们的海外仓业务物流成本更低、通关时效更高、自主选择更多，大大提升了出口货物的国际竞争力，为国内企业布局拓展海外市场提供了强力支持。"
>
> 新政策落地约两个月来，宁波海关在宁波多个县市区召开政策宣讲会，指派业务

专家对跨境电商 B2B 出口政策和相关配套措施进行解读,现场解答企业疑问,帮助企业消除顾虑、尽早享受政策红利,累计宣讲企业达 400 余家;送服务进企业,主动走访出口海外仓本地头部企业,"一对一"辅导企业开展海外仓备案、系统联网等工作,及时解决业务技术问题;开设跨境电商 B2B 试点专窗,安排专人负责办理企业注册登记、海外仓备案和出口通关业务,实时跟踪企业申报等业务运行情况。

为支持跨境电商出口企业加速"卖全球",让消费者获得更好的购物体验,海关持续释放政策红利。宁波东曜电器有限公司业务负责人介绍:"我们公司主要在亚马逊等电商平台销售取暖器、暖风扇等电器产品,以前要在订单产生之后才能从国内以小包方式出口送达客户,现在有了跨境电商海外仓监管新模式后,我们可以提前将产品发往海外仓,消费者下单后可以立刻从海外仓发货,交付时间大大减少,综合物流成本与之前的零售出口方式相比大幅降低。"该公司以进出口贸易为主业,主要经营小家电出口,拥有自营进出口经营权,公司产品远销美国、欧盟、中东等多个国家和地区。公司"尝鲜"跨境电商领域,成功建起多个海外仓,跨境电商业务稳步发展。

宁波易站通电子商务有限公司业务经理赵大勇表示:"在 B2B 出口新政出台后,我们从原来一个个小包裹单独打包贴面单的操作变为一次性批量出口,降低了物流成本和人工费用,同时申报手续也更简单。商品批量出口到我们境外的海外仓仓库,境外消费者下单后省去了漫长的海运时间,这大大提高了我们在国外的竞争力。"

"此外,B2B 出口企业可通过申报清单模式进行便捷通关,并可采用 6 位 HS 编码申报,合并商品项,进一步简化通关手续,较一般贸易报关单减少 57 项申报要素,帮助企业进一步降低通关成本、提高通关效率。"宁波海关口岸监管处负责人表示:"我们也提醒跨境电商企业要及时关注了解申报流程变化,以跨境电商出口海外仓为例,企业需要先开展海外仓备案才能申报 9810。下一步,海关将继续做好政策宣讲和技术指导工作,为有意愿开展 B2B 出口业务的企业提供帮助。"

(资料来源:中华人民共和国海关总署官网。)

思考:跨境电商出口货物通关应履行哪些手续?

7.1 跨境电商出口通关常规业务

通关是指货物从进入关境边界或申请出境到办结海关手续的一种海关制度。《中华人民共和国海关法》(以下简称《海关法》)规定:进出境运输工具、货物、物品都必须通过设立海关的地点进境或者出境;在特殊情况下,需经过未设立海关的地点进境或者出境的,必须经国务院或国务院授权的机关批准,并依照《海关法》的有关规定办理相关的海关手续。因此,跨境电商企业从事跨境贸易活动时,必然会遇到出口货物通关的问题。

7.1.1 跨境电商出口报关

报关是履行海关进出境手续的必要环节之一。报关的作用主要是便于海关进行监管、征税和统计等工作。

7.1.1.1　报关的基础知识

1. 报关的概念

从广义上讲，报关是指进出境运输工具负责人、进出境货物的收发货人、进出境物品的所有人或者他们的代理人向海关办理运输工具、货物、物品进出境手续及相关海关事务的全过程。报关是一个与运输工具、货物、物品的进出境密切相关的概念。

2. 报关的分类

（1）按报关对象划分。

根据报关对象的不同，报关可分为运输工具报关、进出境物品报关和进出境货物报关。

① 运输工具报关。进出境运输工具作为货物、人员及其携带物品的进出境载体，其报关事项主要包括向海关直接交验随附的且符合国际商业运输惯例的能反映运输工具进出境合法性及其所承运货物、物品情况的合法证件、清单和其他运输单证，其报关手续较为简单。

② 进出境物品报关。进出境物品由于其非贸易性质，且一般以自用合理数量为限，所以报关手续也比较简单。

③ 进出境货物报关。进出境货物的报关手续较为复杂。海关根据相关法律条文对进出境货物提出监管要求，制定了一系列报关管理规范，并要求必须由具备一定专业知识和技能且经海关核准的专业人员代表报关单位办理进出境货物的报关手续。进出境运输工具、物品、货物的报关是一项专业性较强的工作，特别是进出境货物的报关手续最为复杂。

（2）按报关目的划分。

根据报关目的的不同，报关可分为进境报关和出境报关。对于运输工具、物品、货物的进境和出境，我国海关有不同的管理规定，分别形成了进境报关手续和出境报关手续。

（3）按报关行为性质划分。

根据报关行为性质的不同，报关可分为自理报关和代理报关。一些进出境货物的收发货人由于经济、时间、地点等方面的原因，不能或者不愿意自行办理报关手续，而是委托代理人代为报关，从而形成了代理报关这种报关方式。《海关法》对接受进出境货物的收发货人的委托、代办货物进出境报关手续的代理人也有明确的规定。

3. 报关单位

报关单位是指依法在海关登记注册的进出口货物的收发货人和报关企业。根据《海关法》的相关规定，进出口货物的收发货人和报关企业在办理报关手续时，必须依法经海关注册登记。报关单位中的报关人员必须依法取得报关从业资格，未依法经海关注册登记的企业和未依法取得报关从业资格的人员不得从事报关业务。因此，依法向海关注册登记是法人、其他组织或者个人成为报关单位的法定要求。

（1）报关单位的类型。

《海关法》将报关单位划分为两种类型，一类是进出口货物的收发货人，另一类是报关企业。进出口货物的收发货人是指依法直接进口或者出口货物的中国境内的法人、其他组织或者个人。报关企业是指按照规定、经海关准予注册登记、接受进出口货物的收发货人的委托、以进出口货物收发货人的名义或者以自己的名义向海关办理代理报关业务、从事报关服务的境内企业法人。根据《海关法》的规定，报关企业登记证书的有效期限为2年，进出口货物的收发货人登记证书的有效期限为3年。

（2）报关单位的报关行为规则。

① 报关单位应当妥善保管海关核发的登记证书等相关证明文件。发生遗失的，报关单位应当及时书面向海关报告并说明情况。海关应当自收到情况说明之日起20日内予以补发相关证明文件。遗失的登记证书等相关证明文件在补办期间仍然处于有效期的，报关单位可以办理报关业务。

② 报关单位向海关提交的纸质进出口货物报关单应当加盖本单位的报关专用章。报关专用章应当按照海关总署统一规定的要求刻制。报关企业及其分支机构的报关专用章仅限在其取得注册登记许可或者备案的直属海关关区内使用。进出口货物收发货人的报关专用章可以在全关境内使用。

③ 报关单位在办理注册登记业务时，应当对所提交的申请材料以及所填报信息内容的真实性负责并且承担法律责任。

④ 海关依法对报关单位从事报关活动及其经营场所进行监督和实地检查，依法查阅或者要求报关单位报送有关材料。报关单位应当积极配合，如实提供有关情况和材料。

⑤ 海关对报关单位办理海关业务中出现的报关差错予以记录，并且公布记录情况的查询方式。报关单位对报关差错记录有异议的，可以自报关差错记录之日起15日内向记录海关以书面方式申请复核。海关应当自收到书面申请之日起15日内进行复核，对记录错误的予以更正。

（3）报关单位法律责任。

报关单位、报关人员违反规定，构成走私行为、违反海关监管规定行为或者其他违反《海关法》行为的，由海关依照《海关法》和《中华人民共和国海关行政处罚实施条例》的有关规定予以处理；构成犯罪的，依法追究其刑事责任。

报关单位有下列情形之一的，海关予以警告，责令其改正，可以处以1万元以下罚款：

① 报关单位企业名称、企业性质、企业住所、法定代表人（负责人）等海关注册登记内容发生变更，未按照规定向海关办理变更手续的。

② 向海关提交的注册信息中隐瞒真实情况、弄虚作假的。

4. 报关人员

报关人员（又称报关员）是指经报关单位向海关备案，专门负责办理所在单位报关业务的人员。报关人员是报关单位与海关之间联系的纽带，在货物的进出口通关中起着举足轻重的作用，报关人员需掌握国际贸易、英语、法律、法规、财务和税务等相关领域的知识，在专业方面必须精通海关法规、规章并具备办理海关手续的技能。报关人员需进行检验检疫报检备案与海关报关人员备案，报关人员备案后同时取得报关和报检资质。报关人员的权利、义务和行为规范见表 7-1。

表 7-1 报关人员的权利、义务和行为规范

权利	① 根据海关规定，以所在报关单位名义执业，代表所属报关单位办理进出口货物报关纳税等海关业务
	② 有权拒绝办理所属单位交办的单证不真实、手续不齐全的报关业务
	③ 有权拒绝海关工作人员的不合法要求
	④ 根据海关法和有关规定，对海关的行政处罚不服的，有权向海关申请复议，或者向人民法院起诉
	⑤ 有权根据国家法律法规对海关工作进行监督，并有权对海关工作人员的违法、违纪行为进行检举、揭发和控告
	⑥ 有权举报报关活动中走私违法行为
	⑦ 向海关查询其办理的报关业务情况
	⑧ 对海关对其做出的处理决定享有陈述、申辩、申诉的权利
	⑨ 合法权益因海关违法行为受到损害的，依法要求赔偿
	⑩ 参加执业培训
义务	① 遵守国家有关法律、法规和海关规章，熟悉所申报货物的基本情况，对申报内容和有关材料的真实性、完整性进行合理审查
	② 提供齐全、正确、有效的单证，准确填制进（出）口货物报关单，并按有关规定向海关申请办理进出口货物的报关手续
	③ 海关查验进出口货物时，应按时到场，负责搬移货物、开拆和重封货物的包装，配合海关查验
	④ 在规定的时间内，负责办理缴纳所申报进出口货物的各项税费的手续、海关罚款手续、销案手续
	⑤ 配合海关对走私违规案件的调查
	⑥ 协助本企业完整保存各种原始报关单证、票据、函电等业务资料
	⑦ 参加海关组织的有关报关业务的培训
	⑧ 承担海关规定报关人员办理的与报关有关的工作
	⑨ 按照规定参加直属海关或者直属海关授权组织举办的报关业务岗位考核
	⑩ 办理报关业务时应当出示报关员资格证书以方便海关核对
	⑪ 妥善保管海关核发的报关员资格证书和相关文件
	⑫ 协助落实海关对报关单位管理的具体措施
行为规范	① 不得同时兼任两个或两个以上报关单位的报关工作
	② 不得故意制造海关与报关单位、委托人之间的矛盾和纠纷
	③ 不得假借海关名义，以明示或者暗示的方式向委托人索要委托合同约定以外的酬金或者其他财物、虚假报销
	④ 不得私自接受委托办理报关业务，或者私自收取委托人酬金及其他财物
	⑤ 不得有其他利用执业之便谋取不正当利益的行为

7.1.1.2 跨境电商出口报关程序

在出口报关的现场作业阶段，发货人或其代理人应当按海关规定的程序办理出口申报、配合查验、缴纳税费、装运货物等手续，之后货物才能出境。与之相应，海关对出境货物经过审单、查验、征税、放行四个海关作业环节后即可完成通关工作。

1. 出口申报

出境货物的发货人、受委托的报关企业，在运输工具和货物出境前规定的时间内，依据《海关法》以及有关法律、行政法规和规章的要求，采用纸质报关单申报方式和电子数据申报方式，向海关报告实际出口货物的情况，并接受海关审核。

参与申报的报关企业和报关人，必须是经海关审核批准予注册的专业报关企业、代理报关和自理报关企业，以及其报关员。

（1）申报地点。

在一般情况下，出口货物的发货人或其代理人应当在设有海关的货物自运地申报。

（2）申报期限。

根据《海关法》，出口货物的发货人或其代理人除海关特准外，应当在装货的24小时以前向海关申报。规定出口货物的报关期限主要是为了在装货前，给海关充足的查验货物的时间，以维护口岸的正常货运秩序。除需紧急发运的鲜活、维修和赶船期货物等特殊情况外，在装货的24小时以内申报的货物一般暂缓受理。如果在这一规定的期限之前没有向海关申报，海关可以拒绝接受通关申报，这样，出口货物就得不到海关的检验、征税和放行，无法装货运输，从而影响运输单据的取得，甚至会导致延迟装运、违反合同。因此，应该及早向海关办理申报手续，做到准时装运。

（3）申报形式。

根据《海关法》，办理出口货物的海关申报手续，应当采用纸质报关单和电子数据报关单的形式。

① 纸质报关单申报形式。纸质报关单申报形式是指出口货物的发货人、受委托的报关企业，按照填制规范要求填制纸质报关单，备齐随附单证，向海关当面递交单证的申报形式。出口货物纸质报关单是发货人向海关递交的报告货物情况的法律文书，是海关依法监管货物出口的重要凭证。

② 电子数据申报形式。电子数据申报形式是指出口货物的发货人、受委托的报关企业备齐随附单证，通过计算机系统，按照填制规范要求录入出口货物报关单电子数据，通过中国电子口岸将数据传输至海关通关作业系统的申报方式。出口货物的发货人或受委托的报关企业在向海关进行纸质报关单申报的同时，应当以电子数据报关单形式向海关申报。在特殊情况下，经海关同意，可以先采用纸质报关单形式申报，事后再补报电子数据，补报的电子数据应当与纸质报关单内容一致。

（4）申报前看货取样。

为了做到如实申报，出口货物发货人或其代理人必须认真检查货物，确认货物与申报单证一致。出口货物发货人可在出口货物运入海关监管区前确认货物。

（5）提交报关单及随附单证。

出口货物发货人或其代理人在完成电子数据申报后，应当自接到海关交单通知之日起10日内，持纸质报关单并备齐随附单证，向货物所在地海关递交书面单证并办理相关海关手续。

（6）修改申报内容或撤销申报。

出口货物的申报自被海关接受时起，申报单证即产生法律效力，对出口货物的收发货人或委托的报关企业具有约束力，原则上申报内容不得修改，报关单证亦不得撤销。

然而，若出现以下几种情况，出口货物收发货人或受委托的报关企业可以向海关递交书面申请，经海关审核批准后，可以对报关单证进行修改或撤销（见图7-1）。

情况一　·由于计算机、网络系统等方面的原因导致电子数据申报错误的

情况二　·海关在办理出口货物的放行手续后，由于装运、配载等原因造成原申报货物部分或全部退关、需要修改或撤销报关单证及其内容的

情况三　·报关员由于操作或书写失误造成申报差错，但未对国家贸易管制政策的实施、税费征收以及海关统计指标等造成危害的

情况四　·海关审价、归类审核或专业认定后需要对原申报数据进行修改的

情况五　·根据贸易惯例先行采用暂时价格成交、实际结算时按商检品质认定或国际市场实际价格付款，需要修改原申报数据的；海关已经决定布控、查验进出口货物的，进出口货物的收发货人、受委托的报关企业不得修改报关单内容或撤销报关单

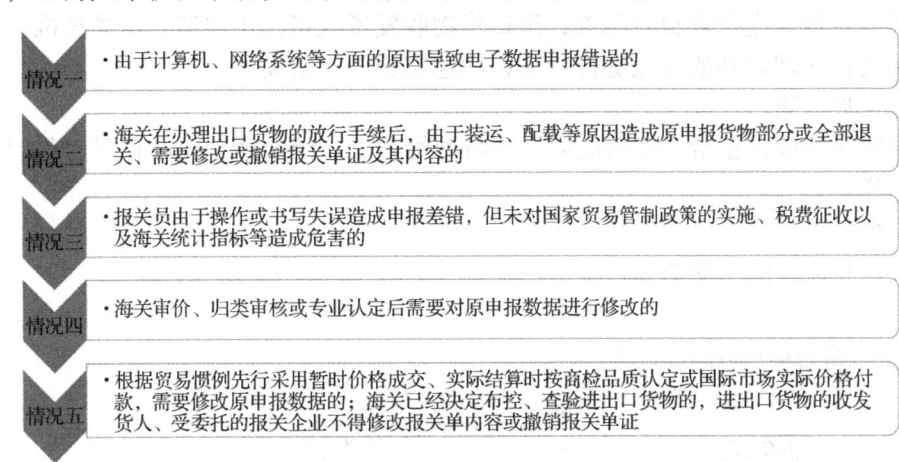

图 7-1　修改申报内容或撤销申报情况

（7）海关审单的主要任务。

海关接受申报后，将对报关单位所提交的单证进行审核，即审单。审单是海关监管的第一环节，它不仅为海关监管工作中的查验和放行环节打下基础，而且为海关的征税、统计和查私工作提供了可靠的单证和资料。海关审单的主要任务如下：

① 确认报关企业及报关员的报关资格和有关证件的合法性。
② 确认报关时限是否合法，是否符合国家有关对外贸易法律、法规的规定。
③ 确认货物的出口是否合法，是否符合国家有关对外贸易法律、法规的规定。
④ 确认报关单的填制是否完整、准确，单证是否相符、齐全、有效。
⑤ 对于通过计算机登记备案的加工贸易合同，要对有关加工贸易合同的每次进出口数据进行核对，并在《贸易手册》上登记。
⑥ 根据《中华人民共和国进出口关税条例》和国家其他有关的税收政策，确定出口货物的征免性质。

2. 配合查验

配合查验是指申报出口的货物经海关决定查验时，出口货物的发货人或者办理出口申报具体手续的报关员应到达查验现场，配合海关查验货物，并负责按照海关的要求搬移、开拆或重封被查验货物的工作。

海关接受申报后，会对出口货物进行实际的核对和检查，以确定进出口货物的品名、规格、原产地、数量、价格等商品要素是否与报关单所列项目一致。海关查验一方面要检查申报环节中申报的单证及查证单货是否一致，并通过实际的查验发现审单环节不能发现的无证进出口问题及走私、违规、偷漏关税等问题；另一方面要通过查验货物才能保证关税的依率计征。

（1）查验地点。

海关查验货物一般在海关监管区内的进出口口岸码头、车站、机场、邮局或海关的其他监管场所进行。为了加速验放、方便外贸运输，根据货物性质，海关对海运出口的

散装货物、大宗货物、危险品和鲜活商品等,结合装卸环节,在作业现场予以验放。对于成套设备、精密仪器、贵重物资、需急用的物资和"门对门"运输的集装箱货物等,若在海关规定地点进行查验有困难,出口货物收发货人可提出申请,海关核准后,可以派人员到监管区域以外的地点进行查验,就地查验放行货物。

(2)查验时间。

查验时间一般在正常工作时间内。在特殊情况下,经申请,可在正常工作时间以外安排查验作业。

(3)查验流程。

海关查验流程图见图7-2。

海关接受申报后,为了确认单证相符,需根据具体查验要求,打印一份海关查验证明书,并将所有报关资料做成关封和通知书一起交给报关人员

报关人员按要求填写查验通知书上的查验日期、集装箱号、报关公司名称、联系电话、联系人等,交于港区移箱主管部门,港区出具一份打印格式的作业申请书

报关人员持作业申请书和关封到港区查验地点,将关封交予海关。海关打印查验记录单。报关员将支票押在港区用于最后结账

报关人员陪同海关到集装箱处开箱验货,并根据海关的指示,提供相应的单证或进行掏箱查验

海关查验货物时应当填写查验记录

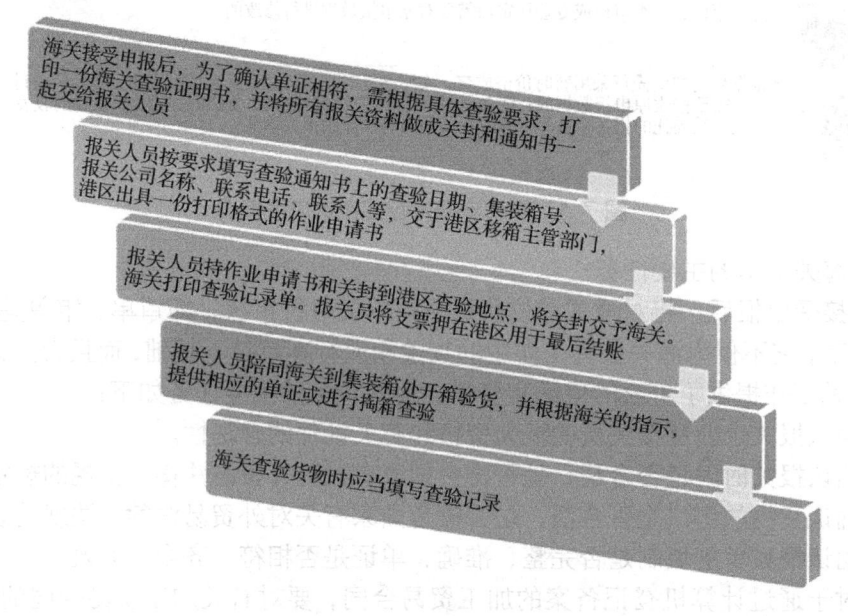

图7-2 海关查验流程图

(4)查验方法。

海关查验分为外形查验、开箱查验、机检查验、抽查、彻底查验五种方式。

① 外形查验是指对外部特征直观、易于判断基本属性的货物的包装、唛头和外观等状况进行验核的查验。

② 开箱查验是指将货物从集装箱、货柜车等箱体中取出并拆除外包装后,对货物实际状况进行验核的查验。

③ 机检查验是指以利用技术检查设备为主,对货物实际状况进行验核的查验。

④ 抽查是指按照一定比例对一票货物中的部分货物验核实际状况的查验。

⑤ 彻底查验是指逐件开拆包装、验核货物实际状况的查验。

海关部门认为在必要时,可以依法对已经完成查验的货物进行复验,即第二次查验。海关复验时,进出口货物的收发货人应当到场。

(5)查验时报关人员的职责。

海关查验出口货物时,报关人员应整齐堆放货物,如果一个货柜中有多个品种货物,最好分区摆放,把相同品种的货物放在一起,以便海关抽查;备好资料并及时到场,货

主应及时备齐有助于说明货物品名、规格、数量、价值等情况的资料，如装箱单、提单、备案合同、发票等，并在规定时间内赶到海关查验区配合查验；按照海关的查验要求负责搬移、开拆和重封货物的包装等；在海关查验现场回答海关人员提出的有关问题，并配合海关做好反走私调查工作。

3. 缴纳税费

对于应税的跨境电商出口货物，应按《中华人民共和国进出口关税条例》（以下简称《关税条例》）和关税税则的规定缴纳关税和其他税费。

4. 装运货物

海关在接受进出口货物申报、查验货物，并在纳税义务人缴纳关税后，对进出口货物做出结束海关进出口监督决定，允许进出口货物离开海关监管现场的工作环节即"放行"。跨境电商出口商或其代理人必须凭海关签印的货运单据才能发运出口货物。未经海关放行的海关监管货物，任何单位和个人不得提取或发运。

7.1.1.3 跨境电商出口报关单证

准备好报关用的单证是保证跨境电商出口货物顺利通关的关键一步。报关企业和报关人员必须在向海关申报出口货物之前，备妥必需的报关单证。跨境电商出口报关单证可以分为报关单和随附单证两大类。

1. 报关单

报关单是报关人员按照海关规定的格式填制的申报单。出口货物报关单主要栏目的一般填制规范如下。

（1）预录入编号。预录入编号是指预录入单位录入报关单的编号。一份报关单对应一个预录入编号，由系统自动生成。

（2）海关编号。海关编号是指填报海关接受申报时给予报关单的编号。报关单的海关编号为18位，其中第1~4位为接受申报海关的代码（海关规定的"关区代码表"中相应的海关代码），第5~8位为海关接受申报的公历年份，第9位为进出口标志码（"1"为进口，"0"为出口；集中申报清单"I"为进口，"E"为出口），后9位为顺序编号。

（3）境内发货人。该项填报为海关备案的对外签订并执行进出口贸易合同的中国境内法人、其他组织名称及编码。编码填报18位法人和其他组织统一社会信用代码，没有统一社会信用代码的，填报其在海关的备案编码。

（4）出境关别。其特指根据货物实际出境的口岸海关，本栏目应填报海关规定的"关区代码表"中相应口岸海关关区的名称及代码。关区的名称指直属海关、隶属海关或海关监管场所的中文名称。关区的代码由四位数字组成，前两位为直属海关关别代码，后两位为隶属海关或海关监管场所的代码。

（5）出口日期。出口日期是指运载所申报出口货物的运输工具办结出境手续的日期。填报要求为：第一，日期均为8位数字，顺序为年（4位）、月（2位）、日（2位）。第二，出口日期以运载出口货物的运输工具实际离境日期为准，由海关与运输企业实行舱单数据联网管理的，出口日期由海关自动生成。本栏目在申报时免予填报。第三，集中申报的报关单，出口日期以海关接受报关单申报的日期为准。第四，无实际进出境的报关单，以海关接受申报的日期为准。

（6）申报日期。申报日期是指海关接受出口货物的发货人、受其委托的报关企业向海关申报数据的日期。以电子数据报关单方式申报的，申报日期为海关计算机系统自动接受申报数据时记录的日期。以纸质报关单方式申报的，申报日期为海关接受纸质报关单并对报关单进行登记处理的日期。申报日期为8位数字，顺序为年（4位）、月（2位）、日（2位）。本栏目在申报时可免予填报。

（7）备案号。填报出口货物发货人、生产销售单位在海关办理加工贸易合同备案或征、减、免税审核确认等手续时，由海关核发《加工贸易手册》、海关特殊监管区域和保税监管场所保税账册、"征免税证明"或其他备案审批文件的编号。一份报关单只允许填报一个备案号。

（8）境外收货人。境外收货人通常指签订并执行出口贸易合同中的买方或合同指定的收货人。

（9）运输方式。报关单中的运输方式包括实际运输方式和海关规定的特殊运输方式。前者指货物实际出境的运输方式，按出境所使用的运输工具分类；后者指货物无实际出境的运输方式，按货物在境内的流向分类。

（10）运输工具名称及航次号。运输工具名称指载运货物出境的运输工具的名称或运输工具编号。航次号指载运货物进出境的运输工具的航次编号。

（11）提运单号。提运单号是指出口货物提单或运单的编号。报关单中"提运单号"栏所填报的运输单证编号，主要包括海运提单号、海运单号、铁路运单号、航空运单号。

（12）生产销售单位。生产销售单位是指出口货物在境内的生产或销售单位，包括自行出口货物的单位、委托进出口企业出口货物的单位等。

（13）监管方式。出口货物报关单上所列的监管方式专指以国际贸易中出口货物的交易方式为基础，结合海关对出口货物征税、统计及监管条件综合设定的海关对出口货物的管理方式。一份报关单只允许填报一种监管方式。

（14）征免性质。根据实际情况按海关规定的"征免性质代码表"选择填报相应的征免性质简称及代码，并持有海关核发的征免税证明的，按照征免税证明中批注的征免性质填报。一份报关单只允许填报一种征免性质。

（15）许可证号。其包括出口许可证、两用物项和技术出口许可证、两用物项和技术出口许可证（定向）、纺织品临时出口许可证、出口许可证（加工贸易）、出口许可证（边境小额贸易）的编号。

（16）合同协议号。这是指填报出口货物合同（包括协议或订单）的编号。本栏目填报出口货物合同（包括协议或订单）的全部字头和号码。

（17）贸易国（地区）。这是指发生商业性交易的出口填报售予国（地区）。按海关规定的"国别（地区）代码表"选择填报相应的贸易国（地区）中文名称及代码。

（18）运抵国（地区）。这是指出口货物离开我国关境直接运抵或在运输中转国（地区）未发生任何商业性交易的情况下最后运抵的国家（地区）。例如，申报出口货物的运抵国为马来西亚时，可以选择填报代码"MYS"，也可在本栏目中录入中文"马来西亚"。

（19）指运港。这是指填报出口货物运往境外的最终目的港；最终目的港不可预知的，按尽可能预知的目的港填报。

（20）离境口岸。填报装运出境货物的跨境运输工具离境的第一个境内口岸的中文名称及代码；采取多式联运跨境运输的，填报多式联运货物最初离境的境内口岸中文名称及代码过境货物填报货物离境的第一个境内口岸的中文名称及代码；从海关特殊监管区域或保税监管场所出境的，填报海关特殊监管区域或保税监管场所的中文名称及代码。

（21）包装种类。这是指出口货物的所有包装材料，包括运输包装和其他包装，运输包装指提运单所列货物件数单位对应的包装，其他包装包括货物的各类包装，以及植物性铺垫材料等，按海关规定的"包装种类代码表"选择填报相应的包装种类名称及代码。

（22）件数。这是指出口货物运输包装的件数（按运输包装计）。报关单件数栏目不得为空，件数应大于或等于1，不得填报"0"。舱单件数为集装箱的，填报集装箱个数；舱单件数为托盘的，填报托盘数。散装、裸装货物填报"1"。

（23）毛重（kg）。这是指出口货物及其包装材料的质量之和，填报时不得为空。毛重的计量单位为kg，毛重应大于或等于1kg，不足1kg的填报为"1"kg。在此栏目中企业应向海关申报最终计费重量，即"CHARGE WEIGHT"。

（24）净重（kg）。填报货物的毛重扣除外包装材料后的质量，即商品本身的实际重量，不得为空。

（25）成交方式。根据出口货物实际成交价格条款，按海关规定的"成交方式代码表"选择填报相应的成交方式代码。

（26）运费。填报出口货物运至我国境内输出地点装载后的运输费用。

（27）保费。填报出口货物运至我国境内输出地点装载后的保险费用。

（28）杂费。填报成交价格以外的、按照《关税条例》相关规定应计入完税价格或应从完税价格中扣除的费用。

（29）随附单证及编号。根据海关规定的"监管证件代码表"和"随附单据代码表"选择填报除《中华人民共和国海关进出口货物报关单填制规范》第十五条规定的除许可证件外的其他进出口许可证件或监管证件、随附单据代码及编号。

（30）标记唛码及备注。这是指填报标记唛码中除图形以外的文字、数字，无标记唛码的填报"N/M"。标记唛码通常是由一个简单的几何图形和一些字母、数字及简单的文字组成，包含收货人代号、合同号和发票号、目的地、原产国（地区）、最终目的国（地区）、目的港或中转港和件数号码等内容。

（31）项号。项号是指所申报货物在报关单中的商品排列序号及该项商品在《加工贸易手册》《征免税证明》等备案单证中的顺序编号。

（32）商品编号。填报由10位数字组成的商品编号。前8位为《中华人民共和国进出口税则》和《中华人民共和国海关统计商品目录》确定的编码；第9位、第10位为监管附加编号。

（33）商品名称及规格型号。其中，商品名称是指国际贸易缔约双方同意买卖的商品名称。报关单中的商品名称是指出口货物规范的中文名称。

（34）数量及单位。本栏目分三行填报。①第一行按进出口货物的法定第一计量单位填报数量及单位，法定计量单位以《中华人民共和国海关统计商品目录》中的计量单位为准。②凡列明有法定第二计量单位的，在第二行按照法定第二计量单位填报数量，单位无法定第二计量单位的，第二行为空。③成交计量单位及数量填报在第三行。

（35）单价、总价、币制。填报要求为：①"单价"栏填报同一项号下出口货物实际成交的商品单位价格的数字部分。②"总价"栏填报同一项号下出口货物实际成交的商品总价的数字部分。③"币制"栏根据实际成交情况按海关规定的"货币代码表"选择填报相应的货币名称或代码。

（36）原产国（地区）。原产国（地区）依据《中华人民共和国进出口货物原产地条例》《中华人民共和国海关关于执行〈非优惠原产地规则中实质性改变标准〉的规定》以及海关总署关于各项优惠贸易中协定原产地管理规章规定的原产地确定标准填报。

（37）最终目的国（地区）。最终目的国（地区）是指已知的出口货物最后交付的国家或地区，即货物最终实际消费、使用或做进一步加工制造的国家或地区。

（38）境内货源地。境内货源地是指出口货物在境内的产地或原始发货地。出口货物产地难以确定的，填报最早发运该出口货物的单位所在地。

（39）征免。按照海关核发的《征免税证明》或有关政策规定，对报关单所列每项商品选择海关规定的"征减免税方式代码表"中相应的征减免税方式填报。同一份报关单上可以填报不同的征减免税方式。

《中华人民共和国海关出口货物报关单》见表7-2。

表7-2 中华人民共和国海关出口货物报关单

预录入编号：		海关编号：		申报现场：		页码/页数：	
境内发货人		出境关别		出口日期		申报日期	备案号
境外收货人（AEO认证编号）		运输方式		运输工具名称及航次号		提运单号	
生产销售单位		监管方式		征免性质		许可证号	
合同协议号		贸易国（地区）		运抵国（地区）		指运港	离境口岸
包装种类	件数	毛重（kg）	净重（kg）	成交方式	运费	保费	杂费
随附单证及编号							
标记唛码及备注							
项号	商品编号	商品名称及规格型号	数量及单位	单价/总价/币制	原产国（地区）	最终目的国（地区）	境内货源地	征免
特殊关系确认：		价格影响确认：		支付特许权使用费确认：		自报自缴：	
报关人员：	报关人员证号：		电话：	兹声明对以上内容承担如实申报、依法纳税之法律责任		海关批注及签章	
申报单位：				申报单位（签章）			

2. 随附单证

跨境电商在出口报关时，除需要填报出口货物报关单外，还需要按照规定要求提交货物发票、路运单、空运单和提货单以及海运出口的装货单、货物装箱单、出口收汇核销单等单证。海关认为必要时，还应交验贸易合同、货物产地证等。

3. 单证准备的注意事项

为了加速通关，报关人员在准备单证时要仔细检查并确认以下事项：

（1）报关单填报的项目要准确、齐全。要逐项详细填写报关单各栏，确保内容齐全、正确；尽可能在电子版上填报，若在纸质版上填报，不可用铅笔、红墨水笔或红色复写纸填写项目，若有更改，则需要在更改项目上加盖校对章。

（2）不同合同的货物，不能填报在一份报关单上。

（3）一张报关单上如果有多种不同商品，应分别填报清楚，但一张报关单上最多只能填报五项海关统计商品编号的货物。

（4）随附的单证要正确、齐全、清楚，以防止短缺或张冠李戴。

（5）报关单必须做到两个相符：一是单证相符，即报关单与合同、批文、发票、装箱单等相符；二是单货相符，即报关单所报内容与实际出口货物相符。

（6）向海关申报的出口货物报关单由于各种原因，原来填写的内容与实际货物有出入、需向海关办理更正手续的，应填写报关单更正单，对原来填写的项目进行更改，并确保更改的内容清楚。

7.1.2 跨境电商出口退（免）税

出口货物退（免）税在国际贸易中为世界各国普遍接受，是为了鼓励各国出口货物公平竞争的一种退还或免征间接税的税收措施。目前，我国主要有增值税、消费税的出口缴纳，对出口货物已承担或应承担的增值税、消费税等间接税实行退还或者免征。

根据中国政府网，2020 年上半年，全国累计办理出口退（免）税 8 128 亿元，有效减缓了出口企业的资金压力，降低了出口企业的资金成本。2020 年 3 月，中华人民共和国国家税务总局会同财政部联合发布《关于提高部分产品出口退税率的公告》，提高 1 464 项产品出口退税率。其中，有 1 084 项产品的出口退税率提高到 13%。截至 6 月底，全国已有近 2.5 万户出口企业享受到了此项政策红利，为外贸企业提供了强大的支撑力量。为加快退税速度，各地税务部门积极开通出口退税绿色通道，推行出口退税"网上办""无纸化"等"非接触式"办理方式，持续提升出口退税平均办理时间，盘活企业的资金流。

7.1.2.1 出口货物退（免）税的基本政策

鉴于我国拥有出口经营权的企业有限，而且我国生产的某些产品还不能满足国内的需求，因此，我国对某些生产性企业和国家紧缺货物采取限制条件出口政策。根据我国的实际情况，目前我国的出口货物关税政策分为以下 3 种：

1. 免税并退税

出口免税是指对货物在出口销售环节不征收增值税、消费税,这是把货物出口环节与出口前的销售环节都视为同一个征税环节。出口退税是指对货物在出口前实际承担的税负,按规定的退税率计算后予以退还。

2. 出口免税不退税

出口免税不退税是指适用相应政策的出口货物因在前一道生产、销售或出口环节是免税的,因此,出口时该货物的价格本身就不含税,也无须退税。

3. 出口不免税也不退税

出口不免税也不退税是指国家对限制或禁止出口的某些货物的出口环节视同内销环节,照常征税。出口不退税是指对这些货物出口不退还出口前其所负担的税款。适用这个政策的主要是税法列举限制或禁止出口的货物,如天然牛黄、麝香等。

7.1.2.2 出口退税制度

出口退税制度是一个国家(地区)对已报送离境的出口货物予以退还其在出口前生产或流通各环节已缴纳的间接税(我国目前主要有增值税和消费税)税款的一项税收制度。出口退税以征税为前提,即只能是对已征税的出口货物退还其已征的增值税、消费税税额,不征税的出口货物则不能退还上述两种税。出口退税主要是通过退还出口货物的国内已纳税款来平衡国内产品的税收,以使本国产品以更低成本进入国际市场,与国外产品在同等条件下竞争,从而增强产品竞争力,增加出口创汇。

1. 我国出口退税的情形

纳税义务人按照规定缴纳税款后,因误征、溢征及其他国家政策调整应予退还的税款可由海关依法退还。进出口税收的起退点为 0 元。

(1)多征税款退税。

① 海关发现多征税款的,应立即通知纳税义务人办理退税手续。纳税义务人应当自收到海关通知之日起 3 个月内办理退税手续。

② 纳税义务人发现多征税款的,自缴纳税款之日起 1 年内,可以向海关申请退还多缴的税款并加算银行同期活期存款利息。

"多征税款"一般指由于某种差错或工作失误,造成海关所征收的税款大于应征税款,不包括由于政策调整导致的征税差异。

(2)品质或者规格原因退税。

① 已缴纳税款的进口货物,因品质或者规格原因原状退货复运出境的,纳税义务人自缴纳税款之日起 1 年内,可以向海关申请退税。

② 已缴纳出口关税的出口货物,因品质或者规格原因原状退货复运进境并已重新缴纳因出口而退还的国内环节有关税收的,纳税义务人自缴纳税款之日起 1 年内,可以向海关申请退税。

(3)退关退税。

已缴纳出口关税的货物,因故未装运、出口申报退关的,纳税义务人自缴纳税款之日起 1 年内,可向海关申请退税。

（4）短装退税。

散装进出口货物发生短装并已征税放行的，如该货物发货人、承运人、保险公司已对短装部分退还或者赔偿相应货款，纳税义务人自缴纳税款之日起 1 年内，可申请退还短装部分的相应税款。

（5）赔偿退税。

因进出口货物残损、品质不良、规格不符等原因或发生上述散装货物短装以外的货物短少情形，由进出口货物的发货人、承运人或保险公司赔偿相应货款的，纳税义务人自缴纳税款之日起 1 年内，可申请退还赔偿货款部分的相应税款。

2. 享受出口退税货物的基本条件

（1）必须属于增值税、消费税征税范围的货物或劳务。

（2）必须是报关离境出口的货物。

所谓出口，即输出关口，它包括自营出口和委托代理出口两种形式。区别货物是否报关离境出口，是确定货物是否属于退税范围的主要标准之一。凡在国内销售、不报关离境的货物，除另有规定者外，不论出口企业是以外汇还是以人民币结算，也不论出口企业在财务上如何处理，均不得视为出口货物予以退税。

（3）必须是财务上作为对外销售处理的货物。

出口货物只有在财务上做出销售处理后，才能办理退税。也就是说，出口退税的规定只适用于贸易性的出口货物，而对非贸易性的出口货物，如捐赠的礼品、在国内个人购买并自带出境的货物（另有规定者除外）、样品、展品、邮寄品等，因其一般在财务上不做销售处理，故按照现行规定不能退税。

（4）必须是出口收汇并已核销的货物。

按照现行规定，出口企业申请办理退税的出口货物，必须是已收取外汇并经外汇管理部门核销的货物。

在一般情况下，出口企业向税务机关申请办理退税的货物，必须同时具备以上四个条件。

3. 外贸企业办理出口退税的基本流程

（1）向商务主管部门取得进出口经营权。

（2）取得一般纳税人资格。

（3）向税务机关退税部门办理出口退税资格认定。

（4）购进货物。

（5）取得增值税专用发票。

（6）报关出口。

（7）取得出口货物报关单（出口退税专用）。

（8）确认出口销售收入。

（9）凭有关单证申报退税。

（10）开具收入退还书。

（11）取得退税款。

企业申报出口退税需提交的资料有：出口货物报关单（退税专用联）、进项发票（已认证）、出口发票以及与出口退税相关的其他资料。

4. 退税的期限及要求

（1）对于上述申请退税情形，海关应当自受理退税申请之日起 30 日内查实并通知纳税义务人办理退还手续。纳税义务人应当自收到通知之日起 3 个月内办理有关退税手续。

（2）退税必须在原征税海关办理。办理退税时，纳税义务人应填写"退税申请表"并持原进出口报关单、原盖有银行印章的税款缴纳书正本及其他必要单证（如合同、发票、协议、第三方商检机构证明、已经赔偿货款的证明文件、税务机关出具证明等）送海关审核。海关同意后，应按原征税或者补税之日所实施的税率计算退税额。

7.1.2.3 关税减免制度

关税减免制度是指海关按照国家政策、《海关法》以及其他有关法律和行政法规的规定，对出口货物的关税给予减征或免征。关税减免可分为三大类，即法定减免税、特定减免税和临时减免税。

1. 法定减免税

法定减免税是指按照《海关法》《关税条例》以及其他法律和行政法规的规定，出口货物可以享受的减免关税优惠。海关对法定减免税货物一般不进行后续管理。

2. 特定减免税

特定减免税是指海关根据国家规定，对特定地区、特定用途和特定企业给予的减免关税的优惠，也称政策性减免税。例如，对进出经济特区、技术产业开发区、对外开放地区、高新技术产业开发区的商品的关税减免等。

3. 临时减免税

临时减免税是指法定减免税和特定减免税以外的其他减免税。国务院根据某个单位、某类商品、某个时期或某批货物的特殊情况和需要，给予特别的临时性减免税优惠。

7.2 跨境电商目的国（地区）进口通关常规业务

跨境电商企业从事跨境贸易活动，不仅发货时需在我国海关处办理出口报关等手续后方可通关，还要在货物到达目的国（地区）时，根据目的国（地区）政策办理相关进口通关手续。

7.2.1 跨境电商目的国（地区）海关扣关

跨境电商开展跨境贸易在目的国（地区）遇到的最多问题是海关扣关。海关扣关指交易订单的货物因为特定原因而被进口国（地区）海关扣留。

遇到货物被扣关这类情况时不要太过紧张，先要了解货物被扣关的原因，因为每个国家（地区）的关境条例有所不同。当出现扣货、扣关时，相关关境部门会给出一份说明，里面会对扣货原因进行说明，发件人或收件人必须配合关境部门提供相关的文件。

7.2.1.1 货物被扣关或者不允许清关的常见原因

（1）商品货物品填写不详细、不清楚，须重新提供证明函，具体说明货物的品名及其用途。

（2）货物申报价值过低时（关境部门有理由怀疑偷漏税）。

（3）国际（地区间）快递货物单证不齐全时，需要提供必需的单证，例如，发票、装箱单、进口许可证、3C认证。

（4）订单货物属假货、仿货、违禁品等其他敏感货物，属于进出口国家（地区）禁止或者限制进口、出口的物品。

（5）收货人条件不允许（没有进口权等）。

（6）超过目的国（地区）进口最低免税金额。

（7）其他当地的相关政策。

在一般情况下，跨境电商遇到的大多数扣关问题的原因是受当地国家（地区）的相关政策影响。货物一旦被扣关，发件人或收件人应尽量配合关境部门，提供相关的文件。在一般情况下，关境部门会对货物进行评估，只要与发件人或收件人的陈述相符，办理完清关手续，即可放行。

7.2.1.2 海关扣关的应对方法

（1）因申报货值太低而被扣关，卖家与买家协商缴纳关税后可从关境部门取货，如果关税不高可以考虑和买家分摊。

（2）因手续不全而货物被扣关，比如无进口权的个人进口，可以找有进口权的公司代理清关。

（3）如果需要相关认证手续，应补齐手续并将相关证明提供给关境部门。

（4）可以向关境部门申请货物退运，按国际惯例，清关不了的货物可以申请退运回发货地或是第三方贸易港口。

7.2.1.3 如何尽量避免海关扣关

（1）为了避免扣关，针对一般的包裹，尽量勾选"gift"，但不要直接在申报品名里填写"gift"。相对而言，私人包裹被查的概率低一些。为了避免扣关后产生高额的清关费，申报价值可以写得相对少一点，但不要低于实际价值太多。贵重物品的扣关率高，但低报的前提是需要和买家协商好。

（2）了解各国（地区）政策。例如，澳大利亚虽然通关容易，但是进出口电池类产品是海关不允许的，因此电池或者带电池的产品，尽量不要发往澳大利亚，如果一定要卖需安装电池的产品，可提前告知客户不发电池，只发产品。

（3）选择安全的递送方式。DHL的扣关率是很高的，其次是FedEx和UPS；相对安全的递送方式是航空挂号小包和EMS，另外EMS就算是被关境部门扣关，还能免费退回到发货地点。尤其是针对俄罗斯、巴西等海关极为严格的国家，航空挂号小包和EMS在通关上有绝对的优势。

（4）越重的包裹被关境部门扣关的可能性就越大。

（5）不同产品被关境部门扣关的概率不同，例如，电子产品被扣关的概率比服装类产品高。

（6）寄往不同的国家（地区），采用的申报策略也有所不同。英美海关相对不那么严格，申报价值可以适当放低；德国海关比较严格，因此不宜把申报价值报得太低。

需要注意的是这些方法都只能降低被扣关的概率，不可能完全杜绝被扣货。

7.2.2 跨境电商目的国（地区）关税

关税是指一国（地区）海关对经过本国（地区）关境的进出口货物征收的一种税收。关境是海关征收关税的领域，也是统一实施海关法令的领土。

关税历史悠久，是国际贸易措施中最传统的措施，一直是各国（地区）主要的国际贸易政策的一种体现，也是目前世界各国（地区）普遍征收的税种。然而，不同国家（地区）的关税政策各有差异，跨境电商在开展贸易活动时，需对目的国（地区）的关税政策进行了解和研究，以便于顺利开展外贸活动。本教材仅介绍各国（地区）关税的一些通用知识。

7.2.2.1 关税的特征

关税与其他税收一样，具有强制性、无偿性和固定性的特点。强制性是指关税是凭借法律的规定强制征收的，凡是符合纳税条件的，纳税人必须按照法律规定无条件地履行其义务，否则就要受到法律的制裁；无偿性是指海关征收的关税都是国家（地区）向进出口商无偿取得的收入，国家（地区）不需要付出任何代价，也不必把税款直接归还给纳税人；固定性是指国家（地区）有关部门事先规定一个关税的征收比例或征收数额，征、纳双方必须共同遵守执行，不得随意变更或减免。

除此之外，关税还具有其自身的一些特征：关税的税收主体和客体分别是进出口商和进出口货物；关税具有涉外性，是对外贸易政策的重要组成部分。关税的征收与减免会在不同程度上影响国际贸易国家的经济利益，所以常常被主权国家用作对外政治、经济斗争的重要手段，例如，通过提供优惠政策改善国际关系，或设置关税壁垒限制某些国家的商品进口等。

7.2.2.2 关税的种类

按照不同的标准，关税有多种分类方法，如图 7-3 所示。下面以主权国家为例来介绍关税的种类。

按照关税征收对象或商品流向划分	按照征收关税的目的划分	按照差别待遇和特定的实施情况划分
·进口税 ·出口税 ·过境税	·财政关税 ·保护关税	·进口附加税 ·差价税 ·特惠税 ·普惠制

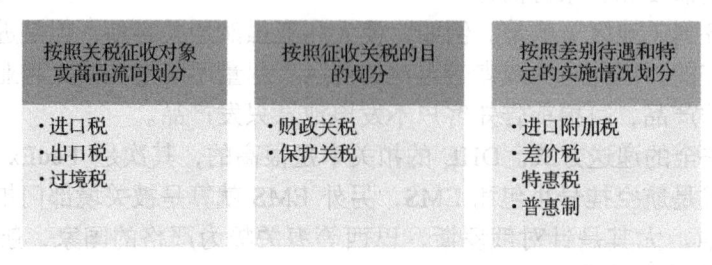

图 7-3　关税的种类

1. **按照关税征收对象或商品流向划分，关税可分为进口税、出口税和过境税**

（1）进口税。

进口税是进口国家的海关在外国商品输入时，对本国进口商征收的关税，又称正常关税或进口正税。在国际贸易中，通常所说的关税壁垒就是指设置高额进口税。进口税是关税中最重要的税种，也是被各国公认的一种重要的经济保护手段。

（2）出口税。

出口税指出口国的海关对本国商品输往国外时，向出口商征收的关税。征收出口税会提高出口商品的成本，降低本国产品在世界市场的竞争力，不利于扩大出口。因此，目前大多数国家对绝大部分出口商品都免征出口税。

（3）过境税。

过境税又称通过税或转口税，是一国海关对通过其关境再转运至第三国的外国货物所征收的一种关税，征收的目的是增加本国的财政收入。目前大多数国家对过境货物只是征收少量的签证税、印花税、登记税和统计税等。

2. **按照征收关税的目的划分，关税可分为财政关税和保护关税**

（1）财政关税。

为增加国家财政收入而设置的关税就是财政关税。一般来说，该关税税率较低，因为过高的税率会阻碍进口、减少出口，反而达不到增加财政收入的目的。此外，财政关税一般也与较低的经济发展水平相关，当一个国家的经济发展水平较低时，由于国内的直接税收来源较少，关税就成为主要的财政收入来源之一。因而，财政关税目前主要存在于一些经济发展水平较低的发展中国家中。

（2）保护关税。

一国为保护国内某些商品市场、促进相关产业发展而设置的关税就是保护关税。保护关税税率一般较高，关税越高越能达到保护的目的。从进口商品来说，进口商品的优势在于其包括有形转移成本在内的成本比进口国的同类商品的成本低，即两者之间存在成本差额。如果进口商品的关税税额等于或超过这个差额，则进口商品的优势完全丧失，导致无法进口，从而保护国内市场。对于出口商品来说，为了保护本国国内工业生产所必需的原材料，出口税只要等于或超过出口商品的国内价格同国际价格的差额，就能起到保护作用。

3. **按照差别待遇和特定的实施情况划分，关税可分为进口附加税、差价税、特惠税和普惠制**

（1）进口附加税。

进口附加税是对于进口商品，除征收一般进口税外，出于某种特定的目的而额外加征的关税。进口附加税是一种限制进口的临时性措施，其目的主要有应付国际收支危机、维持进出口平衡、防止外国产品低价倾销、对某个国家实行歧视或报复等。

（2）差价税。

差价税又叫差额税，是当本国生产的某种商品的国内价格高于进口价格时，按内价格与进口价格之间的差额征收的关税。征收差价税的目的是削弱进口商品的竞争力，提高本国商品的竞争力和保护国内市场。

（3）特惠税。

特惠税又叫优惠税，是指对从某个国家进口的商品，不同程度地给予特别优惠的低关税或免关税待遇。使用特惠税的目的是增进与受惠国之间的友好贸易往来。

（4）普惠制。

普惠制是普遍优惠制的简称，是指经济发达国家所承诺的对从发展中国家进口的商品，尤其是工业制成品和半制成品，给予普遍的、非歧视性的和非互惠的优惠关税待遇。普惠制关税税率往往比最惠国待遇提供的税率还要低很多。

7.2.2.3 关税的征收

1. 海关税则

海关税则是指一国对进出口商品计征关税的规章以及对进出口商品的应税与免税商品加以系统分类的一览表，又称关税税则。它是一国关税制度的重要组成部分，是海关征收关税的主要依据。海关税则一般包括两部分：一部分是海关课征关税的规章条例及说明；另一部分是关税税率表。税率是关税税则的具体体现。关税税率表主要包括三个部分：税则号码，简称"税号"；货物分类目录；税率。

（1）海关税则的商品分类。

海关税则中的商品，有的按照商品的加工程度划分，如原料、半制成品、制成品等；有的按照商品的性质划分，如水产品、农产品、畜产品、矿产品、纺织品、机械等；也有的按商品的性质分成大类，再按加工程度分成小类。

（2）海关税则的种类。

按照对于同一种商品在税则中规定税率种类的多少，海关税则可分为单式税则和复式税则两大类。

① 单式税则。单式税则又称一栏税则，即一个税目只规定一个税率，对于任何国家的商品都没有差别待遇。在自由资本主义时期，资本主义国家实行单一税则；进入垄断资本主义时期后，大多数国家都改为复式税则，只有少数发展中国家仍实行单式税制。

② 复式税则。复式税则是以一个税目设置两个或两个以上的税率，对不同的国家适用不同的税率，是差别关税的一种形式。目前，世界上大多数国家都采取这种税则。

2. 计税标准

计税标准是指海关用作计税依据的统一标准，主要有以下几种：

（1）从量税。

从量税是以商品的重量、数量、长度、容积、面积等计量单位为标准计征的关税。从量税的计算非常简单，公式为：

$$从量税额 = 商品进口数量 \times 单位从量税$$

（2）从价税。

从价税是以商品的价格为标准计征的关税。从价税的计算公式为：

$$从价税额 = 进口商品总值 \times 从价税率$$

征收从价税的关键是确定进口商品的完税价格。完税价格是由海关按本国的关税法律法规、依据一定的价格标准、审查和调整后所核定的商品价格，是海关审定并作为计征从价税的商品的价格，即海关估价（Customs Value）。各国海关确定完税价格的标准不尽相同，很多国家以进口商品的到岸（Cost，Insurance and Freight，CIF）价格和出口商品的离岸（Free on Board，FOB）价格作为估价标准，而美国、加拿大等国则以进口商品的离岸价格来估价。一些国家还利用估价提高进口关税，从而使海关估价成为限制进口的一种非关税措施。

（3）复合税。

复合税是指征税时同时使用从量税、从价税两种计税标准，以两种税额之和作为该种商品的关税税额。复合税的计算公式为：

$$复合税额=从量税额+从价税额$$

按照从量税和从价税在复合税中的主次关系不同又可将复合税分为两种情况：①以从量税为主加征从价税，即在对每单位进口商品征税的基础上，再按其价格加征一定比例的从价税。例如，美国对钨砂进口征收的普通税为60美分/磅，再加征50%的从价税；②以从价税为主加征从量税，即在按商品价格征税的基础上，再按其进口数量加征从量税。

（4）选择税。

选择税是指对同一种商品同时有从量税和从价税两种税率，征收时由海关选择。为鼓励某种商品的进口，海关可选择税额低者征收；为增加财政收入，海关则选择税额高者征收。选择税具有灵活性，可以根据不同时期经济条件的变化、政府关税征收目的和国别政策来自主选择。然而，选择税征收标准经常变化，让出口国难以预知，容易引起争议。

（5）滑准税。

滑准税是一种关税税率随进口商品价格的由高至低而由低至高设置计征的关税。通俗地讲，就是进口商品的价格越高，其进口关税税率越低；进口商品的价格越低，其进口关税税率越高。滑准税的特点是，可保持实行滑准税商品的国内市场价格的相对稳定，不受国际市场价格波动的影响。

（6）差价税。

差价税又称差额税。当某种本国生产的产品国内价格高于同类的进口商品价格时，为了削弱进口商品的竞争能力、保护国内生产和国内市场，按国内价格与进口价格之间的差额或差额倍数来征收关税。因此，它是一种滑动关税。

（7）季节税。

季节税是指对季节性商品在旺季采用高税率而在淡季采用低税率计征的一种关税。其目的是维护市场供销平衡，以稳定市场。季节税一般是针对生产季节性较强的农产品设置的。例如，所有欧盟成员国对一些水果、蔬菜或园艺产品除按从量税或复合税征收关税外，还征收季节税。

复习思考题

一、选择题

1. 电商出境货物运抵海关监管场所后、装货（　　）前，按照已向海关发送的订单，以及支付、物流等信息，如实填制"货物清单"，逐票办理货物通关手续。

A. 6 小时　　　　B. 12 小时　　　　C. 24 小时
D. 2 天　　　　　E. 3 天

2. 出境货物海关查验的方法有（　　）。

　　A. 外形查验　　B. 开箱查验　　C. 机检查验
　　D. 抽查　　　　E. 彻底查验

3. 按照差别待遇和特定的实施情况分类，关税可分为（　　）。

　　A. 进口附加税　B. 差价税　　　C. 特惠税
　　D. 普惠制　　　E. 复合税

4. 以商品的重量、数量、长度、容积、面积等计量单位为标准计征的关税指的是（　　）。

　　A. 季节税　　　B. 选择税　　　C. 复合税
　　D. 从价税　　　E. 从量税

5. 根据不同的报关对象，报关可分为（　　）。

　　A. 运输工具报关　　B. 进出境物品报关　　C. 进出境货物报关
　　D. 进出境动物报关　E. 进出境车辆报关

二、判断题

1. 跨境电商货物出口申报被海关接受后，不可修改和撤销。（　　）
2. 报关人员需经报关单位向海关备案，且具备一定的知识和技能，并取得相应资质，才可办理相关业务。（　　）
3. 以商品的价格为标准计征的关税，指的是从价税，其不受国际市场价格波动的影响。（　　）
4. 退税必须在原征税海关处办理。（　　）

三、论述题

1. 简述跨境电商一般货物的出口报关程序。
2. 简述跨境电商出口退税有哪些情形。

案例实训

2019 年 11 月 3 日一大早，某跨境物流公司负责人黄总接到业务合作伙伴深圳志强电子产品有限公司王老板的电话，王老板很着急，说有一批寄往欧洲的货物被扣，得赶紧查核原因。黄总立马落实，经排查后发现该公司寄送的带电产品全部没有 CE 安全认证标志，导致扣关。

请结合跨境电商通关相关知识，分析王老板的货物被扣的原因，并针对该情况给出解决建议。

第 8 章 海外仓的建设与管理

本章重点

1. 理解海外仓的仓储作业流程。
2. 熟悉海外仓仓库的布局及货物安排。
3. 掌握商品分拣、配货、补货作业方式及步骤。
4. 掌握海外仓库存控制的常用方法并能够根据实际情况进行优化。

导入案例

亚马逊 FBA 与第三方海外仓

在美国，亚马逊平均每天能够完成 5 000 万个快件的发送，美国最后一公里的配送费用已经超过其跨境物流费用的 50%。消费者对网购物流速度的要求日趋严格，但美国次日同城送达的包裹量仅占总包裹量的 15%，因此仓库与需求聚积区域的距离越近，在客户体验方面就越有优势。美国商用仓库的需求旺盛，高盛、黑石等投资机构都对这一投资领域十分看好。美国三大工业带分别位于美国的东北部、南部和西部，这三个地区无论是人口密度分布还是仓储设施布局都很类似，港口和交通枢纽处的仓库数量较多。很多自建仓或第三方物流仓储企业会选择在洛杉矶建第一仓库，这是因为美国西部城市的人工成本和仓租成本相对适中，航班多，有港口，运输方便，头程时效快。

在中国，由于人口密度大、物流资源分布不够均匀，因此要在地理位置相对较好的地方建仓，两层以上的仓库十分常见；而美国地广人稀，用地成本低廉，单层仓库方便搬运作业，成为主流，"库房+办公"常常处于同一层。亚马逊的 FBA 仓对库房进行了分层改造，提升使用面积。随着美国城市用地趋紧，地产商也开始建造多层仓库。通常，租库房要押两三个月的租金，合同可签一年或者两年。第三方海外仓与 FBA 仓表面上是竞争关系，实际上在仓储形式上是一种互补关系，FBA 仓头程中转、退换货、换标是很多第三方海外仓的重要业务。

美国第三方海外仓即海外公共电商物流中心，是以独立物流服务商的形式建立、专为跨境电商提供本地化分配服务的海外仓企业，也有一些是大型卖家所开放的物流服务。第三方海外仓这波商机，在某种程度上也受益于FBA仓的溢出效应，其承接了很多入不了FBA仓的需求。第三方海外仓的选品范围比FBA仓更广，其选品范围不限定售卖平台。第三方海外仓与FBA仓的差距甚远，FBA仓虽然不提供头程运输且收费更高，但在履单、库存及配送等核心服务方面都领先第三方海外仓。第三方海外仓服务的核心是帮助跨境电商企业完成其必须在海外做、但自己又做不了的事，把一切卖家在海外因距离问题而产生的风险顾虑作为服务的重中之重，要确保实时、高效地与电商企业沟通。目前，大多数第三方海外仓还处于持续投入阶段，从租建仓、买设备、建系统、招人到经营管理方面的磨合，还不够成熟，但所有第三方海外仓都存在装不满或季节性空置以及旺季爆仓的"冰火两难"的问题。

思考：良好的仓储与仓库管理对海外仓有何意义？

8.1 海外仓的分类与发展现状

在跨境电商物流中，仓储与配送一体化逐渐成为全球发展的趋势，约四成跨境电商出口的订单都采用海外仓物流模式发货。其中，跨境通、纵腾、有棵树等平台卖家已实现超过80%的订单从海外仓发货。海外仓是一种对现有跨境电商物流方案的综合优化与整合，而非简单地将跨境电商平台卖家商品批量存储到境外仓库。海外仓能够在更大程度上综合利用国内外已有快递、仓库、清关等资源，是跨境电商物流综合实力的体现。本节主要从海外仓的分类与发展现状进行讲解。

8.1.1 海外仓的分类

目前，按照经营主体划分，我国海外仓共有三种典型的经营模式，包括商家自营海外仓、第三方公共服务海外仓以及一站式配套服务海外仓。

8.1.1.1 商家自营海外仓

商家自营海外仓是商家通过自身资金优势，在海外发起的仓库购买、建设、完善的过程。商家通过自身资金优势，选择适合自身的海外仓选址和仓储模式，达到仓储供应链优势最大化的目的。在该海外仓模式下，跨境电商物流的整个体系都由出口跨境电商企业自己控制。以兰亭集势为例，它是整合了供应链服务的在线B2C企业，拥有一系列供应商，并拥有自己的数据仓库和长期的物流合作伙伴。兰亭集势有部分业务就是采用商家自营海外仓模式开展的，目前已经发展成为国内外贸出口B2C行业最好的网站之一。当前，企业发展迅速，拥有自己的采购和物流团队，是其他外贸出口B2C企业争相模仿的对象。

商家自营海外仓模式并不适合所有的跨境电商企业，其自身具有优势的同时，也存在明显的劣势。

商家自营海外仓的优势包括以下几点：①商家自营海外仓的货物价格可以比直邮货物价格高出约 30%。②由于商家自营海外仓库的供应体系比较完善，海外仓更容易销售，而且发货销售量一般是国内销售量的 3~4 倍。③商家自营海外仓储配送可以减少配送物流的步骤，提高物流的配送效率。④利用商家自营海外仓的大宗仓储空间，可以降低单一物流的运费，大大降低仓储和配送成本。⑤一般采用商家自营海外仓集中运输方式，可以实现不同重量、体积、价格的货物的统一管理，特别是在退换货服务方面更具竞争力。⑥可以为消费者提供更多的海外商品，没有传统的单件、小包装快递对体积、重量的限制。

商家自营海外仓的劣势包括以下几点：①随着跨境电子商务的发展，越来越多的国外商品在一定程度上影响了当地的传统商业，并使各利益相关者相互制约，因此很容易受到贸易保护者的抵制。②在商家自营海外仓中，企业需要负责对外贸易、通关等诸多事项，因为传统目的国的进口贸易是由海外进口商完成的，而在海外仓的物流配送模式中，这些手续都是由跨境电商企业自费办理的。同时，在通关方式上，传统的小包裹一般采用邮寄方式完成，而对于海外仓库的散装货物，其通关更加严格、认证体系更加复杂。③由于海外仓距离公司较远，很难掌握所有的仓储、物流、配送等业务，企业需要更好的通信技术和管理。因此，跨境电子商务企业建设海外仓库相对困难。

8.1.1.2 第三方公共服务海外仓

第三方公共服务海外仓由第三方企业建设，商家可租赁使用，实现海外仓运输业务。商家按照一般贸易方式分批向第三方公共海外仓出口货物，实现本地销售和本地分销。在该海外仓模式下，跨境电商物流的整个体系是由第三方物流企业控制的。

第三方公共服务海外仓的优势包括以下几点：货位在海外，增加产品曝光率；提高商品销售价格，实现有竞争力的本地销售；提高物流配送效率；大量向海外运送货物以降低物流成本；快速退换货处理，提高客户满意度；商家可采用租赁或分销合作模式使用海外仓，形式灵活。

第三方公共服务海外仓的劣势包括以下几点：需要存储货物，存在库存风险，增加资金周转成本；多个库存单位不方便同时操作；增加库存的存储成本和操作成本；海外国家政策的变化会造成一定的损失和麻烦；相对适用于有选择能力、货源自有、资金有限的商家。

8.1.1.3 一站式配套服务海外仓

一站式配套服务是一种个性化的跨境物流定制服务，以海外仓为基础，为商家提供全套的物流服务。亚马逊 FBA 是具有代表性的，是由亚马逊提供的包括仓储、拣货、打包、派送、收款、客服与退货处理的一条龙式物流服务。数据显示，2016 年，亚马逊 FBA 为全球卖家配送超过 20 亿件商品，使用 FBA 服务的全球活跃商家数量增长超过 70%。在该模式下，公司具有完善的物流体系，能够满足不同商家的需求，并且可以针对目的国不同的经济、文化、法律制度，提出定制的物流方案。该模式能够有效地整合物流资源，从前期的仓储到后期的物流服务，让商家积累丰富的物流经验，有效降低物流成本，提高盈利能力，最终实现互利共赢。一站式配套服务海外仓有以下优势：

第一，实现资源的有效整合。一站式配套服务能够有效整合各方资源，以海外仓为基础，整合国内物流、国际物流及目的国本地物流，为电商卖家提供一站式的解决方案。这种类型的服务能够整合不同的物流商资源及清关代理公司，可以为商家优化物流路径，借助电子信息技术对数据进行整理和分析，为商家提供订单管理、库存优化、需求预测等增值服务，实现了物流信息的共享和社会资源的充分利用。

第二，建立完善的供应链优化服务。海外仓的建立解决了物流仓储配送的问题，但是一站式配套服务的本质是一条供应链，这就需要向上游企业延伸，从协助工厂参与跨境电商的渠道销售商品开始，并包括采购管理、跨境物流服务以及为商家提供运营服务和增值服务，可以实现从供应商到消费者整个链条的完整服务。

第三，个性化定制服务。一站式配套服务会根据电商企业的特点，为其定制一套专属物流服务，并且会根据不同目的国的政治、经济、法律等环境，有针对性地为消费者提供供应链管理及增值服务。这种模式在实现了商品的本土化配送和运营的同时，也满足了商家对于跨境物流服务的需求，给商家和消费者带来了良好的体验。

8.1.2　海外仓发展现状

中国物流与采购网数据显示，2013—2020 年中国海外仓数量由 50 多个增长至 1 800 多个，2019 年中国海外仓数量年增速达 80%，增加面积超过了 1 200 万 m^2。2020 年中国新增加了 46 家跨境电商综试区，全年跨境电商进出口增长 31.1%，市场采购贸易总额超过千亿美元。然而，海外仓在国内起步较晚，在快速发展的同时，问题也逐渐暴露出来，以下对此进行具体分析。

8.1.2.1　商家自营海外仓发展现状

目前，选择商家自营海外仓的所占比例较少。一份对海外仓调研的报告显示，有 17%的商家选择建立海外分公司和仓库，38%的商家正在计划中，至于未来是采取第三方公共服务海外仓还是选择商家自营海外仓，尚未可知。究其原因，商家自营海外仓对商家的要求较高，大多数商家目前还难以达到自行建仓的条件。

商家自营海外仓最大的特点就是为商家所有，商家享有更多的自主权和控制权，但是商家自营海外仓的建设仍处于初级阶段，还存在很多问题。其中，海外员工的管理和不熟悉目的国的政策、法律等问题均占整体的 58.8%（多选），这些都是商家自营海外仓急需解决的问题。不同国家之间的经济环境、法律制度等存在差异，尤其是法务和税务的问题，其中针对本土税务解决方案的运营诉求占比为 84.7%，对于商家的经营影响重大。由于两国之间文化和风俗习惯的差异可能造成两国员工在价值观及处事方式上的差异，从而会大大增加运营管理的难度。受此影响比较严重的是海外员工的招聘，选择此问题的占比为 35.2%。人才是企业的一大竞争力，海外仓的运营对员工提出了更高的要求，人才除应具有专业知识外，还要对两国之间的经济、法律、文化等有所了解，而当前市场上物流人才缺乏，且大多难以满足当今企业发展的需要。

8.1.2.2 第三方公共服务海外仓发展现状

第三方公共服务海外仓服务商认为自己能够为商家提供良好的清关、仓储、本土化配送等优势服务，然而，在商家看来，第三方海外仓所提供的服务不尽如人意。25%的商家承受着漏发货的压力，而反馈发错货和库存不准的分别占32%和38%。在头程服务中，商家反馈时效慢的占26%，认为并未真正体现头程服务的优势，头程服务周期的拉长会导致商家的资金周转率下降，可能出现流动资金不足的情况，严重时会影响商家的正常运营。此外，商家反馈入库上架时间长，尤其是旺季时有此反馈的商家占52%，上架时间长可能让商家错过最好的销售期，从而影响商家的销售量。入库上架时间的拉长会影响商品的发货及配送，降低消费者的购物体验，严重时会影响该商品及商家的口碑。究其原因，这是由国内外操作配合不协调、入库流程不合理、库存信息不能及时同步等导致的。此外，商家认为系统不稳定、难操作的占30%左右，跨境物流离不开电子信息系统的支撑，而系统操作不便捷、不稳定，则会对跨境物流的参与方之间的协调配合产生影响。因此，为了提高物流的效率，可提供优质服务的物流信息管理系统必不可缺。而占比最高的反馈是客服响应慢且不专业的情况，达60%，这需要引起第三方海外仓企业的高度重视。随着消费者购物理念的升级，对于售后服务的要求越来越高，客服与消费者的直接沟通在整个交易流程中发挥重要的作用。良好的客户服务不仅能增加消费者对购物的满意度，还有助于建立商家良好的形象。

8.1.2.3 一站式配套服务海外仓发展现状（以FBA为例）

FBA是目前绝大多数商家所采用的跨境物流方式。海外仓调研显示，有83%的商家在使用FBA。从理论上上讲，FBA为跨境电商卖家提供的服务环节更多，难度应该高于第三方公共服务海外仓，理应出现更多的问题，但是根据商家的反馈来看，FBA几乎不存在错发、漏发、上架及库存问题，商家反馈的问题主要集中在价格上，36%的商家认为FBA的价格过于昂贵；排在之后的是商家认为FBA的流程比较烦琐、缺乏灵活性、退换货比较困难；有5%的商家反馈FBA的客服反应慢等。FBA凭借自身强大的物流整合能力，解决了第三方公共服务海外仓模式下的错发、漏发等问题，但是进一步简化操作流程、增强商家的自主性和灵活性、降低价格仍是其未来努力的方向。

8.2 海外仓仓储作业管理

仓储作业是指从商品入库到商品出库的整个仓储作业全过程。仓储作业组织按照预定的目标，将仓库作业人员与仓库储存手段有效结合起来，完成仓储作业过程中各环节，可为商品流通提供良好的存储服务。

8.2.1 海外仓仓储作业流程

海外仓仓储作业流程包括入库作业流程、库内作业流程、出库作业流程三个阶段。

仓储管理不仅要对各个作业环节提出具体的标准化要求，而且要对作业流程进行细致的分析与合理有效的组织。

8.2.1.1 入库作业流程

货物入库是指接到货物入库通知单后，经过接运提货、装卸搬运、检查验收和办理入库手续等一系列作业环节所构成的工作流程，具体包括入库前准备、接运、验收、入库等。海外仓入库作业流程如图 8-1 所示。

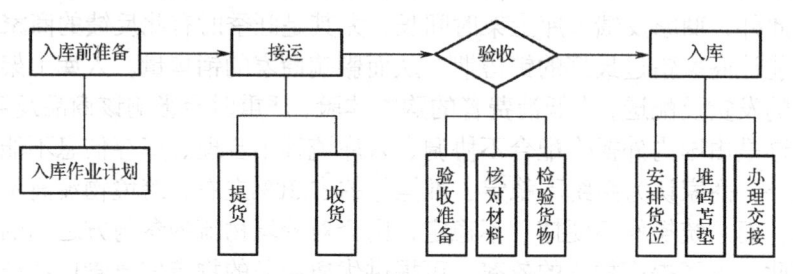

```
入库前准备 → 接运 → 验收 → 入库
    │          │        │        │
入库作业计划   提货    验收准备   安排货位
              收货    核对材料   堆码苫垫
                      检验货物   办理交接
```

图 8-1　海外仓入库作业流程

仓库并不是独立存在的，海外仓是跨境电商物流各环节的中转站。上游供应商与下游销售商的需求决定了仓库的作业方式，而海外仓的仓储管理水平又直接决定仓库的服务能力，包括出入库与库存管理环节。海外仓作为一种特殊的电商仓储模式，与传统的静态仓储不同，它更需要体现仓储的作业效率，目标是保障订单拣选、库存控制及发货效率。对于入库作业来说，最重要的就是在货物到达前做好入库作业计划，如果跨境电商的货物缺乏国内头程审查，则可能影响货物入库及上架的效率，以至于影响后面的销售及发货环节。入库为仓储作业流程的起点，海外仓仓储管理要从源头确保库存的准确性。如果货品包装不规范或条码错误，则会造成货物库存统计不准确。

8.2.1.2 库内作业流程

当货物存放在仓库以后，就进入库内作业流程。库内作业流程包括货物保管作业流程和货物盘点作业流程。

1. 货物保管作业流程

仓储保管是仓储管理的核心工作，若对仓储物品保管不当，致使货物遭遇霉变、病虫害等损坏，将会给企业带来重大损失。因此，海外仓的各级保管人员必须做好货物保管工作，确保所有货物完好。海外仓货物保管作业流程如图 8-2 所示。

2. 货物盘点作业流程

海外仓中储存着大量价值相对较大且出入库频率较高的货物，这些商品的库存量是否准确关系着上游供应商及电商平台的供货计划及销售业绩。因此，为了充分了解货物的储存状况、库存信息，需要做好货物盘点工作。选择适当的盘点方式，能够核实各类物品的实际存储数量与账目是否相符。海外仓货物盘点作业流程如图 8-3 所示。

8.2.1.3 出库作业流程

海外仓在收到客户订单后，需要按照客户要求的时间，准确地将订单需求的货物进行订单拣选、复核打包、装车发运、现场清理、账面清理，整个流程被称为出库作业流程（见图 8-4）。在出库作业流程中，海外仓应根据客户订单的品种及数量进行商品的拣选，拣选既可以按路线拣选也可以按单一订单拣选。拣选工作包括拣取作业、补充作业的货品移动安排和人员调度。传统的仓内"人到货"拣货，行走时间占订单拣选总时长的 50% 以上，这也是"人到货"拣货效率的瓶颈。自动分拣设备及机器人等新科技的加入实现了"货到人"的拣选方式，由自动导引设备或者拣选机器人将货物准确快速地送至拣选作业台，以人工或自动的方式拣选出货品，每天的拣货量可达 3 000 件以上，出库效率明显提高。

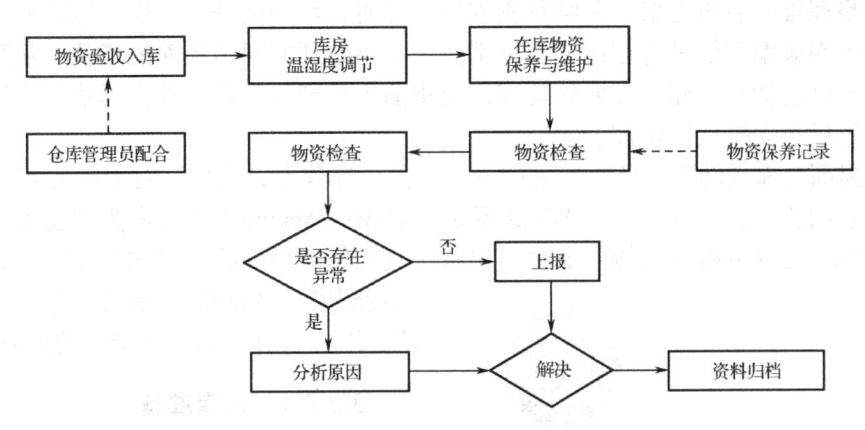

图 8-2 海外仓货物保管作业流程

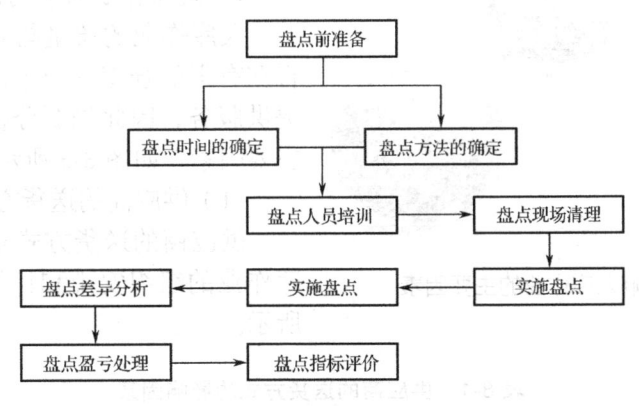

图 8-3 海外仓货物盘点作业流程

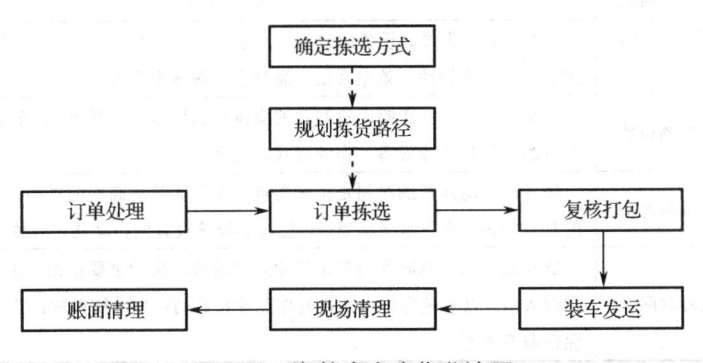

图 8-4 海外仓出库作业流程

8.2.2 海外仓入库管理

在海外仓货物入库前，仓库会提前收到即将到库的订单信息，仓库管理员可以根据预先运送通知（Advanced Shipping Note，ASN）单据的信息，提前做好收货上架的准备。在组织入库作业时，尽量将卸货、分类、加注标志、验收等理货作业集中在一个区域，避免倒装、倒流造成的时间延误。理论上，收货要做到到货质量控制（Incoming Quality Control，IQC）核单、清点、验货，但第三方海外仓一般不对质检负责，即便能够提供质检服务，也是作为增值服务提供。在收货环节，工作人员可以以托盘为单位，也可按箱收货，整理堆码后再上架。在给货物安排货位时，可分区分类，也可以随机存储，或根据近期出库频率高低进行存储，将高销量商品存储到方便出入库的货位，从而提升拣选效率。若是退货品入库，先要处理客户退货的不良产品，将其放入退货区，经过质检及包装加工后再安排相应货位。

为了提高仓库周转率，还有一种较为特殊的入库作业，例如，对于代发亚马逊 FBA 头程或转仓物流时，可以依靠其 WMS 系统的 Cross-docking（中文名为"越库"），省去入库的程序。货物从收货直接"流动"出货，其间使用最少的搬运和存储作业，减少了收货到发货的时间，降低了仓库存储空间的占用，同时也降低了货物的保管成本。

8.2.2.1 入库准备

1. 入库作业的影响因素

入库作业的质量与效率关系海外仓能否在有限的仓库资源中最大限度地为客户提供服务，因此先要分析影响入库作业的主要因素，如图 8-5 所示。

（1）供应商的送货方式。

供应商的送货方式直接影响海外仓入库作业的组织安排和计划制订，如表 8-1 所示。

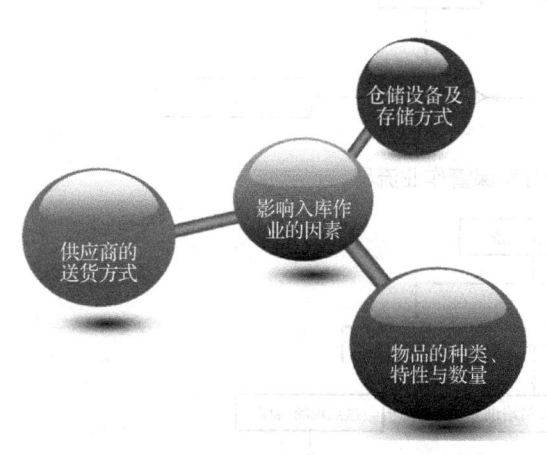

图 8-5 影响入库作业的主要因素

表 8-1 供应商的送货方式的影响因素

供应商送货方式的影响因素	影 响 方 式
① 每天平均送货的供应商数量及最大量	闲时，仓库人员、设备的劳动生产率低，部分人员、设备处于闲置状态；忙时，工作量增加，计划性、效率降低，海外仓的服务水平降低
② 送货的车型及车辆台数	送货的车型主要影响卸货站台的安排与利用以及卸货方式；车辆台数直接影响作业人员的配置和作业设备、作业方式的选择
③ 每台车平均卸货的时间	每台车平均卸货的时间是用来衡量入库作业效率高低的重要指标，每台车平均卸货的时间越短，服务水平就越高，但对其设施设备的自动化、机械化的程度要求就越高
④ 货物到达的高峰时间	货物到达的高峰时间是制定作业人员轮班轮岗的重要依据，要合理安排不同班次的作业人数，以求做到作业人员的作业量和劳动强度的均衡性，既可以降低成本又可以保证服务水平

续表

供应商送货方式的影响因素	影 响 方 式
⑤ 货物的装车方式	若是散货装车,则卸货时应充分利用货物自身的重力;若是件杂货且经过配装,则卸车时主要以人工为主,尽量采用不落地的装卸方式
⑥ 中转方式	中转方式不同,货物的入库方式也不同,有些货物到达海外仓后需要卸车入库,有些货物可执行越库作业

（2）物品的种类、特性与数量。

物品属性的影响因素见表 8-2。

表 8-2 物品属性的影响因素

物品属性的影响因素	影 响 方 式
① 每天平均送达货物的品种数	海外仓平均每天送达的物品品种数越多,物品之间的理化性质差异也就越大,对作业环节的影响就越大
② 单位货物的尺寸及质量	单位货物尺寸小、重量轻且未单元化,则一般采用人工作业或人工辅助机械入库作业;单位货物尺寸大且重量重,则需采用机械化装卸作业
③ 货物的包装形态	货物包装形态的差异会对装卸搬运工具与方式、库区货位的确定、堆存状态等产生影响
④ 货物的保质期	货物的保质期如果较短,则安排货位时应选择可以"先进先出"的货架进行储存,以延长货物后续的销售周期和消费周期
⑤ 货物的装卸搬运方式	入库货物的形态决定货物入库时的装卸搬运作业方式,仓储企业在进行人员配置、装卸搬运设备的选择时应充分考虑仓储对象的形态以形成经济、合理的科学决策

（3）仓库设备及存储方式。

要对叉车、传送带、货架储位的可用性,以及人工装卸、无货架堆码等加以综合考虑。对于设备先进的海外仓,由于其操作过程简单,现场干净整齐,仓容利用率高,相对便于管理;而设备落后的海外仓,基本依赖人工操作,现场一般比较杂乱,仓容利用率低,管理难度大。

2．入库前的准备工作

海外仓入库准备需要由仓库业务部门、仓库管理部门、设备作业部门分工合作,共同做好以下几个方面的工作。

（1）熟悉入库货物。

熟悉入库货物的品种、规格、数量、包装状态、单价体积、到库确切时间、货物存期、货物的理化特性、保管的要求等,据此进行精确和妥善的库场安排等准备工作。

（2）掌握仓库库场情况。

了解在货物入库期间、保管期间仓库的库容、设备、人员的变动情况,以便安排工作。

（3）做好相关人员准备。

按照货物的入库时间和到货数量,预先计划并安排好接运、卸货、检验、搬运货物的作业人员。

（4）做好物力准备。

根据海外仓入库货物的种类、包装、数量等情况及接运方式,确定搬运、检验、计量等方法，配备好所用车辆、检验器材、度量器和装卸、搬运、堆码、苫垫的工具，以及必要的防护用品用具等。

（5）做好仓位准备。

按入库货物的品种性能、数量和存放时间等，结合商品的堆码要求，核算占用仓库的面积，进行必要的清仓、清场、打扫、消毒，准备好验收的场地。尤其在电商平台的销售高峰期，海外仓订单量急剧增加，此时要精确核算每批货物的仓库占用面积，以提高仓库的有效利用率。

（6）做好苫垫用品准备。

确定入库商品的堆码形式和苫盖、下垫形式，准备好苫垫物料，做到商品的堆放在苫垫使用时间内一次性完成，以确保商品的安全，避免以后的重复工作。

（7）做好文件单证准备。

海外仓仓库管理员应预先准备好货物入库所需的各种报表、单证、记录簿等，如入库交接清单、入库单、料卡、残损单等。

8.2.2.2 货位安排

海外仓货位的使用与一般仓库货位的使用方法相似，大致分为三种。

（1）定位储存。

每项货物都有固定的货位，使用时应严格区分，绝不能混用。因此，拣货人员容易熟悉货物的储存货位，方便拣选管理。然而，固定货位储量是根据每项货物的最大在库量设计的，因此易出现货位使用效率低的现象。该方法主要适用于仓库存储面积较充分、多品种少批量货物储存的情况。

（2）随机货位储存。

随机货位储存指将货物任意存放在空缺货位，不进行分类。随机货位储存有利于提高仓容利用率，但是仓库内容易变得混乱，货物的出入库管理及盘点工作难度较高，不便于查找货物。同时，具有相互影响特性的货物若相邻储存，可能造成损失。对于周转较快的海外仓，货物保管时间极短，大部分采用这种方式。随机货位储存，在计算机配合管理下，能实现仓容的充分利用，能够解决货物查找困难的问题。

（3）分类随机货位储存。

每一类货物有固定存放的储存区，但在同一区内的货物可采用分类随机货位储存的方式储存。这种方式有利于货物保管，也较方便查找货物，仓容利用率可以大幅提高。大多数储存周期较长的仓库比较适合采用这种方式。

8.2.2.3 分类与标志

在对商品进行初步清点的基础上，海外仓仓库管理人员需要按存放地点、货物标志分类并做出标记。分类是为了有序地进行管理和货物存放，可按货物的特点，依据分类原则和方法对货物进行分类。货物标志的作用是便于货物交接，防止错发错运，便于识别、运输、仓储和海关等有关部门进行查验等工作，也便于收货人提取货物。常见的货物标志有运输标志和指示性标志。

运输标志，即唛头，是贸易合同、发货单据的重要组成部分。它一般由一个简单的几何图形以及字母、数字等组成。唛头的内容包括目的地名称或代号、收货人或发货人的代用简字或代号、件号（每件标明该批货物的总件数）、体积（长×宽×高）、质量（毛重、净重、皮重）以及生产国家或地区等，其示意图（含部分信息）如图 8-6 所示。

指示性标志指按货物的特点，对于易碎、需防湿、防颠倒等货物，在包装上用醒目图形或文字，标明"小心轻放""防潮湿""此端向上"等字样。

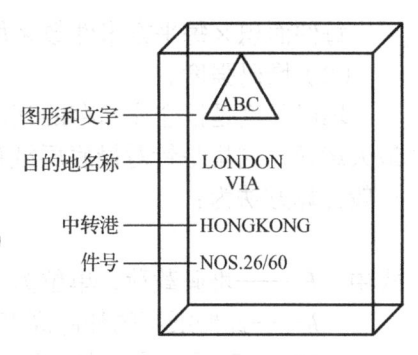

图 8-6 运输标志示意图

对于危险物品，例如易燃品、有毒品或易爆炸物品等，必须用指示性标志在外包装上醒目标明，以示警告，如表 8-3 所示。

表 8-3 常见的指示性标志

标志图形	标志名称	标志图形	标志名称	标志图形	标志名称
	易碎物品		禁止手钩		此面向上
	货物重心		禁用叉车		此面禁用手推车
	禁止翻滚		由此夹起		堆码质量极限
	堆码层数极限		怕雨淋		由此吊起

8.2.2.4 货物堆码管理

1. 堆码的基本方法

海外仓服务的对象主要是电商平台及其用户，其大部分货物都有包装（箱、桶等），因此，多数会采用堆垛的方式储存。堆垛方式储存能够充分利用仓容，方便作业和保管。货物的堆码方式主要取决于货物本身的性质、形状、体积等。常见的堆码方式包括重叠式、纵横交错式、压缝式、通风式、衬垫式、"五五化"堆码式等。

2. 堆码的相关计算

货物堆码作业要考虑库房最大负荷量和堆码强度。

（1）库房最大负荷量。

库房最大负荷量是每单位面积能够负荷的最大货物质量，单位是 kg/m^2。

判断没有达到库房最大负荷量的方法为：

每件面积×每平方米件数×每件毛重×垛层数≤库房每平方米的负荷量

（2）堆码强度。

堆码强度是指仓库储存的瓦楞纸箱包装在静态压力下堆垛，即坍塌之前所能承受的最大载荷，这里是针对最底层纸箱的承受载荷，即最底层纸箱的堆码强度。堆码强度的一般计算方法为：

$$P_w = [(H-h)/h] \times k \times W$$

式中　P_w——堆码载荷，单位为 kg；

　　　h——瓦楞纸箱的外部高度，单位为 cm；

　　　W——商品质量，单位为 kg；

　　　H——箱体堆码高度，单位为 cm；

　　　k——瓦楞纸箱的疲劳系数（与堆码时间相关，如表 8-4 所示）。

表 8-4　疲劳系数与堆码时间的关系

堆码时间	疲劳系数
小于 30 天	1.6
30～100 天	1.65
大于 100 天	2

8.2.3　海外仓库内管理

海外仓的库内管理主要分为保管养护和盘点两个模块。库内作业管理是货物出库作业的基础，通过货物在海外仓中的科学管理，不仅能保持货物原有的价值，而且能提高商品的使用价值，并保证后续作业能够顺利进行。

8.2.3.1　海外仓对货物的保管养护

1. 制订储存计划

在现有各类仓储设施的条件下，根据储存任务，海外仓对不同种类的商品的储存做出全面的规划，从而进行保管场所的选择、保管场所的布置、保管方式的选择、保管许可的获得、物资堆码的选择等。例如，对于海外仓中常见的家电产品微波炉，在仓库选择上应选择专门的家电仓库，以便管理；在储存方法上，垛底必须垫高 30cm 以上，以免潮气侵入，存放时不能贴墙堆垛，放置时必须平衡可靠，可堆叠台数以包装标注为准；库房温度应为 -5～35℃，相对湿度以 50%～80% 为宜。

2. 提供仓库物资的信息

在提供仓库物资的信息过程中，依照质量第一原则、效率原则、先进先出原则、重不压轻原则和科学合理原则，工作人员应充分利用库存设施，采取预防措施，不留隐患。此外，工作人员应对商品进行每日盘点、定期盘点，循环盘点，防止由于商品的隐蔽性而造成商品破损、霉变、污染、变形等质量事故的发生。

3. 提供适宜的保管环境

不同的商品要有不同的保管环境，保管的任务之一就是要采取相应的行之有效的措施，为商品提供适宜的保管环境，并防止有害因素的影响。例如，在海外仓中储存袋装食品时，一要使用专用的食品仓库，二是要确保仓库的干燥、通风，不得与有毒有害、有异味、易挥发、易腐蚀的物品同处储存。

8.2.3.2 盘点作业

对于海外仓来说，盘点是仓库重要的日常工作，包括产品的存放数量、位置及重量等的准确性，都是仓库质量管理的要点。仓库条件、商品特性、进出频繁度以及人为操作等因素，会导致仓库在每次盘点时都有可能盈亏不定。因此收货、发货两个环节的准确性最重要。在作业停止时，仓储管理系统每日需定时生成库存对比报告，与店铺 ERP 系统进行库存对比，把两边的库存对比差异生成报告，或自动生成盘点任务，在仓库盘点后对库存进行调整。同时应将盘点结果同步给商家 ERP 系统和店铺后台，更新店铺上架产品的数量。

在日常电商企业的仓配活动中，订单一般集中于部分活跃的最小存货单位（Stock Keeping Unit，SKU），事后可以只对这些有变动的 SKU 进行异动盘存、整理整顿；或针对 ABC 类产品不同重点的 SKU 设定不同周期比例的盘点计划，即循环盘点，例如，每周 10% 的轮番抽盘，按月/季定期进行整仓全盘，使用入库动态盘点、货主重点盘点、单品盘点、定期全盘等不同的盘点方法，以便及时发现异常。若发现异常，往往需要复盘，以及时处理问题，避免影响客户订单的履行。海外仓盘点结果异常及处理方式如表 8-5 所示。

表 8-5 海外仓盘点结果异常及处理方式

异常现象	原因分析	处理方式
出现盘盈	入库时货多账少	查找入库单和卖家的头程 ASN 单据，调平库存
	出库时货少账多	核对订单并查找出库单和发货记录，若有漏发则及时补发货或者退差价
	退货后未记录上架	找到退货包裹，补齐记录
	存储货位出错	及时调整货品位置并更新库存记录
出现盘亏	出库漏记账	核对订单并查找出库单和发货记录，补充记录
	货物损坏但未记录	核实损坏货物并做记录，再把信息反馈给货主
	被盗或掉落	调查监控，并与货主协商
	订单拣选时出错	补发货，或在拣货区找回货物，通知货主发货异常

> **知识拓展**
>
> **盘点评价指标**
>
> 仓库管理人员应该对库存管理的绩效进行评估，通过对一系列指标进行计算，例如，吞吐量、年平均库存量、货物收发差错率、货物损坏率等，找出主要问题。

- ◇ 吞吐量=到库货物总量+出库货物总量；
- ◇ 年平均库存量=（年初货物总量+年末货物总量）/2；
- ◇ 货物收发差错率=全年错收错发货物量/吞吐量×100%；
- ◇ 货物损坏率=损坏变质货物总量/年平均库存量×100%。

8.2.4 海外仓出库管理

出库管理也称发货作业，是海外仓根据卖家或货主开出的发货凭证，按其所需要的货物名称、规格、数量等信息，组织仓库拣货、复核打包、装车出库等一系列作业的总称。由于海外仓订单数量多，货物品种丰富，仓库必须建立严格的出库和发货规则，防止延误。

8.2.4.1 出库订单处理流程

各海外仓接到订单后，可采用不同的订单分批处理的原则。常用的处理方式包括：①按接单时序，将整个接单时段划分为几个合理区段，订单按先后顺序分为几个批次处理；②按配送区域路径，将同一配送区域路径的订单汇总处理；③按配送加工需求，将需进行相同流通加工处理的订单一起处理；④按车辆需求，将需要特殊配送运输（如低温车、冷藏车、冷冻车运输等）的货物汇总、合并处理。具体的出库订单处理流程如图8-7所示。

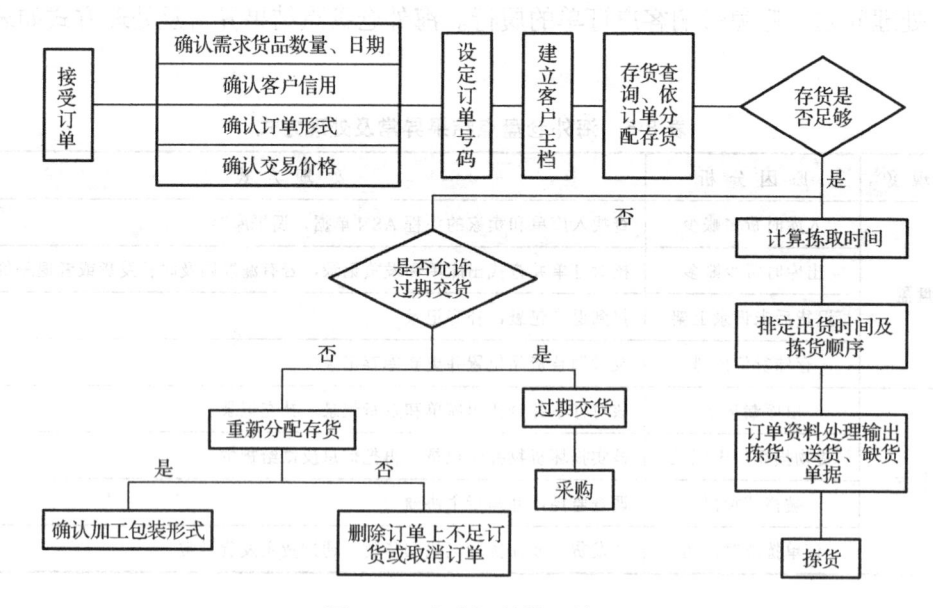

图8-7 出库订单处理流程

8.2.4.2 订单拣选流程

订单拣选流程可参见图8-8。

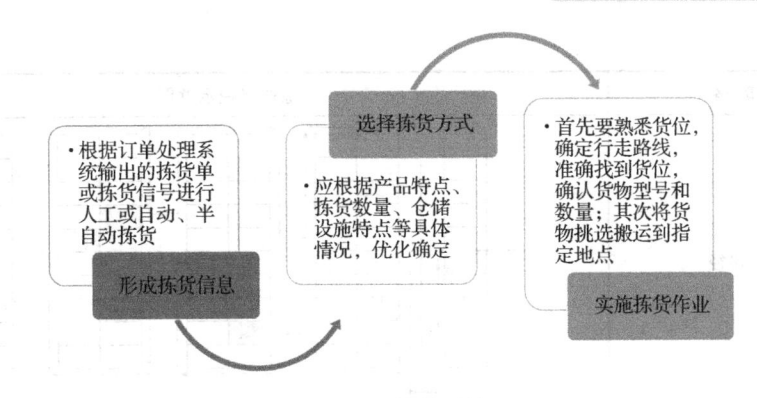

```
                    选择拣货方式
  ·根据订单处理系                        ·首先要熟悉货位,
   统输出的拣货单   ·应根据产品特点、        确定行走路线,
   或拣货信号进行    拣货数量、仓储         准确找到货位,
   人工或自动、半    设施特点等具体         确认货物型号和
   自动拣货         情况,优化确定          数量;其次将货
                                         物挑选搬运到指
      形成拣货信息                         定地点

                                        实施拣货作业
```

图 8-8　订单拣选流程

8.2.4.3　拣货方式

拣货方式多种多样，可以按分区、分类接力式拣选；也可以一单到底、一人负责到底。拣选某一订单上的所有物品，可以按托盘、整箱分拣，按单品分拣，亦可以采取人员固定、货物移动的分拣方法，或者采用货物固定、人员行走的分拣方法。基础的拣货方式有两种：单一拣选法和批量拣选法。

1. 单一拣选法

单一拣选法又称摘果式拣选，指一次拣选一张订单，分拣人员或拣选机器人经过订单上所有货物的储位点，摘取订单所列货物并将其送至复核打包区，类似对照采购订单去超市进行采购的流程。这种方法的关键在于拣选路径的规划，可选择的路线包括穿越式路径、回转路径、中点回转路径、最大间隙路径、组合路径，如表 8-6 所示。

表 8-6　单一拣选法的拣选路径策略

路 径 策 略	拣选路径示意图
穿越式路径	
回转路径	

续表

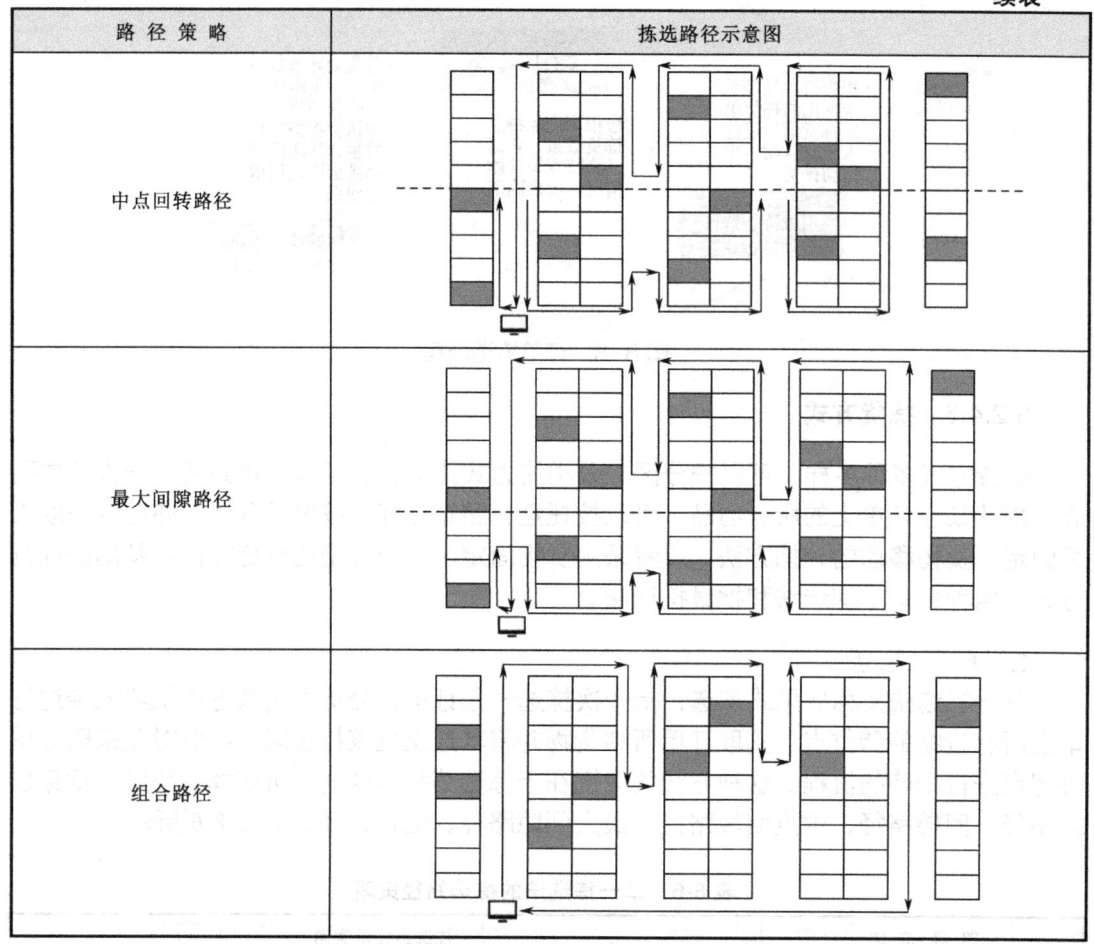

路径策略	拣选路径示意图
中点回转路径	
最大间隙路径	
组合路径	

2. 批量拣选法

批量拣选法又称播种式分拣，是指由分拣人员或分拣工具从储存点取出各个订单共同需要的某种货物，然后迂回于各个客户的配货位置之间，按每个客户需要的数量分放（播种）后，再集中拣选出共同需要的第二种货物，以此类推，直到把共同需要的货物全部拣取分播完为止。这种方法的关键在于确定将哪些订单合并，即确定订单合并的依据。合并后的订单被称为"波次单"。创建波次的质量直接影响海外仓拣货的效率，每个波次包含多个订单，可生成一张或多张波次单（见图8-9）。

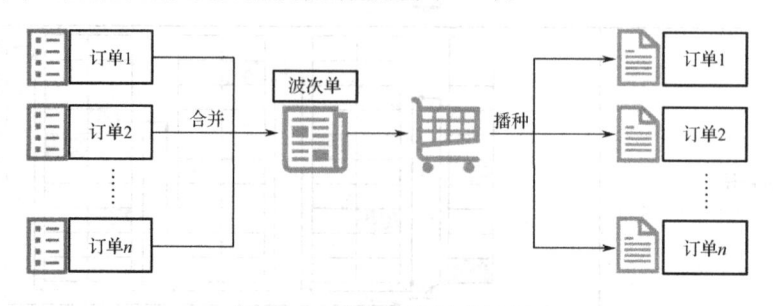

图 8-9　批量拣选法的流程

8.2.4.4 海外仓拣货方式选择

海外仓常用的拣选方式并不是某一种，而是多种方式混合使用的。在不同订单数量、不同交货时间下，选择适当的方式完成订单的拣选，能够提高货物出库的效率，缩短作业时间（见表8-7）。

表8-7 海外仓订单拣选方式及适用范围

拣选方式	适用范围
摘果式拣选	通常适用于大件、重件、异形件、紧急订单等情况。在接力式摘果拣选中，周转箱沿着拣货流水线移动，拣货员取货放入周转箱，最后送至复核打包台
分拣并行的摘果式	适用于商品种类相似度不高的大量零散订单、轻小件、每单SKU小、单品非爆款的订单。借助于手推车，拣货员依次拿取相应的产品放入对应的拣货篮，拣满后送至复核台，打包人员直接按单进行复核打包即可，无须二次分拣
先拣后分的播种式	适合中小规模仓库，其平均订单量少、产品种类相似度高、货品单价高、日出货量不高，复核人员对商品比较熟悉，能够快速定位产品的情况
汇总分播的播种式	使用"拣货车+周转箱"的方式进行拣货，将周转箱与订单SKU关联，依次拣取商品放入指定周转箱。一个波次拣完后，将周转箱运至播种货架，扫描周转箱条码、货品条码，将货品放入各个订单对应的播种货位。二次分拣也是对第一次拣货的数量进行复核的过程，适合B类、C类拣选SKU不大、单量中等、对拣货准确性要求高，以及热销品、相似度高的订单
单品拣选	常见于电商促销，大量客户都只订购单一货品，与其他类型的订单进行分离，将单品累加，合并拣货，直接在存储区拣货，再复核送至打包台；扫描产品条码，将直接进行逐个订单打印及货品包装

8.2.4.5 打包出库与发运

复核打包工作约占出库工作总量的20%，对货架单元格或周转箱的货物进行核对并打包。在复核打包、打印单据、称重的作业中，打包是耗时最长的部分，这也是为什么在"双十一"这样的大促前夕，电商企业都会将已付定金的货物先行包装，以节省出库时间。

出库作业的最后一个流程是发货，在快递公司来取货时，海外仓会先预报发货数据，每个容器上会粘贴发货清单，在核对清单后，没有问题的包裹会顺利交接，有异常的包裹则会被拦截下来处理。当货物发运后，仓库管理流程也随之结束。

8.3 海外仓库存管理

库存管理，又称库存控制，是对制造业或服务业生产、经营全过程的各种原材料、零部件、半成品、成品及其他资源进行管理和控制，使其储备保持在经济合理的水平上的管理过程。对于海外仓的服务对象——跨境电商平台来说，用"僵于物流，死于库存"来形容电商与物流和库存之间的关系非常贴切。库存具有整合需求和供给、维持物流系统中各项活动顺利进行的功能，但库存并不是越多越好，过多的库存，会发生不必要的库存管理费用和占用企业的流动资金，从而产生损失。因此，跨境电商平台的物流服务商要运用科学、合理的方法将库存控制在最优范围，帮助客户降低库存风险、提高服务水平。

8.3.1 海外仓库存管理现状

海外仓备货考验的是企业自身对于市场需求及变化的判断是否准确和及时，无论是商品滞销还是缺货，都会给商家带来损失。以前，许多出口跨境电商都保持较低的库存量，现买现卖，逐渐忽略了对库存的管理；但企业在使用海外仓之后，就会由于退货率高、库存预测不准等问题，造成大量流动资金被积压为库存资金。对于海外仓的库存管理，经常遇到的问题如下。

8.3.1.1 滞销库存难以处理

海外仓的运作流程是在目标市场所在地建立仓库，提前把商品以低成本的方式储存在仓库中。海外消费者有需求，在网站平台上下单后会直接由当地仓库发货，以较短的时间把货运送至消费者手中，提升消费者的购物满意度。提前海外备货既是海外仓的一大优势，但也会产生滞销库存，滞销库存难以处理是目前海外仓在运营管理中遇到的难题之一。

8.3.1.2 海外仓库存压力较大

海外仓并不适合所有的商品。大部分海外仓的利润来源于商品的高速周转，相反，如果一些销售速度慢的大型商品或处于淡季的商品无限制地增加库存压力，则会导致爆仓。这些商品长时间占用海外仓的有限空间，使海外仓没有充足的空间存储当季热销商品，无法发挥最大效益。此时，如果再把销售速度慢的大型商品或处于淡季的商品运回产地，必然会产生高额的运输费用，有时甚至会超出商品自身价值，这就使得跨境电商企业陷入两难困境：继续存储商品会消耗海外仓空间；运回的成本又难以负担。因此，海外仓库存压力较大也是当前需要解决的一大难题。

8.3.1.3 库存布局不合理

由于对市场需求预测的不准确及滞后性，海外仓库存布局通常会平均分配，而不是按照高销售地区实行高库存配置、低销售地区实行低库存配置。然而，在现实的销售活动中，有的货物库存过高、销售缓慢，成为滞销库存；而且经常会出现某个产品在某个仓库畅销导致缺货，但在其他仓库还有销售量低、有大量库存的情况。这时，有两种补货方式：第一种方法是从产地国工厂发货，考虑生产周期和运输周期，这种方式周期长，无法马上满足销售需求，通常会被消费者直接取消订单，影响公司的销量；第二种方法是从临近仓库调货，为了满足市场的紧急需求，将货物从一个仓库转运到需要的仓库，但这样会产生一定的库存调拨费用和中转费用。

8.3.2 海外仓库存管理发展的对策

8.3.2.1 确保库存充足

当海外仓商品的库存量不足以满足订单需求时，商家是无法继续申请出库的，但前提是海外仓的管理人员要确保盘点的结果准确无误。此时商家应及时从库外补货，海外仓的仓储管理系统应该与店铺的 ERP 系统和电商平台的商家后台库存建立联动机制。当海外仓库存降低至安全库存时，店铺 ERP 系统应提醒商家从平台下架该商品，或改为直邮模式，防止由于缺货造成客户的消费体验下降，从而影响店铺口碑。

8.3.2.2 合理分配库存管理资源

由于海外仓的人员、设备、仓库面积等资源有限，故应当采取科学管理的手段尽量提高资源的利用率。例如，可以运用 ABC 分类法，通过对现有商品进行数据分析，按照动销率从高到低对商品进行分类。对于动销率高的 A 类商品要重点管理，盘点周期要尽量缩短，并安排方便存取的储位，严格遵循先进先出的出库原则；对于 C 类商品进行一般管理即可，即使出现缺货，也有相应的产品可替代；对于处在中间位置的 B 类商品则采取适当库存管理方法进行次重点管理。由于商品的需求会随着季节或其他因素发生变化，为了保证分类的合理性，每隔一段时间，都需要重新统计数据进行分类。

8.3.2.3 控制库存

尽可能降低商品库存，能够有效帮助店铺商家降低库存过高带来的跌价风险及货损风险，同时还可以减少流动资金的质押风险。海外仓可以借助专业软件，实现库存的可视化、可预见管理，在实际下达采购订单前，综合海外仓库存、头程在途库存、国内仓库存、采购在途库存、销售计划等因素进行决策。

8.3.3 海外仓库存管理的优化方法

常用的库存控制方法包括很多种，如基于帕累托理论的 ABC 分类法、EOQ 管理法、订货点管理法等。每种方法都具有不同的适用范围，且海外仓在进行繁杂的库存控制时，可同时采用多种方法联合分析及决策。

8.3.3.1 ABC 分类法

1. ABC 分类法的基本原理

1879 年，意大利经济学家维尔弗雷多·帕累托在研究个人收入的分布状态时，发现少数人的收入占全部人收入的大部分，而多数人的收入却只占一小部分，他将这一关系用图表示出来。ABC 分类法又称帕累托分析法，也叫主次因素分析法，是项目管理中常用的一种方法。它是根据事物在技术或经济方面的主要特征，进行分类，分清重点和一般，从而有区别地确定管理方式的一种分析方法。由于它把被分析的对象分成 A 类、B 类、C 类三类，所以它被称为 ABC 分类法。这种方法从提出到广泛应用经过了 80 多年的时间，如图 8-10 所示。

2. 应用步骤

在 ABC 分类法的分析图中，横坐标可代表商品的累计品种数占比，纵坐标可代表商品的累计金额、出入库频率、SKU 等数据的占比。ABC 分类法的分类方式如表 8-8 所示。

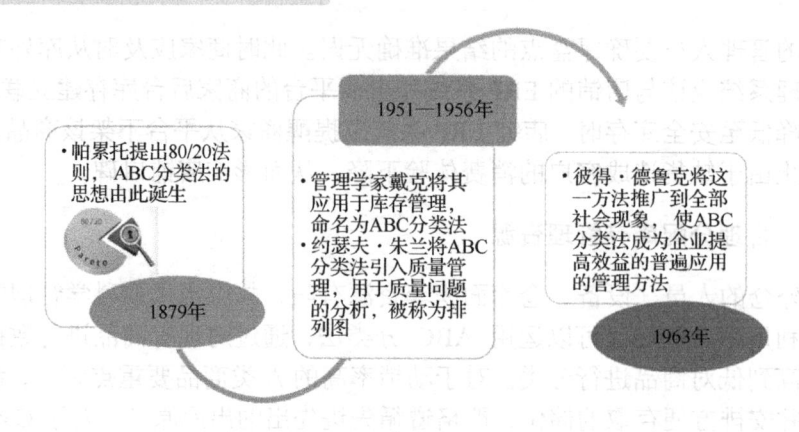

图 8-10　ABC 分类法的产生与发展

表 8-8　ABC 分类法的分类方式

分 类 结 果	累计数量占比（%）	累计价值占比（%）
A 类	5～20（含）	60～80（含）
B 类	20～50（含）	80～90（含）
C 类	50～100	90～100

需要说明的有两个方面：第一，表中的数量和价值可根据实际数据信息和偏好替换为其他指标，例如，价值可替换为库存商品金额、出货量等指标；第二，表中的占比是累计量，且只是表示大概的范围，具体情况可根据计算结果进行调整。根据表 8-8 中的数据，可以得出帕累托示意图（见图 8-11）。

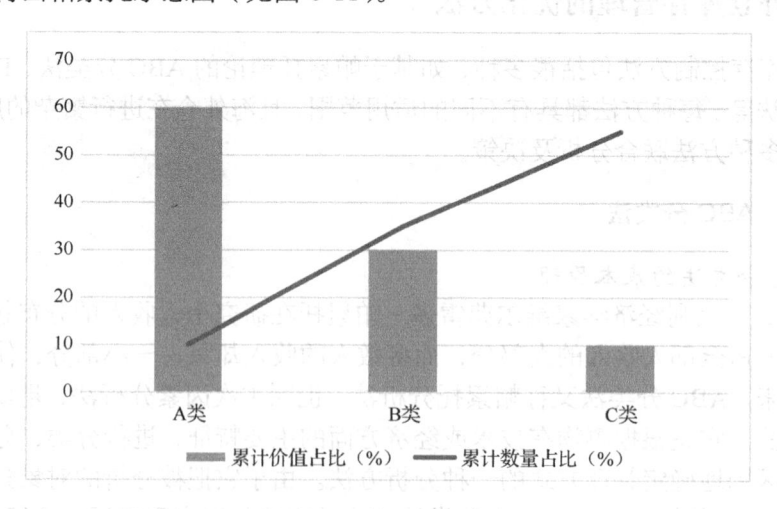

图 8-11　帕累托示意图

根据 ABC 分类法的基本原理和相关图表，其应用的操作步骤如下。
（1）明确分类依据并收集、整理相关数据。
想要让 ABC 分类法达到最终的目标，先要明确分类的依据都有哪些影响因素。以库存控制为例，可以选择库存商品的占用金额进行分析，这需要收集、整理商品的单价及数量等相关数据。

（2）处理及加工数据。

收集的数据需要经过一定方法的加工，并按要求进行计算，包括需要计算特征数值、百分比及累计百分比等。

（3）填写分类表。

ABC 分类表的栏目构成如下：第一栏为商品名称；第二栏为品项数累计，即每一种物品皆为一个品项数，品项数累计实际就是序号；第三栏为品项数累计百分比，即累计品项数对总品项数的百分比；第四栏为商品单价；第五栏为平均库存；第六栏是第四栏单价乘以第五栏的平均库存，为各种商品平均资金占用额；第七栏为平均资金占用额累计；第八栏为平均资金占用额累计百分比；第九栏为分类结果。在实际运用中，可根据实际情况简化或添加表中相关项目，并可调整顺序。

（4）确定分类结果。

按 ABC 分类表，观察累计品项百分比和平均资金占用额累计百分比，将累计品项百分比在 5%～20%而平均资金占用额累计百分比在 70%～80%的前几个商品，确定为 A 类；将累计品项百分比在 20%～50%而平均资金占用额累计百分比在 80%～90%的商品，确定为 B 类；C 类的累计品项百分比在 50%～100%而平均资金占用额累计百分比在 90%～100%。

（5）绘制帕累托曲线。

以累计品项百分比为横坐标，以累计资金占用额百分比为纵坐标，按 ABC 分类表累计品项百分比和平均资金占用额累计百分比的数据，在坐标图上取点，并连接各点曲线，则绘成帕累托曲线。

3. 应用案例

X 海外仓的仓储部文员在系统中公布了近一个月的《商品进出货流水账》。与此同时，采购部向供应商 Y 饮料有限公司订货，需要收货组、叉车组等配合做好收货准备。经查询可知，Y 饮料有限公司的商品属于"饮料"类别，作为海外仓的仓储主管，需要安排人员对近一个月（11月3日—11月30日）的《商品进出货流水账》报表中"饮料"类别进行 ABC 分类，根据分类结果对入库商品进行合理的储位安排。经过对《商品进出货流水账》的数据筛选，得到"饮料"类别的商品相关数据如表 8-9 所示，请按照 ABC 分类法的步骤进行分析。

表 8-9 饮料类别商品出库量

序 号	商 品 名 称	出库量（件）	品 项 数
1	阿拉老酒	353	1
2	百事可乐	7 450	1
3	百岁山矿泉水	52 707	1
4	东鹏特饮	7 624	1
5	恒大冰泉	32 753	1
6	红牛	54 601	1

续表

序号	商品名称	出库量（件）	品项数
7	红星二锅头酒	648	1
8	加多宝	23 701	1
9	康师傅冰红茶	5 550	1
10	可口可乐	58 992	1
11	昆仑山雪山矿泉水	11 882	1
12	脉动	4 830	1
13	美汁源果粒橙	1 021	1
14	青岛啤酒纯生	685	1
15	爽歪歪	721	1
16	统一冰红茶	3 301	1
17	王老吉	6 055	1
18	西凤陈酒 A8	34	1
19	雪碧	2 283	1
20	赤霞干红葡萄酒	349	1
	合计	275 540	20

使用 ABC 分类法：

（1）收集整理并计算相关数据。

对于表 8-9 的数据信息，先将商品按照出库量从大到小依次重新排列，再分别计算出每种商品近一个月的出库量占总出库量的百分比和累计百分比，同时计算出每种商品的品项数占总品项数的百分比和累计百分比。

（2）制作 ABC 分类表（已简化）。

根据题目背景，对于货物的储位安排是根据近 1 个月的出库量进行安排的，出库量越多的商品会安排越方便快捷的储位，因此该 ABC 分类表包括商品名称、出库量、出库量占比、出库量累计占比、品项数占比、品项数累计占比及分类等 7 栏内容。

（3）根据计算结果确定分类。

对根据表 8-10 计算的结果进行观察，将出库量累计占比为 0～72.24%、品项数累计占比为 0～20%的商品归于 A 类，将出库量累计占比为 80.84%～94.84%、品项数累计占比为 25%～50%的商品归于 B 类，其余归为 C 类。

表 8-10　ABC 分类表

商品名称	出库量（件）	出库量占比（%）	出库量累计占比（%）	品项数占比（%）	品项数累计占比（%）	分类
可口可乐	58 992	21.41	21.41	5.00	5.00	A 类
红牛	54 601	19.82	41.23	5.00	10.00	
百岁山矿泉水	52 707	19.13	60.35	5.00	15.00	
恒大冰泉	32 753	11.89	72.24	5.00	20.00	
加多宝	23 701	8.60	80.84	5.00	25.00	

续表

商品名称	出库量（件）	出库量占比（%）	出库量累计占比（%）	品项数占比（%）	品项数累计占比（%）	分类
昆仑山雪山矿泉水	11 882	4.31	85.15	5.00	30.00	B类
东鹏特饮	7 624	2.77	87.92	5.00	35.00	B类
百事可乐	7 450	2.70	90.63	5.00	40.00	B类
王老吉	6 055	2.20	92.82	5.00	45.00	C类
康师傅冰红茶	5 550	2.01	94.84	5.00	50.00	C类
脉动	4 830	1.75	96.59	5.00	55.00	C类
统一冰红茶	3 301	1.20	97.79	5.00	60.00	C类
雪碧	2 283	0.83	98.62	5.00	65.00	C类
美汁源果粒橙	1 021	0.37	98.99	5.00	70.00	C类
爽歪歪	721	0.26	99.25	5.00	75.00	C类
青岛啤酒纯生	685	0.25	99.50	5.00	80.00	C类
红星二锅头酒	648	0.24	99.73	5.00	85.00	C类
阿拉老酒	353	0.13	99.86	5.00	90.00	C类
赤霞干红葡萄酒	349	0.13	99.99	5.00	95.00	C类
西凤陈酒A8	34	0.01	100.00	5.00	100.00	C类
合计	275 540	100	—	—	—	—

（4）绘制相应的ABC分析图（见图8-12）。

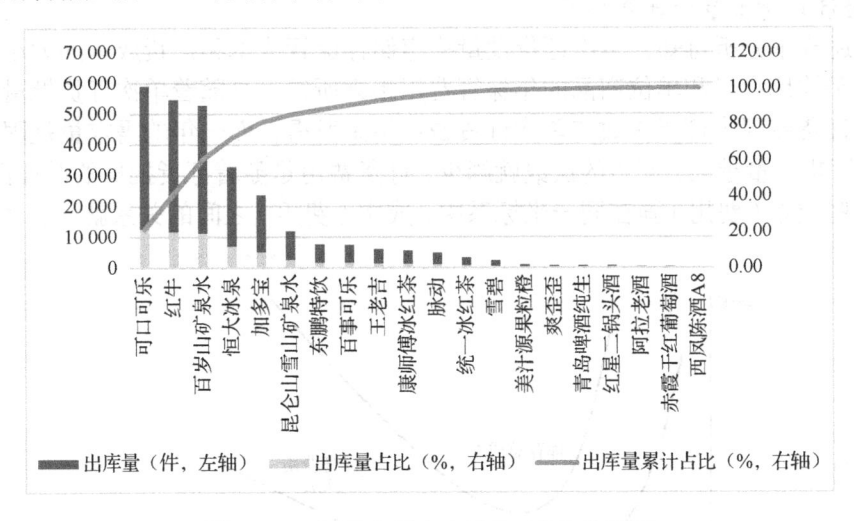

图8-12 基于商品出库量的ABC分析图

（5）结果分析。

根据以上数据及图表分析结果，A类商品出库数量较大，为了提高订单的拣选速度、节省拣选路径、提高出库效率，应当将该类商品放置在离出入口和通道最近的货位，在同一货架上应当将其放置在最容易拿到的货位，并且要及时检查库存量，避免缺货带来的损失；对于C类商品，其出库量最小，可推测出其近期的出库频率较低，可将其放置在货位中离出入口和通道较远的部分，对于多层货架，将其安排在较高处存放较为合理；B类商品的库存策略界于A类与C类之间即可。

8.3.3.2 EOQ管理法

1. EOQ管理法的基本原理

经济订货批量（Economic Order Quantity，EOQ）是固定订货批量模型的一种，可被用来确定企业一次订货的数量。在库存控制中必须做出的决策之一就是应该订多少货。当企业按照经济订货批量来补充库存时，可实现订货成本和储存成本之和的最小化。正确的订货数量能够让订货成本、储存保管费用达到平衡。当这两种成本达到平衡时，总成本就会最小，这时所得的订货量就叫作经济批量或经济订货量（见表8-11）。

表8-11 EOQ库存管理模型中的成本

成本类型	成本内容
购买及保管储备物资的成本	除要支付物资的购买价格外，还要支付多种其他费用，主要为：占用资金的利息支出、订购物资的行政开支及其他各种储存费用（如建筑物的折旧费、租金、地方捐税、供暖、照明、仓库费用、工作人员薪资、储备物资的保险费用等）
订货费用	因订货而支付的费用。对于规模较大的电商卖家来说，订货费用比较清晰，因为其有独立的采购部门，很容易把采购部门的总管理费用按全年发出的订货单予以分摊
储存及其他费用	有些类别费用是随着储存数量的变化而变化的，而其他类别费用却保持相当长的时间不变，如租金、地方税、人员薪金及折旧费等并不受库存总额的影响

2. 经济订货批量的计算公式

由上述成本分析可知，单次订货批量决定储存保管成本和订货成本的大小。储存保管成本由平均库存量和单位商品的年保管费用相乘所得，是随着单次订货批量的增加而增加的；订货费用由订货次数和单次订货费用相乘所得，而一年的需求量是固定的，因此，单次订货批量越大，订货的次数就越少，订货费用是随着订货批量的增加而减少的。只要将这些成本（费用）画在同一坐标系中，成本（费用）之间的关系就一目了然了（见图8-13）。

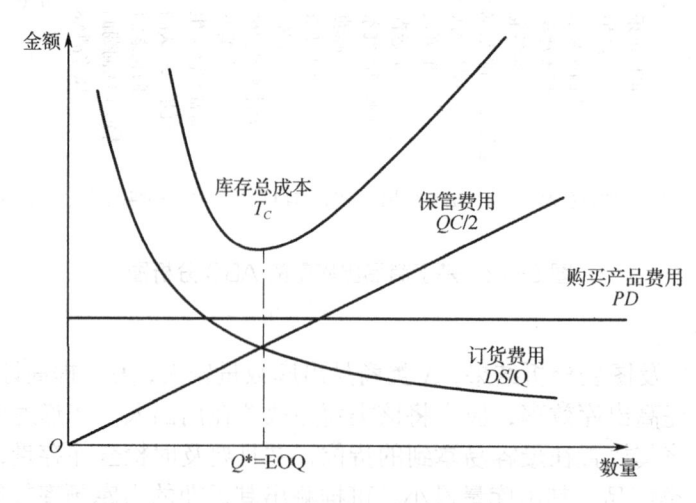

图8-13 EOQ相关成本（费用）关系图

库存总成本=订货费用+购买商品费用+保管费用

$$T_C = \frac{D}{Q}S + PD + \frac{Q}{2}C$$

经过数学公式处理后可得 EOQ 计算公式：

$$Q^* = \sqrt{2DS/C}$$

式中　Q^*——经济订货批量；

　　　D——商品年需求总量；

　　　S——单次订货成本；

　　　C——单位商品年保管费用；

　　　P——商品单价。

3. EOQ 管理法的相关说明

EOQ 是存货维持与订货处理相结合使成本最低的补给订货批量。这种批量的确定，是在假设全年的需求和成本相对较稳定的前提下完成的。既然 EOQ 是根据单一产品进行计算的，那么，该基本公式的形成并不考虑产品联合订货的影响。

EOQ 模型虽然可以确定最佳的补给数量，但需要进行某些相当严格的假设才能直接应用。在简单的 EOQ 模型中需要做出的主要假设有：①已知全部需求的满足数；②已知连续不变的需求速率；③已知不变的补给完成周期；④与订货数量和时间保持独立的产品的价格不变（购买数量或运输价格不存在折扣）；⑤不限制计划制订范围；⑥多种存货项目之间不存在交互作用；⑦没有在途存货；⑧不限制可得资本等。

8.3.3.3　订货点管理法

订货点管理法是以 EOQ 管理法为基础而产生的库存控制方法，按照订货依据的不同分为定量订货法和定期订货法。

1. 定量订货法

（1）基本原理。

定量订货法是指当库存量下降到预定的最低库存量（订货点）时，按规定（一般以经济批量为标准）进行订货补充的一种库存控制方法，如图 8-14 所示。当海外仓中某种商品的库存量下降到订货点 R 时，即按预先确定的订货批量 Q 发出订货单，经过订货提前期 L_T，库存量继续下降到安全库存量 SS 时，仓库恰好收到订货 Q，库存量再次回升。

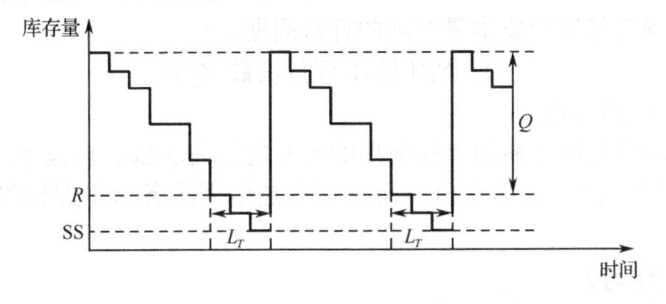

图 8-14　定量订货法库存控制图

图中，R——订货点的库存量；
L_T——订货提前期（从发出订单到货物入库的时间间隔）；
D——该货物的年需求量；
Q——单次订货批量；
SS——安全库存量。

（2）确定订货点和订货批量的方法。

在需求和订货提前期确定的情况下，企业不需要设立安全库存，此时订货批量采用EOQ，是一种简单、理想的状态，订货点由下式确定：

$$R = L_T \times D/365$$

然而，在实际工作中，我们常常会因需求发生变动或由于某些原因（卖家生产速度变慢，交货速度延迟）导致订货提前期延长，此时海外仓为了能够应对这些突发事件导致的库存缺货，会设置一定的安全库存SS，那么订货点的公式变为下式：

$$R = L_T \times D/365 + SS$$

2. 定期订货法

（1）基本原理。

定期订货法是按预先确定的订货时间间隔按期进行订货，以补充库存的一种库存控制方法。其决策思路是：每隔一个固定的时间周期检查库存项目的储备量。根据盘点结果与预定的目标库存量的差额确定每次订购批量。

这种库存控制系统的库存量Q随时间变化的情况如图8-15所示，其中，T_k为订货时间。这里假设需求为随机变化，因此，每次盘点时的库存量都是不相等的，为达到目标库存量Q_{max}而需要补充的数量也会随之变化。定期订货系统的决策变量有订货周期T、目标库存量Q_{max}。图中Q_s为安全库存量。

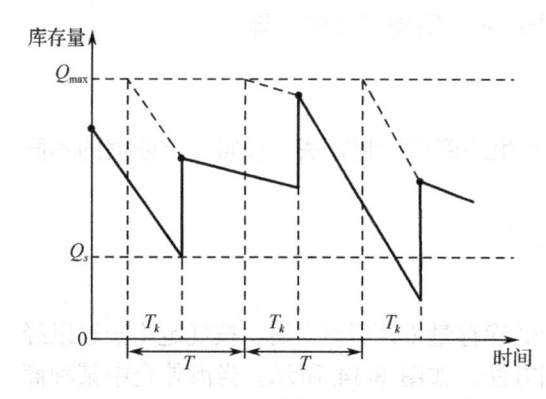

图8-15 定期订货法库存变化示意图

（2）定期订货模型。

① 订货周期的确定。

订货周期一般根据经验确定，主要考虑制订生产计划的周期时间，常取月或季度作为库存检查周期，但也可以借用经济订货批量的计算公式来确定使库存成本最有利的订货周期。

$$订货周期=1/订货次数=Q/D$$

② 目标库存量的确定。

目标库存量是满足订货期加上提前期的时间内的需求量。它包括两部分：一部分是订货周期加提前期内的平均需求量；另一部分是根据服务水平保证供货概率的保险储备量。

【定量订货法练习】

在某海外仓中，A商品的订货周期为18天，平均订货提前期为3天，平均库存需求量为每天120箱，安全库存量为360箱。某次订货时在途库存量为600箱，实际库存量为 1 500 箱，待出库货物数量为 500 箱，试计算该仓库 A 商品最高库存量和该次订货时的订货批量。

复习思考题

一、选择题

1. 以下哪项不是海外仓货位的使用方法？（　　）
   A．定位储存　　　　　　　　　　B．随机储存
   C．分类随机货位储存　　　　　　D．随机货位储存
2. 在以下码垛方式中，最稳定但空间利用率最低的是（　　）。
   A．重叠法　　　B．牵制法　　　C．压缝法　　　D．纵横交错法
3. 在海外仓的盘点工作中，对于 A 类商品，应当采取的盘点方式是（　　）。
   A．定期盘点时间可控制在一个月左右
   B．只需要进行局部盘点
   C．只需要进行账面盘点
   D．当商品发生动碰时应及时进行现货盘点

二、名词解释

1. 经济订货批量　　　2. ABC 分类法

三、论述题

1. 请阐述利用 ABC 分类法分类后的货物应采取哪些库存控制方式，并具体说明。
2. 请通过收集相关资料，阐述对于海外仓能够采用的人工智能设备，除了文中提到的，还有哪些。

案例实训

2020 年 12 月 1 日，A 海外仓的仓储部公布了近一个月的《商品进出货流水账》。经查询可知，B 休闲食品有限公司的货物属于"休闲食品"类别，作为海外仓的仓储主管，需要安排人员对《商品进出货流水账》报表中"休闲食品"类别进行 ABC 分类，根据分类结果对入库货物进行合理的储位安排。"休闲食品"类别的商品相关数据如表 8-12 所示，请按照 ABC 分类法的步骤进行分析。

表 8-12　休闲食品类别商品出库量

序　号	商品名称	出库量（件）	品　项　数
1	百吉猫锅巴	776	1
2	港荣蒸蛋糕	32 136	1
3	好丽友巧克力派	22 999	1

续表

序　号	商品名称	出库量（件）	品项数
4	好丽友薯片	33 708	1
5	金鸽瓜子	5 258	1
6	老灶煮花生	742	1
7	乐吧薯片	1 056	1
8	乐事薯片（原味）	8 515	1
9	米多奇雪饼	2 608	1
10	米老头蛋黄煎饼	2 381	1
11	盼盼肉松饼	3 542	1
12	恰恰开口松子	458	1
13	秦之恋手工锅巴	14	1
14	三只松鼠黑加仑葡萄干	1 578	1
15	三只松鼠糯米锅巴	4 740	1
16	三只松鼠手剥山核桃	3 887	1
17	傻二哥粗粮锅巴	1 092	1
18	同享九制话梅	76	1
19	旺旺仙贝	1 559	1
20	五分文冰糖话梅	28	1
	合计	127 153	20

第 9 章 跨境电商供应链管理认知

本章重点

1. 了解跨境电商供应链的业务流程。
2. 熟悉跨境电商供应链的运营机制。
3. 掌握跨境电商供应链的基本方法。
4. 掌握供应链管理的概念及特点。

导入案例

疫情下跨境电商优势突出 敦煌网加速供应链创新

在新冠肺炎疫情之下如何稳外贸？最近，我国出台了一揽子举措，其中跨境电商的加速发展尤为瞩目。政府宣布新设 46 个跨境电商综合试验区，加上之前已经批准的 59 个，全国形成了 105 个综试区，覆盖 30 个省/自治区/直辖市，形成了陆海内外联动、东西双向互济的发展格局。据商务部电子商务司副司长蔡裕东 2020 年 4 月 25 日透露，综试区将继续通过开展先行先试并适用跨境电商零售出口税收和零售进口监管等政策措施促进跨境电商的发展。外贸生态发生了变化。

从敦煌网的交易数据来看，2020 年，在专业运动服以及男装、休闲鞋、腕表等原本热销品类大幅下降的同时，口罩等防疫用品、婴幼儿洗浴用品以及居家办公、学习和娱乐用品销售额处于高速增长中。

敦煌网是一家为中小外贸企业提供 B2B 交易的跨境电商平台，至今已经运行十余年。王树彤强调，在新冠肺炎疫情影响之下，中国乃至全球的商业生态正悄然改变，线上化和数字化趋势愈发清晰，而且供应链率先复苏的中国成为全球数字化供应链的中心。这只是新冠肺炎疫情之下中国外贸企业通过跨境电商平台开拓海外市场的一个缩影。

商务部研究院电子商务研究所所长张莉在接受《国际商报》记者采访时表示，因疫情防控的需要，线下接单受到影响，因此跨境电商成为中国外贸发展的重要渠道，为稳外贸发挥了促进作用，同时也将加速外贸创新发展。"相比线下而言，跨境电商的优势比较突出。"网经社电子商务研究中心B2B与跨境电商部主任、高级分析师张周平在接受国际商报记者采访时分析,因新冠肺炎疫情发生,2020年一季度跨境电商发展虽受到影响,但仍具备至少两大优势:一是可直接抵达消费者,维持企业正常业务;二是国家支持政策不断出台,促进传统外贸企业加速发展电商业务。创新能够提升发展质量应对新冠肺炎疫情带来的挑战,拓展新业态发展的新机遇,跨境电商企业也在加速创新发展,"跨境电商+中欧班列+海外仓""跨境电商+金融"等模式成为中国货物出海新路径。"由于物流受阻,近期退款率比春节前上涨近20%,给中小外贸企业带来直接损失。"王树彤介绍,为尽量规避疫情影响,敦煌网针对中小企业数字化转型推出专项计划"惊蛰行动",同时采取了两大创新举措:一是分别在陆路和海路开通中欧铁路跨境电商小包专线、中美澳海运电商小包专线,运价分别是传统快递的1/3和1/4;二是运用平台积累的小微企业交易大数据,与中国建设银行合作推出"电商贷",不仅实现了线上"1秒放贷",而且利率从5%降至4.5%。

思考:
1. 敦煌网的问题是如何解决的?
2. 跨境电商供应链管理对企业提升竞争力有何意义?

9.1 跨境电商供应链管理概述

近年来,伴随着经济全球化趋势的扩展和互联网技术的不断进步,跨境电子商务在全球领域内得到了快速发展。作为传统国际贸易的补充和替代,跨境电子商务已然成为一种不可或缺的贸易方式,全方位地入驻人们的日常生活。来自世界各地顾客的需求特征也趋于多样化、个性化,产品寿命周期不断缩短等,使企业不得不在多变且复杂的市场环境下,更加重视顾客需求的满足。

9.1.1 供应链管理的概念及特点

供应链管理(Supply Chain Management,SCM)是一种集成的管理思想和方法,是在现代科技进步、产品极其丰富的前提下发展起来的,是物流运作管理的扩展,是物流一体化管理的延伸。

9.1.1.1 供应链管理的概念

同供应链的概念一样,供应链管理的概念目前也存在多种说法,如表9-1所示。

表9-1 供应链管理的概念

提出概念的专家或机构	供应链管理的概念
全球供应链论坛	供应链管理是从最终用户到最初供应商的所有为客户及其他投资人提供价值增值的产品、服务和信息的关键业务流程的一体化

续表

专家或机构	供应链管理的概念
俄亥俄州立大学兰伯特教授	供应链管理是对从最终用户直到原始供应商的关键业务流程的集成，它为客户和相关者提供价值增值的产品、服务和信息
美国学者伊文斯	供应链管理是通过前馈的信息流和反馈的物流及信息流，将供应商、制造商、分销商、零售商，直到最终用户连成一个整体的结构模式
中国国家标准《物流术语》	供应链管理是利用计算机网络技术全面规划供应链中的商流、物流、信息流、资金流等，并对比进行计划、组织协调与控制

综上所述，供应链管理的概念可以被描述为一种全局的、系统的现代化管理方法，基于信息技术和先进的管理理念，立足于跨组织的协同运作、共赢层面，对供应链上集成的关键业务流程进行动态管理和优化，通过有效整合、管理主要合作者的资源和行为，使各环节协同运作，提高顾客满意度，提升供应链的整体效率和性能。

9.1.1.2 供应链管理的特点

1. 整合、优化与互动相结合

相比传统的管理方法，跨境电商供应链管理是一种以客户为中心，跨企业的贸易伙伴之间密切合作、共享利益和共担风险的集成化管理。供应链管理是一种对物流一体化管理的方法。与物流管理相比，供应链管理是一个动态的响应系统，具有互动特性，是物流的一种高级形态，是管理决策的发展。它强调组织外部一体化，是外源整合组织。

2. 专业化与一体化结合

供应链上下游不同专业化的企业实现有效的合作。如果每个环节都呈现专业化特点，整条供应链就可能形成强大的竞争优势。"一体化"原则体现在整条供应链根据企业之间供给和需求关系而形成的一条牢固的纽带，一旦其中任何一家企业出现问题，将会殃及整条供应链，因此，供应链成员之间必须互相合作与配合，才能实现最终的价值。

3. 灵活性、弹性与韧性结合

一条供应链管理的好坏主要通过弹性和韧性等重要指标来衡量。供应链管理的弹性是指供应链上的个别企业或所有企业在经受一定内外压力，在企业资源、流程、组织等配置出现困难且正常运营受到影响时，仍能灵活应对且能很快恢复常态，始终维持供应链正常运营的能力。供应链管理的韧性指的是供应链上的个别企业或所有企业经受严重的内外压力，在企业资源、流程、组织等配置出现严重困难且正常运营受到严重影响时，仍能灵活应对，且能维持供应链运营的能力。

4. 平台化与生态化结合

供应链管理以系统和平台为纽带联系链上其他成员，共享信息资源、原材料资源、策略资源等，优势互补。供应链平台越来越朝着综合化、大型化、国际化方向发展。

9.1.2 供应链管理的产生与发展

9.1.2.1 供应链管理的产生

20世纪80年代，由于新的制造技术和战略（例如，适时制造、看板管理、精益制造、全面质量管理体系等）的产生和应用，企业的生产成本大幅度降低，竞争优势有了明显的提升。这些新的制造技术和战略在当时成为企业的重要利润源泉。于是，企业纷纷将大量的资源投资于实施这些战略。然而，在过去的几年中，许多企业已经尽可能地降低了制造成本。因此，这一传统的利润源泉给企业带来的利润越来越少，逐渐趋于枯竭。

自20世纪90年代以来，随着传统利润源的萎缩，为了进一步挖掘降低产品成本的途径，满足客户需要的潜力，从而寻找到新的利润源，人们开始将目光从管理企业内部生产过程转向产品的供应环节和整个供应链系统。"供应链管理"这一新的管理理念应运而生，并逐步得到发展和完善。加拿大不列颠哥伦比亚大学商学院的迈克尔·特里西韦教授研究认为，对企业来说，库存费用约为销售额的3%，运输费用约为销售额的3%，采购成本占销售收入的40%~60%。

9.1.2.2 供应链管理的发展

供应链管理的发展经历了如下四个阶段：第一阶段，储存、运输和采购等各功能分离，各自单独经营的阶段。第二阶段，部分功能集成，例如采购和物料控制，库存控制功能结合成物料管理，送货与分拨等结合成配送。此外，随着科学技术的发展，以及连锁经营的出现与兴起，企业对物流的要求也发生了变化，在这一阶段，配送的概念被提出，出现了配送中心。第三阶段，企业内部的物流一体化，把物流各项功能集中起来当作一个系统管理，在此阶段，企业物流管理的目标不再是使哪一种功能的成本最小，而是要通过所有功能之间的平衡降低企业整个物流系统的总成本，或者在一定服务水平上使物流成本趋向合理化。第四阶段，是供应链管理的兴起，随着企业界物流管理实践的深入，大家开始认识到产品的竞争力并非是由一个企业所能左右的，而是由产品的供应链决定的。

9.1.3 跨境电商供应链管理的业务流程

本节分析跨境电商供应链流程，主要从运营模式、物流模式、通关流程和结算模式来阐释，同时指出跨境电商供应链流程与传统供应链流程相比而产生的特点。

1. 运营模式

我们所看到的跨境电商平台上的商品主要来源于电商自营和平台采购这两种模式，或者是两种模式的结合。电商自营主要是电商平台根据市场需求和消费者需求集中采购商品，或者和供应商签订品牌合作协议，通过对供应链环节进行监控保证经营商品的质量。平台类的电商企业主要由商家入驻，平台不直接负责货物采购，仅仅提供物流监控、支付结算、海外营销、技术协助等支持服务。电商自营+平台采购则是指电商企业既有自己把控采购及销售渠道的商品，又能够引入第三方卖家，进一步丰富产品类型，为顾客提供多样化的选择。

2. 物流模式

目前我国跨境电商的物流模式主要分为邮政小包、国际快递、专线物流、海外仓储和保税备货等模式。邮政小包模式是使用国家之间的邮政线路运输较小的物品，由于邮政线路覆盖全球大部分国家和地区并且价格低廉，因此更易受到跨境电商中小型卖家的青睐。国际快递主要由国际物流方面的四大行业巨头 DHL、UPS、TNT、FedEx 提供快递运输服务，它们以完善的物流网络体系为顾客带来优质的物流体验，但是费用高昂，中小型卖家往往无力负担。专线物流是针对某一国家或地区专门设计物流线路体系。海外仓储模式则是通过建立海外仓库，实现海外仓储、分拣、包装，再统一分批运到目的地，跨境电商企业会根据市场预测和消费者需求在国外设立海外仓以提高物流效率。保税备货模式是提前批量化采购货物，然后运输到保税仓，有明确预测的企业可以为仓内商品提前办理退税等手续，暂时进仓的商品如果未发生交易可退出保税仓。

3. 通关流程

目前我国的通关模式主要分为快件清关和集货清关两种。快件清关主要针对常规的商品运输，适合业务量少的企业，虽然灵活性高但是效率低下。集货清关是指商家将商品统一打包，集中为每个订单办理通关手续，经海关查验后放行。具有一定的灵活性且提高了通关效率，但是在集散环节会耗费更多人力和物力成本。

我国从 2016 年开始施行无纸化通关，跨境电商通关流程如图 9-1 所示。跨境电商企业可委托专业代理机构办理出口申报，同时准备好各种单证，一般符合进出口货物相关规定的货物，在缴纳规定费用之后，海关予以放行。与传统外贸的出口通关程序不同的是，国家为鼓励跨境电商的出口业务开通了一系列优惠和快捷通关渠道。地方政府积极响应国家号召，建设跨境电商综合试验区，实现"清单核放，汇总申报"的通关一体化方式，从而提高跨境商品的通关效率，同时为企业降低物流成本，未来这样的综合试点会进一步扩大。

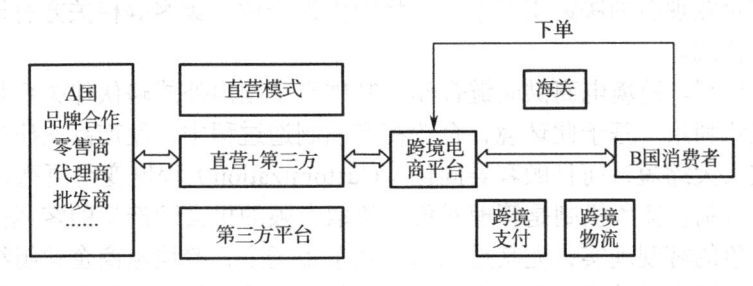

图 9-1 跨境电商通关流程

4. 结算模式

跨境电商的支付结算方式包含第三方支付和境外平台接受人民币结算两种模式。境外的一些电子支付平台因为希望拓展中国市场而接受中国的银行卡并进行人民币结算。第三方支付方式主要是由第三方支付平台统一购汇支付，PayPal 作为全球最大的第三方平台，为跨境电商企业的支付结算提供了安全的网络支付服务，但是对于跨境电商的中小型卖家而言其收费相对过高。随着跨境电商的发展，2013 年 9 月，国家外汇管理局宣布支付宝、财付通等 17 家第三方支付企业成为首批获得跨境电子商务外汇支付业务试点资格的企业，这对打破国际网络支付行业的垄断具有重要的意义，国际支付宝也因此被越来越多的卖家所使用。

综上所述，如图 9-2 所示，跨境电商供应链流程主要指从跨境电商卖家到消费者之间的一系列交易活动，跨境电商的卖家通过相应服务平台直接与消费者发生联系，省去传统外贸中需要寻找海外分销商及海外客户的被动交易环节。跨境电商兴起的根本原因就是信息技术的发展，它大大消除了传统外贸的信息不对称问题，减少了供应链节点——企业间因沟通问题带来的人力、物力和财力的耗费。

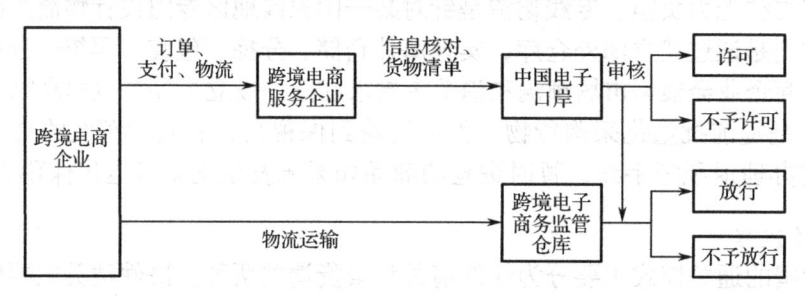

图 9-2 跨境电商供应链流程

9.2 跨境电商供应链管理的策略

9.2.1 跨境电商供应链的运营机制

根据跨境电商供应链的特点，其运营机制可归纳以下 5 种：

（1）决策机制。利用网络（Internet/Intranet）了解国内外相关信息，并与企业进行信息交换和共享，在运输、仓储、装卸搬运、通关等子系统达到同步化、集成化的目的。利用网络改变企业现有的决策支持系统，将国内外企业、顾客等相关方有机联系起来形成最终的决策模式。

（2）合作机制。跨境电商供应链合作机制体现了国内外战略伙伴关系和企业内外资源的集成与优化利用。基于此环境，企业在产品制造过程中，使产品从研究开发到投放市场的周期被大大缩短，而且顾客导向化（Customization）程度变得更高。

（3）竞争机制。竞争机制是管理对象为争取有限的机会而产生的客观作用力。优胜劣汰是市场竞争的客观现实，尤其是在国际竞争市场上，跨境电商企业组织不仅要面对多变和复杂的市场以及社会竞争，而且要利用优胜劣汰来处理组织内部的各种关系，整合人力资源，同时选择外部的项目、伙伴、人才、技术等资源。只有利用好竞争机制，才能在优胜劣汰中处于不败之地。

（4）自律机制。自律机制要求跨境电商供应链企业之间向行业的龙头企业或最具竞争力的竞争对手看齐，不断对产品、服务和供应链业绩进行评价，并不断改进，以使企业保持自己的竞争力和持续发展,最终实现全球供应链战略。

(5)激励机制。归根到底,供应链管理和任何其他管理思想一样,都要使企业于激烈的竞争中在 TQCSF(其中,T 为时间,强调反应快,例如,提前期短,交货迅速等;Q 为质量,强调产品、工作及服务质量高;C 为成本,企业要以更少的成本获取更大的收益;S 为服务,企业要不断提高用户服务水平,提高用户满意度;F 为柔性,指企业要有较好的应变能力)方面表现最佳。

9.2.2 供应链管理的基本方法

供应链管理理论的产生远远落后于具体的技术与方法。供应链管理早先多是以一些具体的方法出现的。常见的供应链管理方法有快速响应、有效客户反应、供应商库存管理、联合库存管理以及协同计划、预测与补货等。

9.2.2.1 快速响应

快速响应(Quick Response,QR)是美国零售商、服装制造商及纺织品供应商开发的整体服务概念,目的是减少原材料到销售点的时间和整个供应链中的库存,最大限度地提高供应链管理的运作效率。

1. QR 的含义

马歇尔·费雪和阿南思·拉曼将 QR 定义为缩短制造和分销提前期的一系列技术方法,主要包括信息技术(EDI、销售点即时信息、条形码)、物流技术(自动仓储、空运)和先进制造技术。

2. QR 产生的背景

美国纤维纺织行业自 20 世纪 70 年代后半期出现了大幅度的萎缩,造成这种状况的主要原因是当时美国的纺织品进口大幅上升。到 20 世纪 80 年代初,进口产品几乎占据了美国纺织品市场的 40%。针对这种情况,美国的纺织业为遏制本国该产业下滑的趋势、提高劳动生产效率,在加大设备投资的同时,也积极争取美国政府对进口纺织品的限制。尽管如此,美国国产纺织品市场萎缩的情况仍然没能改变。

3. QR 实现的条件

快速响应(QR)实现的条件如下:

(1)必须改变传统的经营方式,革新企业的经营意识和组织。

(2)必须开发和应用现代信息处理技术,这是成功进行 QR 活动的前提条件。

(3)必须与供应链各方建立(战略)伙伴关系。

(4)必须改变传统企业商业信息保密的做法,将销售信息、库存信息和成本信息等与合作伙伴交流分享,并在此基础上要求各方在一起发现问题、分析问题和解决问题。

(5)供应方必须缩短生产周期,降低商品库存。

4. QR 的实施步骤

QR 的实施步骤如下:

（1）条形码和 EDI。

零售商必须先安装条形码、POS 扫描仪和 EDI 等技术设备，以加快收款速度、获得更准确的销售数据并使信息沟通更加通畅。POS 扫描仪用于数据输入和数据采集，它是指在收款检查时用光学方式阅读条形码，然后将条形码转换成相应的商品代码。条形码用于产品识别，扫描条形码可以快速准确地检查价格并记录交易。它对 POS 端的顾客服务和有效的操作至关重要。

EDI 是指在计算机间交换商业单证。公司将其业务单证转换成行业标准格式，并传输到某个增值网（Value Added Network，VAN）上，贸易伙伴从 VAN 上接收这些单证，然后将其从标准格式转换成自己系统可识别的格式。EDI 可传输的单证包括订单、发票、订单确认、销售和存货数据及提前运输通知等。

（2）确定周期补货。

快速响应要求供应商更快、更频繁地运输重新订购的商品，以保证店铺不缺货，从而提高销售额。零售商通过对商品实施快速响应并保证这些商品能满足顾客需求，加快商品的周转，为消费者提供更多可供选择的品种。

自动补货是指实现基本商品销售预测的自动化补货。自动补货使用软件对基于过去和目前销售数据及其可能的变化进行定期预测，同时考虑目前的存货情况和其他因素，以确定订货量。基本商品每年的销售模式一般不会受流行趋势的影响，它们的销售量是可以预测的，所以不需要对商品进行考察就可确定重新订货的数量。自动补货是由零售商和批发商在仓库或店内进行的。

（3）先进的补货联盟。

建立补货联盟是为了保证补货业务的流畅。零售商和消费品制造商联合起来检查销售数据，制订关于未来需求的计划，在保证现货和减少缺货的情况下降低库存水平，还可以进一步由制造商管理零售商的存货和补货，以加快库存的周转速度。

（4）零售空间管理。

这是指根据每个店铺的需求模式来规定其经营商品的花色品种和补货业务。一般来说，对于花色品种、数量、店内陈列及培训或激励售货员等决策，制造商也可以参与甚至制定决策。

（5）联合产品开发。

它所针对的不再是一般商品和季节商品，而是服装等生命周期很短的商品。制造商和零售商联合开发新产品，其关系的密切程度超过了购买与销售的业务关系，这样可缩短从新产品概念产生到新产品上市的时间，而且可经常在店内对新产品进行试销。

（6）快速响应的集成。

通过重新设计业务流程，可将前 5 步的工作和公司的整体业务集成起来，以支持公司的整体战略。快速响应前 4 步的实施可以使零售商和消费品制造商重新设计产品补货采购和销售业务流程。前 5 步使配送中心得以改进，可以适应多次小运量运输，使配送业务更加流畅。

5. 实施 QR 的效果

随着跨境电商的发展，传统的供应链将转变为基于互联网的开放式的网络供应链，而电子化交易手段大大扩展了客户的选择空间和时间，这就要求企业以更快的速度来适应变化，QR 可以帮助企业在电子商务环境下提升供应链的运作效率。

（1）价格政策更加灵活。

电子商务可以通过改变与网站相连的数据库中的数据而更方便地随时调整价格。这项功能保证了电子商务可以基于目前的库存和需求来设定价格，增强了企业对价格的反应能力，尤其是让跨境电商企业能根据国际市场的波动快速响应价格。

（2）极大地缩短了企业的补货周期。

快速响应是零售商及其供应商密切合作的策略，零售商和供应商通过利用 EDI 加快信息的流动，并共同重组其业务活动，以实现订货前导时间的最小化。在补货中应用 QR 可以将交货前导时间减少 75%，如图 9-3 所示。

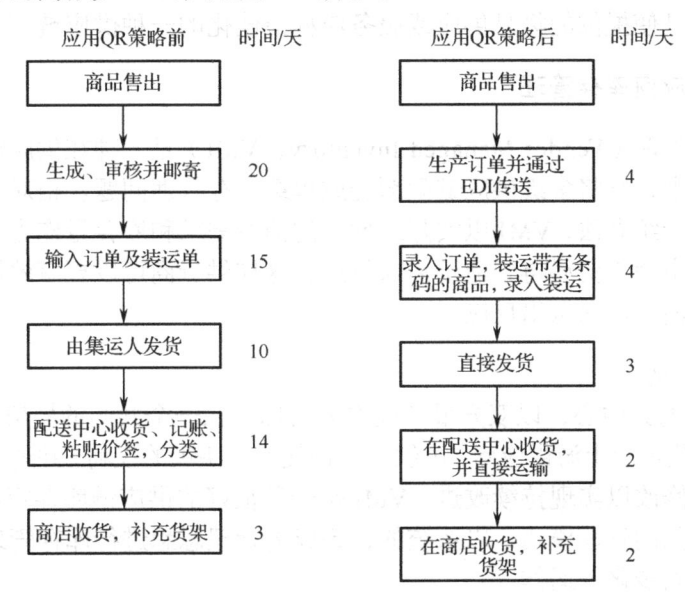

应用QR策略前	时间/天	应用QR策略后	时间/天
商品售出		商品售出	
生成、审核并邮寄	20	生产订单并通过EDI传送	4
输入订单及装运单	15	录入订单，装运带有条码的商品，录入装运	4
由集运人发货	10	直接发货	3
配送中心收货、记账、粘贴价签，分类	14	在配送中心收货，并直接运输	2
商店收货，补充货架	3	在商店收货，补充货架	2

图 9-3 应用 QR 策略前后补货周期比较

（3）降低产品的处理成本。

制造商利用电子商务平台向消费者直接销售，会减少与产品有关的供应链环节，可缩短供应链长度，从而能够降低处理成本。

（4）降低库存商品贬值风险。

在消费者下订单之前和收到产品之间会有一个滞后期。利用电子商务，企业可以有效地缩短产品生产和订单产生间的周期。例如，戴尔公司仓库中放的都是零配件，直到消费者的订单出现才被装配成计算机。QR 系统的应用保证了戴尔公司可以降低库存成本，由此降低库存产品贬值的概率。

（5）提高运营绩效。

实施基于电子商务的 QR，不仅能使供应链中各个企业降低生产成本、缩短需求的响应时间和应对市场变化时间，能为客户提供全面服务，使客户获得好品质的产品和服务，同时能够实现最大增值；而且能为供应链中各个企业提供完整的电子商务交易服务，实现全球市场和企业资源共享，及时将商品提供给客户，不断降低运营和采购成本，提高运营效率。

（6）促进供应链成员之间的合作。

通过 QR，电子商务企业之间可以方便地共享整个供应链的需求信息，加强合作。互联网也可以被用来共享供应链内的计划和预测信息，有助于降低整个供应链的成本，使供需更一致。QR 成功地整合了供应链的各个系统，其信息处理成本也会降低。

9.2.2.2 有效客户反应

有效客户反应（Efficient Consumer Response，ECR）是一个由生产厂家、批发商和零售商等供应链成员组成的，各方相互协调和合作，更好、更快并以更低的成本满足消费者需要为目的的供应链管理解决方案。ECR 以满足消费者要求和最大限度降低物流过程费用为原则，是使提供的物品供应或服务流程最佳化的一种供应链管理战略。

9.2.2.3 供应商库存管理

供应商库存管理（Vendor Managed Inventory，VMI）是一种在供应链环境下的库存运作模式，本质上，它将多级供应链问题变成单级库存管理问题。相对于按照用户发出订单进行补货的传统做法，VMI 以实际或预测的消费需求和库存量作为市场需求来预测库存和补货，即由销售资料得到消费需求信息，这样供货商可以更有效地计划，更快速地对市场变化和消费需求做出反应。

1. VMI 的含义

VMI 以供应商为中心，以双方最低成本为目标，在一个共同的框架协议下把下游企业的库存决策权代理给上游供应商，由供应商行使库存决策的权利，并通过对该框架协议的经常性监督和修改以实现持续改进。VMI 是一种很好的供应链库存管理策略，它能够突破传统条块分割的管理模式，以系统的、集成的管理思想进行库存管理，从而使供应链系统能够获得同步化的运作。

VMI 的实施要求企业有较完善的管理信息系统，这可以通过电子数据交换技术来实现。EDI 是指将贸易伙伴之间的单证、票据等商业文件，用国际公认的标准格式，通过计算机通信网络实现数据交换与处理的电子化手段。在 VMI 运作过程中，供应商、零售商、制造商和客户通过网络，在各自的信息系统之间自动交换和处理商业单证，这样就可以统一整个供应链上所交换的需求数据，并将处理后的信息最终全部集成到供应商处，以便供应商能更准确、及时地掌握消费者的需求变化情况，做出快速的库存和补货决策，从而大大弱化牛鞭（Bullwhip）效应。

2. VMI 与传统库存管理模式的比较

传统的库存管理模式主要集中于企业内部的库存控制，并不考虑企业间的协调与配合，这种只面向企业的思维模式大大限制了库存服务水平同步改善的空间。为改变这种状况，就要求库存管理的视角从企业内部转向企业外部，即实施跨企业边界的库存管理。VMI 是基于企业间合作的库存管理模式，由供应商对供需双方的库存管理职能活动实施跨企业边界的集成与协调，以达到企业间业务活动同步化，从而实现低成本、高服务水平的目标。从长远来看，VMI 是对供、需双方都有利的双赢库存管理模式。VMI 与传统库存管理模式的比较如表 9-2 所示。

表 9-2　VMI 与传统库存管理模式的比较

项　目	传统库存模式	VMI 库存模式
商品所有权	订单客户	供应商
需求方式	推动式	拉动式
对需求变化的反应	不及时	能够适应
订单处理频率	高	低

（1）商品的所有权。

传统模式：客户向供应商订货后，将订购的商品放在物流中心仓库中，此时商品的所有权属于客户，需要商品时则从物流中心提取使用。这样，在需求有变化时，产生的库存积压风险由客户承担。

VMI 模式：物流中心商品的所有权属于供应商，由供应商决定库存数量。库存积压风险由供应商承担。由于供应商考虑到要最大限度地在数量上满足客户的需求，又要计算库存的物流成本和商品的资金占比。基于这两点，供应商会制定合理的安全库存数量，使库存维持在一个理想的水平。从客户的角度来看，由于物流中心的商品属于供应商，则客户等于没有库存，只在需要时从供应商的库存中取得，在理论上实现了客户商品的零库存。

（2）需求方式。

传统模式：推动式需求。客户在有了对商品的需求后，向供应商发出订单，供应商根据订单所要求的数量向客户发货，整个过程以订单来推动商品在供应链中的流动。

VMI 模式：拉动式需求，供应商根据客户的需求预测提前准备好商品，客户通过订单取得所需数量的商品，整个过程由订单需求来拉动商品在供应链中的流动。

（3）对需求变化的反应。

传统模式：所有商品的送货都依据订单，对于已有订单的变更不能及时做出反应。

VMI 模式：供应商参考需求预测、库存情况来确定送货的数量和周期，不完全依赖订单，所以能够适应需求不稳定、经常有变更的订单。供应商所要做的是维持物流中心商品的安全库存数量。当客户的需求发生变化时，由于安全库存能够提供巨大的缓冲空间，使客户的需求依然能够得到满足，所以可以提高供应商对客户的服务水平。

（4）订单处理频率。

传统模式：对每一笔订单都要送货，配送批次多，物流费用高。

VMI 模式：供应商按照库存的变化情况，制订送货计划，在很大程度上降低了送货的频率，减少了物流费用。

9.2.2.4　联合库存管理

联合库存管理（Jointly Managed Inventory，JMI）是指解决供应链系统中由于各节点企业的相互独立库存运作模式导致的需求放大现象，并提高供应链同步化程度的一种有效方法。

JMI 与 **VMI** 不同，JMI 强调双方同时参与，共同制订库存计划，使供应链过程中的每个库存管理者（供应商、制造商和分销商）都从相互之间的协调考虑，使库存管理者对需求的预期保持一致,从而消除需求变异放大现象。任何相邻节点需求的确定都是供需双方协调的结果,库存管理不再是"各自为政"的独立运作过程,而是供需连接的纽带和协调中心。

供应链 JMI 有两种模式。第一,各个供应商的零部件都直接存入核心企业的原材料库中,将各个供应商的分散库存变为核心企业的集中库存。集中库存要求供应商按核心企业的订单或订货来组织生产,产品完成时,立即通过小批量、多频次的配送方式直接送到核心企业的仓库中补充库存。在这种模式下,库存管理的重点在于:核心企业根据生产的需要保持合理的库存量,既能满足需要,又使库存总成本最小。第二,无库存模式,供应商和核心企业都不设立库存,核心企业实行无库存的生产方式。此时供应商直接向核心企业的生产线进行连续小批量、多频次的补充货物,并与之实行同步生产、同步供货,从而实现在需要的时候把所需品种和数量的原材料送到需要的地点的操作模式。这种准时化供货模式,由于完全取消了库存,所以效率最高、成本最低。然而,这种模式对供应商和核心企业的运作标准化、配合程度和协作精神要求也高,操作过程要求严格,而且供应商与核心企业间的空间距离不能太远。

9.2.2.5 协同计划、预测与补货

协同计划、预测与补货(Collaborative Planning Forecasting and Replenishment,CPFR,见图 9-4)是利用互联网通过零售企业与生产企业的合作,共同进行商品预测,并在此基础上实行连续补货的系统。CPFR 是在 CFAR 共同预测和补货的基础上进一步推动共同计划的制订,不仅合作企业实行共同预测和补货,而且原来属于各企业内部事务的计划工作(例如,生产计划、库存计划、配送计划、销售规划等)也由供应链各企业共同参与。CPFR 是一种协同式的供应链库存管理技术,它降低了销售商的存货量,可增加供应商的销售量。

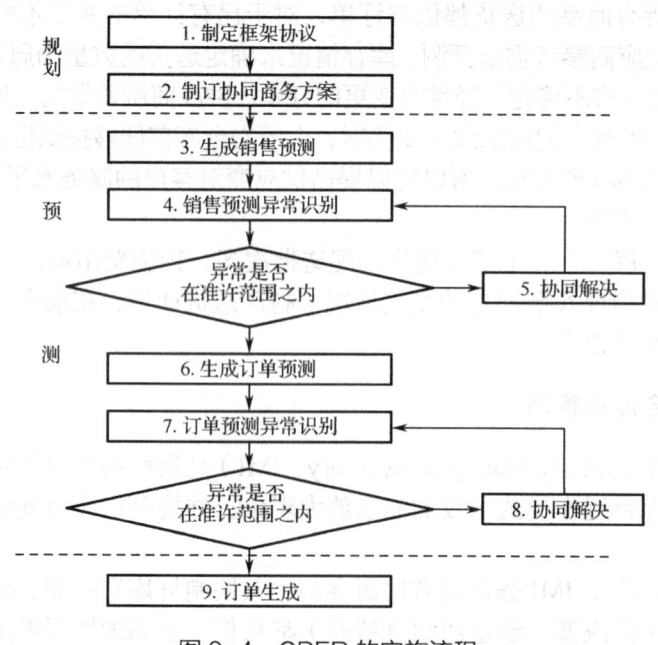

图 9-4 CPFR 的实施流程

复习思考题

一、选择题

1. 以下不属于供应链管理方法的是（   ）。
   A. ECR   B. JIT   C. QC   D. CPFR
2. 人们开始重视供应链的时期是（   ）。
   A. 20 世纪 90 年代   B. 20 世纪 80 年代
   C. 20 世纪 70 年代   D. 21 世纪初
3. 跨境电商供应链的流程包含（   ）。
   A. 运营模式   B. 物流模式   C. 通关流程   D. 结算模式
4. 以下不属于跨境电商运营机制的是（   ）。
   A. 决策机制   B. 合作机制   C. 激励机制   D. 独享机制
5. QR 指的是（   ）。
   A. 快速响应   B. 有效客户反应
   C. 供应商管理库存   D. 联合库存管理
6. 实施 QR 的效果有哪些？（   ）
   A. 价格政策变得复杂   B. 极大地加长了企业的补货周期
   C. 降低产品的处理成本   D. 降低库存商品贬值风险
7. ECR 的四大要素包括（   ）。
   A. 高效产品引进   B. 高效商品品种
   C. 高效促销   D. 高效补货
8. 传统库存管理模式和 VMI 库存模式的不同体现在（   ）。
   A. 租赁权   B. 需求方式
   C. 对需求变化的反应   D. 订单处理频率

二、名词解释

1. 供应链管理   2. ECR   3. QR   4. CPFR

三、判断题

1. 从本质上讲，供应链管理是对企业内外供应和需求的全面整合。（   ）
2. 供应链管理的弹性是指在供应链上的企业在经受一定内外压力很难恢复常态，难以正常运行。（   ）
3. 供应链管理的产生是传统利润源的枯竭、经济组织寻找新的利润源的结果。（   ）
4. 供应链管理的发展经历了五个阶段。（   ）
5. 快件清关是指商家将商品统一打包、集中为每个订单办理通关手续、经海关查验后放行的清关方式。（   ）
6. 常见的供应链管理方法有快速响应（QR）、有效客户反应（ECR）、供应商库存管理（VMI）、联合库存管理（JMI）和协同计划、预测与补货（CPFR）。（   ）

7. JMI 是为了克服 VMI 系统的局限性和规避传统库存控制中的"牛鞭效应"而提出的。（　　）

四、论述题

1. 请简要对比 JMI 与 VMI 两种供应链管理方法。
2. 请搜集相关资料，选取 1~2 家公司，分析它们所涉及的供应链管理方法有哪些，以及其具体是如何操作的。

案例实训

戴尔公司的供应链管理

　　戴尔公司以"直接经营"模式著称，其高效运作的供应链和物流体系使它在全球 IT 行业不景气的情况下仍能逆市而上。戴尔公司在全球的业务增长在很大程度上要归功于其独特的直接经营模式和高效的供应链，特别是直接经营模式使戴尔公司与供应商和客户之间构筑了一个被称为"虚拟整合"的平台，保证了供应链的无缝集成。

　　事实上，戴尔公司的供应链系统早已打破了传统意义上"厂家"与"供应商"之间的供需配给。在戴尔公司的业务平台中，客户变成了供应链的核心。直接经营模式可以让戴尔公司从市场掌握第一手的客户反馈和需求信息，生产等其他业务部门便可以及时将这些客户信息传达到戴尔公司原材料供应商和合作伙伴那里。这种在供应链系统中将客户视为核心的"超常规"运作，使得戴尔公司能做到周期仅为 4 天，而竞争对手的周期大都还在 30~40 天。以 IT 行业零部件产品每周平均贬值 1%计算，戴尔公司产品的竞争力显而易见。

　　在不断完善供应链系统的过程中，戴尔公司还敏锐地捕捉到互联网对供应链和物流带来的巨大变革，不失时机地建立了包括信息搜集、原材料采购、生产、客户支持及客户关系管理，以及市场营销等环节在内的网上电子商务平台。在其网站上，戴尔公司与供应商共享包括产品质量和库存清单在内的一整套信息。与此同时，戴尔公司还利用互联网与全球超过 113 000 个商业和机构客户直接开展业务，通过戴尔公司先进的网站，用户可以随时对戴尔公司的全系列产品进行评比和配置，并获知相应的报价。用户也可以在线订购，并且随时监测产品制造及送货过程。

　　戴尔公司在电子商务领域的成功实践给"直接经营"插上了腾飞的翅膀，极大地增强了产品和服务的竞争优势。如今，基于微软公司的 Windows 操作系统，戴尔公司经营着全球规模最大的互联网商务网站，覆盖 80 个国家，提供 27 种语言或方言、40 种不同的货币报价，每季度有超过 9.2 亿人次浏览。

　　在以信息化为显著标志的后工业化时代，供应链在生产和物流等众多领域的作用日趋显著。"戴尔模式"无疑对中国企业实施供应链管理有着重要的参考价值，我们在取其精华的同时，还应根据自身特点，寻找提升竞争力的有效途径。

　　根据以上案例，请思考如下问题并回答。
1. 何为供应链管理？简述供应链管理与传统管理的区别与联系。
2. 简述类似戴尔公司的跨境电商供应链管理的基本思想。
3. 如何理解企业与企业之间的竞争正在演变为供应链与供应链之间的竞争？

第10章　跨境电商供应链采购与库存管理

📜 本章重点

1. 了解跨境电商供应链周转库存管理与安全库存管理。
2. 理解跨境电商采购的基本流程。
3. 理解跨境电商供应链库存的概念。
4. 熟悉跨境电商供应链采购的形式。
5. 熟悉跨境电商的供应商管理。
6. 掌握跨境电商库存的分类。

👩 导入案例

福特汽车公司：配置全球资源的策略

福特汽车公司目前大约有60%的成本是用在采购原材料和零部件上。在全球资源配置中，福特汽车公司主要在加拿大、日本、墨西哥、德国、巴西和其他一些国家进行原材料和零部件的采购。福特汽车公司在全球范围的采购已经有很长的历史了，从20世纪70年代开始，福特公司着重于评价全球范围内的供应商，以获得一流的质量、最低的成本和最先进的技术提供者。最近几年来，福特汽车公司致力于将这种策略扩展成为集成化的"福特2000"采购战略，它的目标是创建一个适合全球制造的汽车生产环境，零部件的设计、制造、采购以及组装都在全球范围内进行。为此，福特汽车公司建立了一个"日报交货"系统并将其应用于它的17个分厂中。该系统反映了各厂每天生产原材料大致的需求量。

尽管福特汽车公司不要求世界各地的供应商在美国开设仓库，但是能否从当地仓库实现JIT供货仍然是福特汽车公司评价选择供应商的关键标准。这也是全球资源配置成功与效率的关键所在。福特汽车公司与供应商保持紧密合作，并在适当的时候根据不同地区及公司的不同需求，为供应商提供一定的技术培训。一般而言，发达地区的供应商需要的技术支持比不发达地区供应商的少。不少国外供应商都与福特汽车公司在工程、合作设计等方面保持良好的合作关系,因此,对于很多关键部件,福特汽车公司都有当地供应商提供的有力技术支持,与全球供应商之间的技术交流困难也因此而得到缓解。

福特汽车公司要求其供应商在生产计划变化的时候能迅速做出反应。对于大多数零部件的供应商而言,国际供应商比国内供应商更缺乏柔性。近年来,福特汽车公司尽量保证生产计划的稳定性,短期计划调整的频率也比以前更低。

当企业与供应商之间联系时,企业是用户;当企业与用户之间联系时,企业则处于供应商的地位,从而在与上下游企业之间的合作中形成扩展企业。在实际供应链运作中,扩展企业处于供应商与用户组成的网络链中,而不仅是线性的价值链中,关于这一点,我们可以从供应链的模型中直观地看出。从概念上来说,扩展企业在大小和复杂程度上不存在技术上的限制。扩展企业之间的激励和自我约束机制可以解决和处理复杂的各类问题。通信技术是扩展企业网络的技术基础,软件工具的开发也为扩展企业的运行提供了有力的支撑。

如果一个企业与扩展企业建立了按扩展企业合作模式运作的协议,那么即使企业受到合同有关条款的约束,也并不影响它与不在此供应链中的其他企业之间的合作。

思考:

1. 采购有什么重要性?
2. 在采购决策中,供应商选择的决策要考虑哪些标准?福特汽车公司与供应商是一种什么样的关系?

10.1 跨境电商供应链采购管理

采购流程是企业业务流程的重要组成部分,企业用在采购业务上的资金一般占销售额的 40%~60%,因此,通过改善采购流程的绩效来降低成本、提高利润,对企业来说是十分重要的。企业的物资采购是一项复杂的活动,它包含了从提出采购申请到验收入库、支付货款的整个过程,企业除专门的采购部门以外,还需要其他部门的介入与配合,不仅包括企业内部的财务、质检、生产制造等部门,还包括企业外部的供应商。

10.1.1 跨境电商供应链采购的基本流程

企业的采购,通常是指有生产需求的企业选择和购买生产所需的各种原材料、零部件等物料的全过程。同样,在跨境电商供应链采购过程中,企业需要同国外供应商联系、达成采购订单合同,最后通过运输、仓储、报关等活动让各种原材料、零部件等物料到达目的地。具体的采购流程可以分为 12 个步骤,如图 10-1 所示。

(1)用料部门制定采购单。采购单应有用料的详细说明,如物料的名称、规格、型号、数量、交货日期及其他特殊要求。

（2）编制计划。采购部门对申报采购的物料，根据需要汇总平衡后，做出采购决策。

（3）选择供应商。选择供应商是采购的基本环节，优秀的供应商群体是采购目标实现的基础。要通过对供应商的调查、供应商的审核认证、供应商的考核等方式来选择优秀的供应商合作伙伴。

（4）协商谈判。无论采取何种采购方式，都离不开与供应商的谈判。谈判要坚持正确的原则，要讲究谈判策略，大宗货物的采购谈判要由有经验的谈判者承担。谈判关乎采购的全局，不可有任何闪失。

（5）签订合同。谈判的成果、供需双方的权利义务及所达成的其他共识，要通过合同的形式确立下来，以提供法律上的保障。

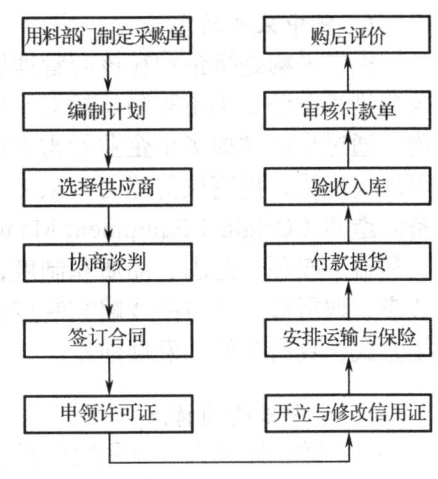

图 10-1 跨境电商采购的流程

（6）申领许可证。采购商签订购货贸易合同后，持进口许可证申请表（一式两联）、贸易合同和主管部门有关批准进口文件等资料，向进口地外经贸委主管部门申请签发进口许可证。

（7）开立与修改信用证。进口商在合同规定的开证时间内及时向开证行申请开立信用证，为此要填写开证申请书并缴纳开证费和保证金。

（8）安排运输与保险。进口商在办理好改证手续后，根据装运条件，由采购方或供应方及时委托货代公司办理租船订舱事宜。当进口货物运输手续办妥之后，要告知对方船名、航次和到达装运港的时间。

（9）付款提货。开证行在收到议付行的全套议付单据进行付款后，向进口商发出进口信用证付款/承兑通知书，通知其审单付款。

（10）验收入库。货物验收入库是采购业务操作的最后一个环节，也是一个关键性环节。验收包括品种、规格、质量、数量等方面的内容，对验收中发现的问题要依照规定妥善处理。

（11）审核付款单。货物检查合格入库后，必须按合同的规定及时支付货款。货款结算的方式有支票、汇票、本票、异地托收承付、委托银行收款和信用卡支付等。在这个过程中，要遵守诚信原则。

（12）购后评价。其有两方面内容：一方面是对采购绩效做总结，发扬成绩，克服不足，进一步提高采购质量；另一方面要对采购人员的表现做总结，表扬先进，找出差距，做好今后工作。

10.1.2 跨境电商供应链采购的形式

10.1.2.1 集中采购

同一企业内部或同一企业集团内部的采购管理趋于集中化，可通过对同一类材料进行集中化采购来降低采购成本。

1. 集中采购的定义

集中采购是指企业在核心管理层建立专门的采购机构,统一组织企业所需要物品的采购进货业务。集中采购是相对于分散采购而言的,采购组织可同时为多个企业实施采购,通过全面掌握多个企业的需求情况,与供应商签订统一合同,实现大批量订购,利用规模优势,提高议价能力,从而大大降低采购成本。随着连锁店、特许经营和原始设备制造商(Original Equipment Manufacturer,OEM)的出现,集中采购体现了经营主体的利益、权利、意志、品质和制度,是经营主体赢得市场、控制节奏、保护产权、提高效率、取得最大利益的战略和制度安排。因此,集中采购将成为未来企业采购的一种主要方式,具有良好的发展前景。

2. 集中采购的特点

(1)数量比较大、过程比较长、手续比较多。
(2)集中度高、决策层次高。
(3)支付条件宽松、优惠条件增多。
(4)专业性强、责任加大。

3. 集中采购的模式

集中采购包括以下几种典型模式:集中定价、分开采购;集中订货、分开收货付款;集中订货、分开收货、集中付款;集中采购后调拨等。

10.1.2.2 联合采购

1. 联合采购的概念

联合采购是指两个或两个以上的企业采用某种方式进行的联盟采购行为,也指发生于非营利事业单位,如医院、学校等的采购。这种方式可统计各不同采购组织的需求量,以获得较好的数量价格折扣。总之,联合采购就是指汇集同业或关系企业的需求量,集小订单为大订单,以便形成规模优势,从而获得价格折扣。

2. 联合采购的运作方式

联合采购的运作方式有很多,但主要体现为以下三种:

第一种方式可以被称为合作型联合采购,主要是指联合采购参与者之间通过达成各种协议(包括成本分担、利益分配、权利约束等),由联盟中的部分或者全部企业完成在协议规定范围内的采购活动。这种联盟随意性较大,具有自发性和很大的不确定性,所以把该联盟界定为"临时性组织",甚至可界定为"一次性组织"或"虚拟组织"。

第二种方式可以被称为第三方联合采购,所有成员都不直接地控制联盟采购权利,所有的采购活动都委托给第三方进行,相当于采购业务外包。采购过程中所发生的业务都要通过第三方来完成,如采购、运输、谈判等。

第三种方式是行业协会牵头组建的联合采购模式。随着市场竞争的日趋激烈,市场信息量增长迅速、真假难分,单靠一个企业独自完成对原材料采购信息的搜寻、甄别,成本很大。然而,借助行业协会可以有效地进行采购信息搜寻、甄别,从而降低市场成本。

3. 联合采购的特点

联合采购的优点为：①统筹供需，建立产销秩序；②价格优惠；③促进同业合作，达成经济外交。

联合采购的缺点为：①采购作业手续复杂，主办单位工作量大；②采购时机与条件不一定能配合个别需求；③易造成联合垄断。

4. 联合采购实施的影响因素

（1）"准成员"间的竞争强度。

一般在成熟的行业中，也就是市场已经饱和的情况下，同一区域、同一行业内，如果某两家企业的产品和目标市场非常相似，也就是说如果它们之间的竞争很激烈，那么要在它们之间达成采购联盟就困难；相反，如果两家企业的竞争关系不是很强，联合采购的形成就会相对容易。

（2）质量因素。

企业进行采购一定要保证产品的质量，进行联合采购的企业也同样关注这一问题。只有当采购联盟提供的产品在质量方面能够达到企业要求，企业才会愿意进行联合采购，所以，质量因素是联合采购的基础性因素。

（3）成本因素。

在采购联盟形成以后，先要保证的是联盟成员的采购成本要比加入联盟以前有所降低。

（4）安全性因素。

采购的一个重要目的是获得符合质量标准的产品以保证企业的正常运行，这是从供应的安全性来考虑的；与此同时，企业要最大限度地保护自身的信息，这是从信息安全性来考虑的。企业要加入采购联盟也会考虑联盟能不能在企业需要的时候按照约定提供产品，同时不至于使自己的信息传播到竞争对手那里。

（5）公平性因素。

形成联盟的基础条件是联盟一定会给每个成员都带来利益。公平性是联盟为每一个成员的利益进行均衡衡量的重要因素。

10.1.2.3　JIT 采购

准时化生产（Just in Time，JIT）采购在 20 世纪 50 年代首创于日本丰田汽车公司。由于 JIT 采购对于企业经济效益的提高有着显著的效果，美国、西欧及其他发达国家开始重视对 JIT 采购的研究与应用。据资料统计，到目前为止，世界大多数知名企业已经开始全部或部分应用 JIT 采购，并都取得了良好的应用效果。

作为一种先进的物资采购模式，本节内容有必要对 JIT 采购模式的原理、特点和操作过程进行深入地解析，以便企业能够结合自己的实际情况进行选择，从而提高企业乃至整个行业参与全球化竞争的能力，促进企业业绩的快速增长。

1. JIT 采购的基本原理

JIT 采购又被称为准时制采购，它是准时化生产管理思想在采购管理领域的应用。JIT 采购的基本思想是把所需要的一定数量和质量的物品，在需要的时间内提供到需要的地点，也就是说企业是在零库存条件下生产的，因此 JIT 采购又可被称为零库存管理采购。

2. 实施 JIT 采购的条件

JIT 采购并不适用于所有企业，企业要根据自身特点及采购物流的特性来决定是否实施。在一般情况下，实施 JIT 采购应该遵循以下原则。

（1）企业内部自身的要求。

① 正确理解零库存。

② 选择供应商建立 JIT 采购关系。

③ 拟定 JIT 采购实施框架协议。

④ 明确 JIT 采购物料为免检。

⑤ 建立有效的信息交换平台。

（2）供应商的要求。

① 企业距离不应超过 100 千米。

② 要能进行小批量、多品种供货。

③ 应对供应商质量体系严格要求，物料应为免检。

④ 要有合作意识。

3. JIT 采购与传统采购的区别

JIT 采购与传统采购的区别如表 10-1 所示。

表 10-1　JIT 采购与传统采购的区别

比较对象	JIT 采购	传统采购
供应商的数量	较少，甚至为单源采购	较多
与供应商的关系	长期稳定的合作伙伴关系	短期的竞争性合作关系
选择供应商的标准	D（交货期）、S（服务期）、C（成本）、Q（质量）	价格
采购频次	多品种、少批量	大批量、少品种送货
交货时间	准确、及时	一般
产品说明	符合采购企业的免检要求	符合生产标准即可
信息交流	及时、可靠	一般

4. JIT 采购实施的一般步骤

企业采购部门经过综合测评、全面考核确定 JIT 采购供应商后，便可签订合作合同，实施采购供应运作。企业生产部门根据生产线需要向采购部门提出采购需求，采购部门向供应商发出看板指令，要求供应商根据看板指令中的需求品种、需求数量，将货物在指定的时间送到指定的需求地点。这样连续地多频次、小批量地送货，在理想状态下，企业可以实现零库存生产。

由于 JIT 采购对各企业的基本工作、员工素质及管理水平等都有较高的要求，因此，我国现在实施 JIT 采购的企业数量并不是太多，目前主要集中在汽车、电子等行业。

10.1.2.4　电子采购

电子采购指应用最新的信息技术、通过互联网完成的采购过程，采购管理和决策应信息化、自动化和数学化。电子采购既是电子商务的重要形式，又是采购发展的必然趋势，它不仅是形式上和技术上的改变，更重要的是改变了传统采购业务的处理方式、优化了采购过程、提高了采购效率、降低了采购成本、有助于重要信息的传递和共享、提高预测的准确性、支持更好的决策制定。

1. 电子采购的优势

在传统的采购方式中，企业与供应商是竞争性合作的关系，双方信息交流不畅，为了各自的利益相互封锁消息。电子采购通过网络和计算机的应用，弥补了传统采购方式的这种不足。

2. 电子采购的实施

电子采购的实施需要计算机技术、数据库技术、网络技术、EDI 技术、安全技术、管理技术、金融电子化技术等多种技术应用于电子商务中，因此要实现电子采购必须依靠上述技术。另外，电子采购的成功实施要求采购企业对外部环境有清楚的认识和分析，比如法律环境、电子支付环境、安全环境等。

10.1.3 跨境电商的供应商管理

目前，全球经济一体化、企业经营全球化、高度竞争形成的高度个性化以及迅速改变的客户需求，使企业在提高产品质量、降低产品成本、快速响应全球市场需求变化方面面临来自市场层面持续不断的压力。大多数企业由于过分地依赖对外采购产品与服务，导致对供应商的依赖性持续加强。供应商作为企业外部环境的重要组成部分在供应链中的地位逐渐凸显出来，已然成为企业竞争力的一种战略筹码，因此，对供应商进行管理也成为提升企业竞争力的有效手段；可以说谁拥有具有独特优势的供应商，谁就能赢得竞争优势。这样，如何全面地管理与供应商之间的关系，不断优化企业的供应网络，以此保证产品质量、缩短交货期、减少成本、增加利润，提升企业在市场竞争中的应变能力，便成为企业运作中相当重要的一个环节。

跨境电商供应商管理是跨境电商企业对供应商了解、选择、开发、使用和控制等综合性管理工作的总称。跨境电商的供应商管理是一种致力于实现跨境电商企业与供应商建立和维持长久、紧密伙伴关系，旨在改善企业与供应商之间关系的新型管理方式。

10.1.3.1 供应商管理的原则

供应商管理是供应链采购管理中一个很重要的问题，它在实现准时化采购中有很重要的作用。一般来说，开发新供应商应遵循以下原则。

1. 目标定位原则

目标定位原则，即对供应商实行市场准入制度，就是要求供应商评审人员应当注重对供应商进行初审考察。应依据所采购商品的品质特性和品质要求去选择供应商，这是把好采购质量关的关键，它能使采购渠道保证品质，从而降低采购风险。

2. 双赢供应关系原则

双赢供应关系已经成为供应链企业之间合作的典范，因此，要在采购管理中体现供应链的合作，对供应商的管理就应集中在如何和供应商建立双赢关系及维护双赢关系上。

3. 优势互补原则

供应商在某些领域应具有比采购方更强的优势，能在一定程度上与采购方形成互补优势。要清楚地知道之所以选择这家厂商作为供应商而不是其他厂家，是因为它具有其他企业所没有的某些优势。

10.1.3.2 供应商绩效管理

在企业选择了供应商，并且采购方-供应商关系确定之后，全面管理供应商绩效的工作就凸显出来。供应商绩效管理是整个战略供应商管理的控制与调整环节。它既是对谈判结果和本次战略采购实施效果的衡量和反馈，又是供应商关系调整和再次进行战略采购的基础。

对于供应商绩效管理，目前运用最多的工具是供应商绩效评分卡。建立绩效评分卡的工作主要分四个步骤：

首先，是从采购类别、采购组织与供应商的关系以及供应商的具体情况出发，确定评分卡的主要指标和评分方法，可以参照选择供应商时采用的指标。

其次，是确定绩效评分卡的考核机制，包括考察频率、考察人员、奖惩措施、监督机制、特别事件处理等。

再次，是需要对供应商绩效逐一进行考核，根据期望绩效与实际绩效之间的差距分析原因，逐步提升完善。

最后，也是最重要的，是按照评估结果，要求供应商进行持续改善。对于那些在规定期限内无法实现改善的供应商，则将其彻底淘汰。

10.2 跨境电商供应链库存管理

10.2.1 跨境电商供应链库存的概念

库存是指暂时闲置的用于将来目的的资源，如原材料、半成品、产成品、机器等。而跨境电商库存是指跨境电商企业在运营过程中的各个仓库点堆积的原材料、产成品和其他物资。

10.2.2 跨境电商供应链周转库存管理

10.2.2.1 周转库存的概念

周转库存又被称为经常性库存，指的是在正常的经营环境下，企业为了满足日常需要而建立起来的库存，也就是由于企业生产或采购的批量超过顾客需求量而产生的平均库存量。其目的是为了补充在生产和销售过程中已消耗完或即将消耗完的物资，从而满足一定条件下的物资需求、保证生产和零售的连续性。它通常是按照一定的量或时间进行的重复性的库存。例如，假定亚马逊网上每天平均售出 100 台自营商品的微波炉，而采购经理每次从制造商那里订购 1 000 台微波炉。由于每天销售 100 台微波炉，因此在采购下一批量微波炉的时间之间，亚马逊平均需要 10 天才能售完前一批微波炉。亚马逊之所以持有微波炉库存是因为采购经理的采购批量超过了日均销售量，也是为了保证生产和销售的连续性。

10.2.2.2 平均周转时间

首先引出下面两个概念：Q 为订货批量，D 为单位时间的需求量。以亚马逊网站为例，假设某款图书的需求量相对稳定，每天的需求为 100 本，即 $D=100$ 本，亚马逊采购经理以 $Q=1\,000$ 本的批量进行采购，因此需要 10 天才能售出整批产品。在这 10 天内，亚马逊的图书库存量从 1 000 本平稳地降为 0 本。然后新一批产品到货，重复着每 10 天周转一次的情况。

当需求稳定时，周转库存与订货批量的关系为：

$$周转库存=订货批量/2=Q/2$$

当订货批量为 1 000 单位时，亚马逊的周转库存为 $Q/2=500$ 本图书，我们可以看出周转库存与订货批量是成正比例关系的。供应链的各个环节生产或采购的批量较大时，周转库存也较高，相反，则越低。比如将订货批量改为 500 本时，其周转库存将变为 250 本。

由于平均流动时间=平均库存/平均流转速度，而对于任何一条供应链来说其平均流转速度等于需求，因此有周转库存的平均周转时间=周转库存/需求=$Q/2D$。

当订货批量为 1 000 本图书、日需求量为 100 本图书时，可得周转库存的平均周转时间=$Q/2D=1\,000/200=5$（天）。

因此，亚马逊的周转库存使得图书在供应链中的平均周转时间延长了 5 天。周转库存越多，产品从生产出来到销售出去之间的时滞就越长。较低的周转库存通常是更为理想的，会减少企业所需的流动资金，因为较长的时滞则会使企业更容易受到市场需求波动的影响。

10.2.2.3 周转库存的作用

第一，积极作用。周转库存的存在有利有弊，其积极作用主要表现为以下五个方面：

（1）解决供需在时间、方式上存在的矛盾。在一般情况下，供应方与需求方之间存在产品供应和产品需求的时间差，以及在需求满足方式上的差异，周转库存可以在供需间进行时间上和方式上的调整。产品在到达最终客户之前要经历一个漫长的生产和分配过程，即便最短的周期也会需要包括制订生产计划、原材料采购、生产和销售等的时间。因此，企业若是能备有适当存货，便可缩短前置时间，解决供应与需求方式上的差异。

（2）调整产品价格和降低成本。生产制造出来的产品，如果不进行库存管理，产品的供需关系就会不稳定，影响供应链产品的成本。为了防止这种情况的发生，需要把产品保管在仓库里，达到调整产品价格的目的。此外，大量的采购也可通过折扣调整降低单位产品的成本，进而增加企业的总利润。

（3）保持各个环节运作的独立性。库存可以使相互依存的业务独立开来，使紧密相连的供应、生产、销售过程中的每一环节都可分离出来，使得每一个独立环节的运营效率更高。

（4）可对不确定性因素进行缓冲。供应链是一个复杂的系统，面临许多不确定因素，包括需求量预测误差、产量的变化、设备的故障、天气原因、物流延误等。如果企业有适当的库存，就可以对无法预测的突发事件有所防范，起到一定的缓冲作用。

（5）提高客户服务水平。通过维持一定的库存，企业在客户需要的时候可以及时做好货物供应服务的准备，这可以增强供应链的快速反应能力，从而提高客户的满意度。

第二，消极作用。周转库存的消极作用主要表现为以下三个方面：

（1）掩盖生产经营中的问题。供应链生产管理过程中也许会产生很多严重的问题，比如供应链人员绩效差、库存结构设置不合理、机器的故障率高、非合理采购、送货延迟和计划错误等。而这些问题很可能会被高水平的库存所掩盖。一旦库存水平下降，这些问题便会"水落石出"，可能给供应链带来严重的危害。

（2）扰乱需求的真伪。大量的囤积会造成市场上某一种物料短缺的现象从而造成一种需求大于供给的假象，扰乱市场环境，甚至会造成严重的社会问题。

10.2.3 跨境电商供应链安全库存管理

10.2.3.1 安全库存的概念

安全库存即缓冲库存，是指在给定期间内，为了满足超出预期水平的顾客需求而持有的库存。许多企业都会考虑保持一定数量的安全库存，以防在需求或提前期方面的不确定性。然而，确定安全库存的困难在于在什么时候以及需要保持多少安全库存。安全库存大多意味着多余的库存，而安全库存不足则意味着缺货或失销。之所以持有安全库存是因为顾客的需求具有不确定性，如果实际需求超过了预测需求则会出现产品短缺。在当前的市场环境下，顾客在不同的电商之间寻找所需的产品变得越来越容易，如果亚马逊的某种图书出现短缺，顾客则可以很容易到巴诺网上书店查找这种图书。顾客搜索产品越来越容易，迫使跨境电商快速提升产品的可获得性。与此同时，随着定制化的增多，产品数量也越来越难以预测。产品多样性的增强以及提高产品可获得性的压力，促使跨境电商持有更多的安全库存。然而，如果实际需求并没有到达预测需求，则会出现大量库存积压，造成不必要的库存成本。

零售业保持安全库存可以在用户的需求率不规律或不可预测的情况下，有能力保证供应的持续性。生产企业保持产品安全库存可以在零售和中转仓库的需求量超过平均值时有能力及时补充库存。此外，半成品的额外库存可以在工作负荷不平衡的情况下，使各制造部门间的生产正常化。准备这些追加库存，可以不失时机地为客户及内部的需要服务，以保证企业的长期效益。

10.2.3.2 安全库存的作用

1. 积极作用

积极作用主要包括三个方面：①电商时代是物资极为丰富的时代，没有顾客愿意面临缺货的困扰。②随着定制化需求越来越多，必须增加产品多样化带来产品的安全库存。

③经济全球化使得事物之间的联系越来越紧密，大宗商品价格、汇率的波动都有可能导致供给的不确定性增加，这就必须增加安全库存。

2. 消极作用

消极作用主要包括两个方面：①高安全库存水平会增加库存持有成本，这个问题在产品生命周期比较短且需求不稳定的行业尤其严重。持有额外的库存虽然有助于应对需求波动，但是如果新产品上市，则市场对库存的旧产品的需求将会减少，从而造成严重损失，此时跨境电商持有该产品的库存将变得毫无价值。②随着产品多样性的增长，产品的生命周期不断缩短，今天很抢手的产品很可能明天就过时了，这就增加了持有该产品的不确定性。此外，随着产品多样性的扩展，还要求电商保留多种产品的库存，这也增加了持有过多库存的成本。

复习思考题

一、选择题

1. 以下属于集中采购的特点的是（　　）。
   A. 数量较少　　B. 手续多　　C. 分散多于集中　　D. 责任较小
2. 以下属于联合采购的优点的是（　　）。
   A. 手续复杂　　B. 联合垄断　　C. 价格优惠　　D. 主体单位工作量小
3. JIT 采购来源于（　　）。
   A. 英国　　B. 美国　　C. 日本　　D. 中国
4. 招标采购起源于（　　）。
   A. 20 世纪 80 年代　　B. 20 世纪 90 年代
   C. 20 世纪 60 年代　　D. 20 世纪 70 年代
5. 以下属于电子采购的特点的有（　　）。
   A. 降低采购成本　　B. 扩大了交易范围
   C. 提高了速度和效率　　D. 提高供应链的整体获利能力

二、名词解释

1. JIT 采购
2. 联合采购
3. 电子采购
4. 跨境电商供应商管理
5. 安全库存
6. 周转库存
7. ABC 分类法
8. CVA 分类法

三、判断题

1. 采购流程是企业业务流程的重要组成部分，企业用在采购业务上的资金一般占销售额的 30%～90%，因此，通过改善采购流程的绩效来降低成本、提高利润，对企业来说是十分重要的。（　　）
2. 集中采购指两个或两个以上的企业采用某种方式进行的联盟采购行为，也指发生

于非营利性事业单位，如医院、学校等的采购，统计各不同采购组织的需求量，可以获得较好的数量价格折扣。（　　）

3. 联合采购是指同一企业内部或同一企业集团内部的采购管理趋于集中化，即通过对同一类材料进行集中化采购来降低采购成本。（　　）

4. 联合采购等同于"团购"。（　　）

5. JIT 采购又称准时制采购，它是准时化生产管理思想在采购管理领域的应用。（　　）

6. 目标定位原则，即对供应商实行市场准入制度，最终目的是保证商品的品质特性和品质保证，以减少采购风险。（　　）

7. 常用的存货分类方法有 ABC 分类法和 CVA 分类法。（　　）

8. A 类库存品数目少但资金占用大，即 A 类库存品种占库存品种总数的 70% 左右，其占用资金占库存资金总额的 15% 左右。（　　）

四、简答题

1. 集中采购与联合采购的区别是什么？
2. JIT 采购的实施条件有哪些？
3. 安全库存的作用是什么？
4. 周转库存有哪些作用？

案例实训

全球 IT 业巨擘 IBM 公司过去采用"土办法"采购：员工填单子、领导审批、投入采购收集箱、采购部定期取单子。调研发现，当时 IBM 不同地区的分公司、不同的业务部门的采购大都各自为政，采购实施主体分散，因此重复采购现象普遍。以生产资料为例，键盘、鼠标、显示器甚至包装材料，大同小异，但采购流程自成体系，权限、环节各不相同，合同形式也五花八门。

早在多年前，IBM 公司就开始由传统采购方式向电子采购进行转变。1999 年 IBM 公司的电子采购额高达 130 亿美元。电子采购为 IBM 公司提供了最高效的购货服务手段，它有效地将供货商、用户和业务伙伴联系在一起，为向客户提供优质高效的服务创造了良好的条件。通过电子采购，IBM 公司的成本不断降低，自 1995 年以来，电子采购方式已经为 IBM 公司节约了大约 90 亿美元。仅 2000 年第一季度，IBM 公司通过网络完成的货物和服务订单就有 47 亿美元，为 IBM 公司节约成本 5 600 万美元。

根据案例试分析：IBM 公司的采购管理成功之处在什么地方？是不是所有的企业采购都可以采用电子化采购？你知道的采购方式有哪些？

参 考 文 献

[1] 孙韬，胡丕辉. 跨境物流及海外仓——市场、运营与科技[M]. 北京：电子工业出版社，2020.

[2] 左锋. 跨境电商物流业务操作[M]. 北京：中国人民大学出版社，2018.

[3] 速卖通大学. 跨境电商物流：阿里巴巴速卖通宝典[M]. 北京：电子工业出版社，2015.

[4] 陆端. 跨境电子商务物流[M]. 北京：人民邮电出版社，2019.

[5] 孙韬. 跨境电商与国际物流——机遇、模式及运作[M]. 北京：电子工业出版社，2017.

[6] 李梦. 中小跨境电商企业物流效率及其影响因素研究[D]. 安徽财经大学，2018.

[7] 赵先进，王卫竹. 共建"一带一路"背景下跨境电商物流协作发展研究[J]. 价格理论与实践，2018（5）.

[8] 赵丹. B2B 跨境电商背景下我国出口贸易的问题及对策分析——以阿里巴巴为例[D]. 天津商业大学，2018.

[9] 李杨纯子. 跨境物流新模式——海外仓选址研究[D]. 浙江大学，2017.

[10] 蔡俊芳，黄耕. 跨境电商物流发展模式研究[J]. 商业经济研究，2017（14）.

[11] 车小英. 共享物流理念下跨境电商物流海外仓联盟的探讨[J]. 中外物流业，2019（3）.

[12] 唐亮，许再宏，郑晨光. 出口跨境电商供应链管理[M]. 北京：中国财政经济出版社，2018.

[13] 孙蕾，王芳. 中国跨境电子商务发展现状及对策[J]. 中国流通经济，2015（3）.

华信SPOC在线学习平台

专注教学

www.hxspoc.cn

欢迎广大院校师生**免费**注册应用

华信SPOC官方公众号

- 数百门精品课
- 数万种教学资源

- 教学课件
- 师生实时同步

- 多种在线工具
- 轻松翻转课堂

- 电脑端和手机端（微信）使用

- 测试、讨论、
- 投票、弹幕……
- 互动手段多样

- 一键引用，快捷开课
- 自主上传，个性建课

- 教学数据全记录
- 专业分析，便捷导出

登录 www.hxspoc.cn 检索 华信SPOC 使用教程 获取更多

华信SPOC宣传片

教学服务QQ群：1042940196
教学服务电话：010-88254578/010-88254481
教学服务邮箱：hxspoc@phei.com.cn

电子工业出版社
PUBLISHING HOUSE OF ELECTRONICS INDUSTRY

华信教育研究所